卓越学术文库

河南工程学院博士基金项目
基础教育阶段学生公民意识

U0635789

中小学生公民意识培养研究

ZHONGXIAOXUESHENG GONGMIN YISHI PEIYANG YANJIU

河南省高等学校哲学社会科学优秀著作资助项目

王 晶 著

郑州大学出版社

郑 州

图书在版编目(CIP)数据

中小学生公民意识培养研究/王晶著. —郑州:郑州大学
出版社,2018.10
ISBN 978-7-5645-5835-2

Ⅰ.①中… Ⅱ.①王… Ⅲ.①中小学生-公民教育-研究-中国
Ⅳ.①G631.6

中国版本图书馆 CIP 数据核字(2018)第 220429 号

郑州大学出版社出版发行
郑州市大学路 40 号   邮政编码:450052
出版人:张功员   发行电话:0371-66966070
全国新华书店经销
河南文华印务有限公司印制
开本:710 mm×1 010 mm 1/16
印张:15.75
字数:303 千字
版次:2018 年 10 月第 1 版   印次:2018 年 10 月第 1 次印刷

书号:ISBN 978-7-5645-5835-2   定价:69.00 元
本书如有印装质量问题,请向本社调换

前　言

　　培养社会主义合格公民是当前我国教育事业的内在要求和重要目标。在当代,公民通常指具有一国国籍,依据该国的宪法和法律规定,享有权利并承担义务的人。"公民"一词虽然属于"舶来品",并不存在于中国的传统文化之中,但是,由于公民作为现代社会的主体,其素养状况会对我国的经济、政治、文化、社会、生态等发展产生重要而深远的影响。在"两个一百年"奋斗目标的引领下,中国梦的实现需要公民意识的助力。正如英格尔斯所说:"一个国家,只有当它的人民是现代人,它的国民从心理和行为上都转变为现代的人格,它的现代政治、经济和文化管理机构中的工作人员都获得了某种与现代化发展相适应的现代性,这样的国家才可真正称之为现代化的国家。"当前,面对全球化的机遇与挑战,如何培养合格公民已引起世界各国的高度重视。关注中小学生公民意识的培养和教育问题,符合现代社会发展的内在要求,也是未来教育事业的关注热点。作为对中小学生进行系统全面的公民意识教育的主战场,学校必将承担起更为艰巨的任务。当前,虽然各地已经在开展的中小学生公民意识教育方面已经进行了一些经验的积累和探索,但是大多以综合课程、依托德育教育以及社会实践的方式进行的,在开发公民意识教育校本教材、设置独立课程方面显得薄弱。鉴于此,教育部人文社科重点研究基地郑州大学公民教育研究中心与河南省信阳市平桥区政府以项目合作的方式,进行中小学生公民意识校本课程建设,开展中小学生公民意识培养的探索活动,经过多年的试点研究,形成了富有本地特色的特色和经验,对这些特色和经验进行提炼和总结,可以为在全国其他区域开展中小学生公民意识培养和教育活动提供一些有益的借鉴和参考。

目录

第一章

绪　论

党的十九大报告指出："深入实施公民道德建设工程，推进社会公德、职业道德、家庭美德、个人品德建设，激励人们向上向善、孝老爱亲、忠于祖国、忠于人民。"《国家中长期教育改革和发展规划纲要(2010—2020)》也提出了"加强公民意识教育""培养社会主义合格公民"的战略任务。公民意识教育是面向全体公民的普遍的资质性教育，学校作为实施公民意识教育的主渠道，也是对中小学生开展公民意识教育的主阵地。在中小学开展公民意识教育，增强中小学生的公民意识，提高他们的参与能力，使他们在未来国家建设中发挥作用是事关全局和谋划长远的大事。

第一节　选题缘起与研究目的

当前，党和国家已经意识到加强公民意识教育的重要性，将培养社会主义合格公民作为公民意识教育的总目标。中小学阶段是公民意识形成的关键时期，对处于这一阶段的学生施以公民意识的培养和教育，可以帮助他们形成正确的公民意识和良好的行为习惯。目前，中小学生公民意识的培养已经引起了诸多有识之士的关注，全国各地也开展了一系列的实践活动，取得了一些成效。以科学的理论为指导，对已存在的问题进行分析和归纳，对已有的经验进行总结和提炼，以期探索出适合我国国情的、具有实效性的中小学生公民意识培养之路，是本书研究的初衷。

一、选题缘起

"公民教育"与"公民意识教育"虽未正式进入国民教育体系,但却多次在党和国家相关文件和报告中提及,也客观地存在于中小学的德育课程之中。例如,《中共中央关于社会主义精神文明建设指导方针的决议》中指出,"要在全体人民中坚持不懈地普及法律常识,增强社会主义的公民意识,使人们懂得公民的基本权利和义务"①。《公民道德建设实施纲要》的颁布,全方位地对公民道德建设进行了部署,也为公民意识教育的开展提供了思路。党的十八大报告中指出,"倡导富强、民主、文明、和谐,倡导自由、平等、公正、法治,倡导爱国、敬业、诚信、友善,积极培育和践行社会主义核心价值观。""推进公民道德建设工程,弘扬真善美、贬斥假恶丑,引导人们自觉履行法定义务"②,丰富了公民意识教育的内涵,明确了公民意识教育的任务。

英格尔斯指出,"如果一个国家的人民缺乏一种能赋予这些制度以真实生命力的广泛的现代心理基础,如果执行和运用着这些现代制度的人,自身还没有从心理、思想、态度和行为方式上都经历一个向现代化的转变,失败和畸形发展的悲剧结局是不可避免的。"③"一个国家,只有当它的人民是现代人,它的国民从心理和行为上都转变为现代的人格,它的现代政治、经济和文化管理机构中的工作人员都获得了某种与现代化发展相适应的现代性,这样的国家才可真正称之为现代化的国家。"④学者金耀基也指出,我国实现现代化发展必须包含三个方面的内容:第一,器物技能层次的现代化;第二,制度层次的现代化;第三,思想行为层次的现代化⑤。长期以来,我国的公民意识教育被德育等课程所取代,虽然"若隐若现"地存在于书本和课程教学之中,但却未获得规范和系统的发展。随着我国经济的飞速发展,向现代化转型的步伐逐渐加快,如果仍然不能及时地对公民尤其是中小学生施以公民意识的培养,使他们成为具有独立人格、公民美德、理性和参与精神的公民,那么,我国公民意识教育的"缺位"势必将影响社会转型的顺利实现。

---

① 中共中央关于社会主义精神文明建设指导方针的决议[EB/OL],http://hxd.wenming.cn/szyjh/2010-02/03/content_93944_2.htm,2010-02-03/2014-02-16。

② 胡锦涛在中国共产党第十八次全国代表大会上的报告[EB/OL],http://cpc.people.com.cn/n/2012/1118/c64094-19612151-6.html,2012-11-08/2014-02-16。

③ [美]英格尔斯:《人的现代化:心理·思想·态度·行为》,殷陆君编译,四川人民出版社1985年版,第4页。

④ [美]英格尔斯:《人的现代化:心理·思想·态度·行为》,殷陆君编译,四川人民出版社1985年版,第8页。

⑤ 金耀基:《从传统到现代》,中国人民大学出版社1999年版,第13页。

公民意识的形成是一个长期的过程,如果不从中小学阶段开始培养,将很难依靠个人或在社会环境中迅速养成。"教育产生了一种主要的公民倾向。"[①]就世界范围来看,许多国家都在实施和开展公民(意识)教育,力图向学生传授相关的公民知识、培育学生的公民情感,端正学生的公民态度,从而为现在和未来的公民生活做好准备。学校是最重要的公民意识教育培训机构。学校公民意识教育的实施是有目的、有计划、正规化的,同时,学校教育因其具有可控性,能充分利用有利于中小学生公民意识形成的积极因素,并尽量排除和降低外界消极因素对他们的影响,因此成了开展公民意识教育的主渠道和主阵地。学校开展公民意识教育最有效的途径是实施课程教学,主要通过设置独立的公民意识教育课程和在其他学科教学中进行公民意识的渗透来完成。目前,国外开展公民意识教育主要是以设置独立课程为主,以美国、英国、法国等为代表。在国内,一些地区已经开始进行公民意识教育的探索和实践活动,但多以综合课程方式进行教学,或以德育平台为依托开展公民意识教育教学活动,在开发公民意识教育校本课程和设置独立的课程体系方面,虽有涉及,但不够全面,也未成系统。

河南省信阳市平桥区的公民意识教育活动,是以开发校本教材和设置独立课程为基础开展的,经过至今历时四年有余的实践和探索,形成了较有特色和推广意义的经验和模式,为在全国其他区域开展中小学生公民意识培养和教育活动提供了借鉴和参考。

自2009年始,教育部人文社科重点研究基地郑州大学公民教育研究中心与河南省信阳市平桥区人民政府达成共识,共同合作进行公民意识教育的试点研究,开展中小学生公民意识培养的探索活动。归纳起来,平桥区推行公民意识教育的试点研究和实践探索,大致经历了以下五个阶段。

第一阶段:思想动员和考察阶段。2009年春,信阳市平桥区区委、区政府在召开全区三级干部会议上提出要加强公民意识教育活动的工作设想,并召开思想动员大会,使广大教师和教育行政管理人员,充分认识到开展公民意识教育的意义。围绕公民意识教育的具体实施问题,如教材开发、课程设置、教师培训、实践活动安排等,在全国许多地区展开广泛调研,先后到北京、江苏、深圳、山西等地进行实地考察,借鉴开展公民意识教育的宝贵经验。

第二阶段:成立领导小组,落实任务阶段。成立实施公民意识教育的工作领导小组。由区分管教育的主要领导担任组长,区教体局局长担任副组

---

① [美]A.阿尔蒙德,维巴:《公民文化——五个国家的政治态度和民主制》,华夏出版社2008年版,第324页。

长,由区教体局分管基础教育的副局长和各学校校长为主要成员。在工作领导小组之下,设立专门的办公室,负责具体事宜。各学校也设立相应的工作领导小组。

第三阶段:《公民常识》校本教材编写和课程培训阶段。依托郑州大学公民教育研究中心,组织专家、学者成立课题研究小组,明确以社会主义核心价值体系为指导,以培养社会主义合格公民为目标,开展公民意识教育实验的基本思路。依据中小学生身心发展规律和教育认知规律,结合前期调研结果,编写了《公民常识读本(小学试用版)》和《公民常识读本(初中试用版)》的实验本教材。两册都分别设置了五个单元,围绕"公民与国家的关系、公民权利、公民义务、公民意识和公民行为"设置教学内容。2010年秋,在全区12所试点学校开展《公民常识读本》进课堂实验,规定凡参加实验的年级,每周要开设两节公民常识课(从地方课程与学校课程和综合实践活动课程中各安排一节时间),并列入学校课程教学安排。各学校积极配合区教体局组织开展集体备课、优质课比赛、教学方案设计、教学论文评比等活动,并适时进行自查和接受督导。同时,先后邀请许多知名学者到平桥区进行授课,提高教师的理论水平和教学技能。

第四阶段:教学实践实施情况的调查总结阶段。在平桥区进行了为期一年的公民意识教育试点之后,对区中小学生的公民意识状况展开了调查,调查涉及城市、集镇、农村不同地域共6780人,其中小学共3514人,开设公民教育课的有2152人,未开课的有1362人;中学(初中)共3266人,开课的有1996人,未开课的有1270人。调查采用问卷形式,调查内容涉及公民身份意识、公民权利意识、公民义务意识、公民参与意识等方面,分别从性别、年龄、居住地、是否开设公民常识课等四个方面,有针对性地对学生的公民意识状况展开了调查,并以spss17.0为工具对调查结果做了数据分析与整理,现已撰写成文并于2013年由郑州大学出版社出版(《公民常识教育研究报告·小学卷》《公民常识教育研究报告·初中卷》)。

第五阶段:修订教材并继续投入教学实验阶段。根据公民意识教育教学活动在试点区的实施情况以及公民常识读本(实验本)教学实践调查结果的反馈情况,在原有的《公民常识读本(小学试用版)》和《公民常识读本(初中试用版)》实验本教材的基础上进行重新调整、补充、完善,由人民出版社于2011年正式出版,并在全区范围内投入使用。

本人作为公民教育实践研究项目组成员,亲自参与了校本教材《公民常识读本(初中版)》的编写和《公民常识教育研究报告·初中卷》的撰写,参与了对平桥区部分初中教师的教学培训,还数次到平桥区教体局和部分学校进行调查走访,掌握了较为丰富的一手材料,也积累了一些心得体会,这些前期实践探索为本研究奠定了良好的基础。

此外,近年来全国许多地区如北京、上海、江苏、山东、山西、四川、云南、内蒙古等地对中小学生公民意识教育也进行了一些有益的尝试和探索,取得了较好的成效,积累了宝贵的经验,为进一步扎实推进中小学生公民意识培养和教育活动奠定了良好的基础,积累了丰富的素材。但有相当一部分学校的公民意识培养和教育活动是以实践项目的方式进行的,并非依托教材、以课程的形式进入学校日常教学之中的。其中,江苏、上海、云南、四川、山东、山西等地的公民意识教育实践活动是与美国公民教育中心签署了合作协议,以实践项目方式进行的。北京市部分中小学校已将公民意识教育的相关内容纳入课程实施当中,力图通过开发校本课程、设置综合实践活动等方式开展公民意识教育。例如,北京师范大学亚太实验学校推出的校本教材《小公民读本》就已进入课堂教学和实践环节之中,成为培养学生公民意识的蓝本。

2004 年以来,中央教科所深圳南山附属学校着手开展了公民意识教育实践,以增强公民知识、提高公民意识和责任感、培养民主参与技能为目标,坚持主体性、"三贴近"、知行统一、创新性的原则,寻找公民意识教育、学校教育、学生成长的契合点。在小学 3 ~ 6 年级,初中 7 ~ 9 年级开设公民意识相关课程教育,规定每学期不低于 140 个学时,并在学校日常管理和学生日常生活中进行公民意识的渗透,开展公民意识养成教育的系列活动。湖南长沙也开始了区域性开展公民意识教育活动的探索之路。了解信阳市平桥区和全国其他区域开展中小学生公民意识教育实践活动的基本情况,能便于从整体上较为全面地把握中小学生公民意识教育的现状,进一步夯实论文研究的实证基础。

自 2005 年起,江苏省包括南京、扬州、淮安、盐城、苏州、徐州、常州、无锡、连云港、南通、宿迁、泰州、镇江在内的 13 个较大城市,400 多所学校(小学、初中、高中),1700 多个班级,5 万余名学生和近千名教师都参与了与美国公民教育中心合作的实践项目,通过实施以"公民养成"训练为主的系列实践活动,围绕"寻找和确认社区公共政策问题、收集和整理相关资料、讨论和形成具体行动方案、汇报和接受听证、总结和反思经验教训"等几个环节展开,培养和提高了学生的公民意识和参与能力。上海市实施公民意识教育主要是通过让学生体验公民生活,进而启发主体的自觉性和参与的积极性来完成的,主要采取社会调查、案例分析、情景模拟和主题教育等方法。

2006 年以来,云南省 101 所中小学开展了公民意识教育实践。山西省也在 2006 年就实施了公民教育的教学探索,每个城市初步选取 2 ~ 3 个实验学校为试点,规定每周不少于 2 个学时,以参与实践项目活动为主开展公民意识教育,到 2007 年,对中小学不同年级公民意识教育的内容、教时等有了更为明确的规定。在山东,不仅在中小学开展了公民意识教育系列实践活动,学前教育中也融入了公民意识教育课程。四川省温江区近年来积极开展中小学公民意识教育实践活动,编制了《中小学公民教育读本》《社区公民教育读本》等辅助资料,探索社区公民意识教育之路。内蒙古教育厅也于2012 年 3 月制定了《内蒙古自治区小学公民意识教育实施方案》《内蒙古自治区初中公民素养教育实施方案》《内蒙古自治区高中合格公民教育实施方案》,有计划、分步骤地推进中小学生公民意识教育活动。

当代中小学生作为我国未来现代化建设的后备力量,不仅应该掌握现代的科学知识,更应该具有现代的公民意识。针对中小学公民意识相对薄弱的现状,加强中小学生公民意识的教育和培养,提高中小学生综合素质,不仅是当前社会发展的现实需要,也是教育本身发展的需要。

二、研究目的

恩格斯曾指出:"任何事情的发生都不是没有自觉的意图,没有预期的目的的。"[①]研究目的的设定是进行论文研究的前提,反映了研究的性质与方向。百年大计,教育为本,通过实施中小学生公民意识培养和教育活动,提升学生的公民意识,增强公民的行为能力,塑造他们成为合格公民,是时代的诉求,也是实现人的全面、自由发展的必然要求。

本研究的主要目的在于:

第一,在继承国内外相关研究成果的基础上,结合自己的思考,对公民意识的结构层次及构成要素进行重新解读。充分考虑中小学生的年龄和认知特征,探讨中小学生公民意识的内在结构、形成的一般过程和机理,归纳出中小学生公民意识形成的特征。

第二,在总结信阳市平桥区和全国其他区域中小学生公民意识教育实践活动的基础上,通过对调查问卷的分析、对观察结果和访谈资料的整理,进而概括出中小学生公民意识的现状和基本特征,并在通观全局的基础上,分析中小学生公民意识培养存在的问题及原因。

第三,试图架构中小学生公民意识培养的理论体系,对中小学生公民意识培养的指导思想、目标、内容、遵循的规律、原则、方法、继承和创新等方面进行较为系统地概括和提炼。

第四,探索适合我国现实国情的,富有可操作性的中小学生公民意识培养的途径,力图突破旧有的路径依赖,从对影响中小学生公民意识培养的各

---

① 《马克思恩格斯选集》第 4 卷,人民出版社 1995 年版,第 247 页。

种教育资源着手,整合和优化各种有益的资源,形成培养和教育的合力,努力探索形式多样的实践活动方式,推进中小学生公民意识培养活动的顺利实施。

第二节　国内外研究现状述评

梳理和总结中小学生公民意识培养的国内外研究现状,通过对相关文献的对比与分析,了解研究动向和前沿问题,获取有价值的研究信息,为进一步开展研究提供重要参考。

一、国外研究现状述评

国外有关公民意识教育(或曰公民教育)以及中小学生公民意识培养的研究早于国内,这与其较久的公民意识教育传统和较为浓厚的公民文化氛围是分不开的。

(一)关于公民意识教育的研究

关于公民(意识)教育相关理论的研究,最早可以追溯到古希腊时期,例如,柏拉图提出公民美德的概念,主张因材施教,开展公民教育,"人们受了良好的教育就能成为事理通达的人"[1]。在亚里士多德看来,公民只有积极参与城邦政治事务才是真正意义上的公民。"全称的公民是凡得参加司法事务和治权机构的人们。"[2]并将培养好公民作为城邦的重要事务。古罗马时期,芝诺提出世界公民的思想,认为"有理性的人类应当生活在统一的国家之中,这是一个包括现存的国家和城邦的世界邦国,它的存在使得每一个人不再是这一或那一城邦的公民,而是世界整体的一部分"[3]。西塞罗首次提出了"责任公民"的概念,主张公民应当自觉承担责任并履行义务。中世纪时期,借助神学思想的外衣,有关公民的思想和理论以较隐晦的方式"蛰伏"下来,得到继续发展。文艺复兴时期,思想家们高举人文主义的旗帜,为公民思想向人性的复归做出了重要贡献。近代,霍布斯在其著作《论公民》中,从对"人性的两条绝对肯定的假设"的角度出发,即"一条是人类贪婪的

---

[1]　[古希腊]柏拉图:《理想国》,郭斌和等译,商务印书馆1986年版,第138页。

[2]　[古希腊]亚里士多德:《政治学》,吴寿彭译,商务印书馆1965年版,第114页。

[3]　秦树理等:《西方公民学说史》,人民出版社2012年版,第131页。

假设,它使人人都极力要把公共财产据为己有;另一条是自然理性的假设,它使人人都把死于暴力这种自然状态下的至恶现象努力予以避免"①。指出自然状态下的公民是不具有是非观念的,公民的理性是制定契约的前提。卢梭认为人民的主权是神圣不可侵犯的,国家权力是公民权利的让渡,公民是主权者和臣民的结合体,公民只有服从于法律才会获得真正的自由。

现代史上首次提出"公民教育"概念的是德国教育家凯兴斯泰纳,他指出公民教育的最终目标是服务于国家需要的。"获得国家意识不外乎是兑现道德的国家理想,时刻准备着,用自己的行为参与发展现有国家,使其向着道德的国家理想迈进"②,"只有当全体人民都学会以国民的身份去感受、去思维并且去行动时,才会有一个健康兴旺的国家出现"③。他指出,应以劳作技能的训练为手段来实现公民教育的目的。

美国的实用主义哲学家、教育家、心理学家约翰·杜威指出应培养公民民主生活的方式,他认为,良好的公民也是具有美德和责任心的公民,"第一,是做事靠得住,不会耽误;第二,是无论这事的结果如何,利害难易如何,自己既承认要做了,不肯推诿给别人,就是肯自己担负所做的事的结果的责任"④。

英国学者马歇尔从公民身份的视角出发,指出"公民身份在所处的社会中是一种发展中的制度(developing institution),创造一种理想公民身份的形象,依照这个可以衡量取得的成就,并引导未来发展的方向。沿着这种方式所设计的道路奋勇前进,就是要努力实现更加充分的平等,构成公民身份地位之要素的不断丰富,以及被授予这种地位的人数的不断增加"⑤。

美国学者汉娜·阿伦特提出公民的权利只有在公共领域中才得以实现,真正的公民是政治领域内的行动者,公民的美德主要包括勇气、承诺和宽恕等。社群主义的代表人物、美国著名学者阿拉斯戴尔·麦金太尔主张回归亚里士多德的公民美德伦理观,认为公民德性的第一要义是实践性,"美德是一种个人品格,这种品格是在社群中通过个人的实践活动历时地形

① [英]霍布斯:《论公民》,应星、冯克利译,贵州人民出版社2003年版,第9页。

② [德]凯兴斯泰纳:《凯兴斯泰纳教育论著选》,郑慧卿译,人民教育出版社2003年版,第232页。

③ [德]凯兴斯泰纳:《凯兴斯泰纳教育论著选》,郑慧卿译,人民教育出版社2003年版,第206页。

④ [美]杜威:《杜威五大讲演》,胡适口译,安徽教育出版社2005年版,第164页。

⑤ 郭忠华、刘训练:《公民身份与社会阶级》,江苏人民出版社2007年版,第15页。

成的,依靠这种品格人们便能在实践中获得个人的内在利益"①。公民德性的第二个特征是整体性,"没有一个至上的整体生活和目的概念,某些个别的美德概念必定是部分的、不完全的"②。传统性是公民德性的第三个特征,"诸美德的意义与目标不仅在于维系获得实践的各种内在利益所必需的那些关系、维系个人能够在其中找到他的善作为他的整个生活的善的那种个体生活形式,而且在于维系同时为实践与个体生活提供其必要的历史语境的那些传统"③。

随着 20 世纪八九十年代公民教育在各国的广泛兴起,有关公民教育的理论研究和实践探讨再次成为学界关注的热点。其中较有代表性的有:美国学者约翰·佩奇提出了多要素公民教育思想,指出民主的公民教育应包括公民知识、公民认知技能(cognitive civil skill)、公民参与技能(participatory civil skill)、公民气质倾向(civil dispositions)四因素,分别属于知识领域,技能领域和道德领域。以科根等为代表的美国学者提出了多维度公民教育理论,指出理想的公民资质应该是多维度的,即个人维度(the personal dimension)、社会维度(the social dimension)、空间维度(the spatial dimension)和时间维度(the temporal dimension)。个人维度强调个人在伦理方面的能力;社会维度涉及公民与他人合作并参与公共事务和社会活动的能力;空间维度是指公民融入不同层级社群生活的能力;时间维度侧重于考察公民对历史的了解程度。英国学者大卫·科尔在《公民教育:一项国际比较》一书中提出了公民教育连续性框架理论,指出公民教育是由两个终端:"最低限度"和"最高限度"组成的,公民教育的三级层次分别为:有关公民的教育(education about citizenship),通过公民的教育(education through citizenship),为了公民的教育(education for citizenship)。此外,还有学者从全球化、文化公民等角度对公民教育进行了深入探究,例如,英国学者欧百伦在《全球公民资格的维度:超越民族国家的认同》一书中,从公民参与、公民权利、公民义务以及公民成员身份等公民资格的基本要素出发,对全球公民资格进行了全新解读。英国学者奥克斯法姆在《全球公民资格》一书中,对全球公民教育开设的背景、意义、内容、途径等做了较为详细的说明。

---

① [美]A·麦金太尔:《追寻美德——伦理理论研究》,宋继杰译,译林出版社 2003年版,第 347 页。

② [美]A·麦金太尔:《德性之后》,龚群等译,中国社会科学出版社 1997 年版,第255 页。

③ [美]A·麦金太尔:《追寻美德——伦理理论研究》,宋继杰译,译林出版社 2003年版,第 283 页。

(二)关于中小学生公民意识培养的研究

以"civic education" and "primary and secondary school"为检索式,对proQuest引文数据库近10年来的硕、博士学位论文成果进行"主题词"和"所有字段"的精确检索,共显示文献36条,这些文献从全球化视野下的公民教育、公民价值观与公民参与的关联、公民教育的评估体系建立等方面进行论述,例如,涉及青少年公民参与方面,论文"A Multilevel Analysis of Context Effects on Adolescent Civic Engagement:the Role of Family,Peers,School,and Neighborhood"对多因素影响下的公民参与展开分析,介绍青少年通过参与具备公民资格的过程。论文"Civic Education at the High School Level:an Interdisciplinary Approach to Education Diverse Populations the Utilization of School Psychology to Better a Political Science Project"以个案研究为基础,从政治和心理学视角探索公民教育的新途径。以"civic education at primary and secondary school"为检索式进行精确检索,未见相关条目。

国外关于中小学公民意识培养方面的研究主要集中在课程设置、活动组织及评价体系等几方面。美国国会通过《初等与中等教育法》,规定由各州政府自主开设中小学公民课,以培养学生的参与意识、社会责任和道德品质为主要目标。美国的公民教育课贯穿从幼儿园到高中的所有阶段,并有专业的权威评价机构(National Assessment of Educational Progress,简称NAEP)来对"公民与政府"课进行单独评估。在英国,自《科瑞克报告》发布以来,中小学公民教育愈加趋于规范,成为国家课程体系中的基础学科。"从小学阶段开始(5~7岁)直到中学阶段(16岁)所教内容由浅入深、循序渐进,各阶段所设置的内容具体、层次鲜明,且符合学生的年龄特点"[1],"学校允许以下形式的评价:公民日记、公民档案、学生计划书、在线或者关于学生进步的记录或文件等。公民教育课程标准同时规定,不论采用哪种评价方式,在资料收集过程和记录进步的过程中,吸收学生参加讨论都是有好处的。"[2]法国的公民教育起步要早于英国,1996年,继新的初级中学公民教育指导方针和教育大纲出台后,公民教育开始在初中开展,1999年开始在高中阶段推行公民教育,至2000年,公民教育已基本覆盖初级、高级中学所有年级和学段。在日本,明治维新后,公民教育开始兴起。"大正十三年(1924年)日本文部省发表了实业补习学校的公民科教授要目,官署发表公民科之

---

① 姬振旗:《20世纪80年代以来英国中小学生教育研究》,高等教育出版社2011年版,第103页。

② QCA:Citizenship at Key stage 3 and 4:Initial Guidance for Schools. London:QCA,2000。

内容,恐以此为第一次。"①日本的公民教育是以国家课程模式推进的,小学设置生活科和社会科,初中设置综合性的社会科,高中设置独立的公民科。新加坡实施统一的中小学公民教育课程,以共同价值观为导向,开展公民教育。国外开展中小学公民教育大多是通过设置独立课程,进入国家课程体系的方式来实施的。并有相对完备的公民教育评估机构,负责对中小学公民教育实施监督、指导和评估。中小学公民教育课外活动实践形式多以服务学习、参与选举及其他团体活动形式开展,深受教师和学生欢迎。

国外关于公民(意识)教育积累的理论成果和实践经验较为丰富,不论是对公民的概念、公民(意识)教育的内涵研究,还是对中小学公民(意识)教育的实践探索,都为我国开展中小学生公民意识教育提供了理论层面的借鉴和实践层面的参考。

二、国内研究现状述评

近年来,国内学者对"公民意识"的研究呈现快速增长的趋势。在 CNKI 中国知网数据库中,以"公民意识"和"公民意识培养"为篇名,分别对 1999—2014 年的文献进行精确检索,显示检索结果为 1997 条和 116 条。以"公民意识"为主题词对 CNKI 数据库进行精确检索,共检索出 1111 篇硕士论文,再以"中小学"为主题词进行二次精确匹配检索,显示结果为 21 条。主要围绕我国中小学公民意识教育的现状和对策,以及中小学公民意识教育的国际比较研究展开。与本研究相关的仅有 4 篇(见表 1-1)。

表 1-1 中小学公民意识研究硕士学位论文结果统计

论文名称	学校	作者	完成时间
我国中小学公民意识教育实施研究	山西大学	牛晓琴	2008
中小学课程与教学中的公民教育研究	湖南师范大学	罗晓娟	2008
初中生公民意识现状调查及对策研究——以广东和浙江两省为例	浙江师范大学	黄杏芝	2013
中小学公民教育现状及对策研究——以山东省烟台市中小学公民教育实践为例	鲁东大学	刘作建	2013

以"公民意识"为题名对 CNKI 数据库进行精确检索,共检索出 8 篇博士论文,涉及学校公民意识培养和教育研究的仅有 1 篇(见表 1-2)。

---

① [日]小尾范治:《公民教育概观》,崔叔青译,中华书局 1924 年版,第 1 页。

表1-2　公民意识研究博士学位论文结果统计

论文名称	学校	作者	完成时间
当代中国公民意识问题研究	山东大学	朱彩霞	2010
当代中国公民意识发育问题研究	山东大学	曲丽涛	2011
当代中国学校公民意识教育研究	华东师范大学	程德慧	2012
思想政治教育视野下公民意识教育研究	中国地质大学	蓝楠	2012
法治实践的公民意识教育价值研究	东北师范大学	李升元	2012
现代化视域下中国公民意识教育研究	西南交通大学	童华胜	2013
思想政治教育视域下公民意识教育研究	苏州大学	汪倩倩	2014
公民意识养成视阈下的大学生法律教育问题研究	山东大学	蔡卫忠	2014

　　以"'中小学生'+'公民意识'"为检索式对CNKI中国知网数据库进行篇名精确检索和模糊检索,分别检索出7篇和13篇期刊文献,以宋杉岐和张昆玲等学者为代表,多是围绕"中小学生公民意识养成"进行的研究,例如有《中小学生公民意识养成的理论思考》(宋杉岐、张昆玲,2013)和《中小学生公民意识养成的有效途径》(张昆玲、宋杉岐、许爱青,2013)等(见表1-3)。以"'中小学'+'公民意识'"为检索式对CNKI中国知网数据库进行篇名精确检索,共显示4篇期刊文献(见表1-4)。

表1-3　中小学生公民意识养成的期刊文献

文章名称	期刊名称	作者	发表时间
论如何加强中小学生的公民意识教育	新课程研究(下旬刊)	李艳红	2009
浅谈如何在班集体中进行小学生公民意识的培养	科学咨询(教育科研)	王欣	2011
中小学生公民意识养成研究——以石家庄市为例	石家庄学院学报	张昆玲等	2012
中小学生公民意识养成机制的构建	法制与社会	张昆玲	2012
浅谈小学生公民意识中养成教育的培养	教师	顾增兵	2012
中小学生公民意识养成的理论思考	教学与管理	宋杉岐、张昆玲	2013
中小学生公民意识养成存在的问题	教育研究与评论(中学教育教学)	张昆玲	2013
中小学生公民意识养成的有效途径	教育研究与评论(中学教育教学)	张昆玲等	2013

表 1-4　中小学公民意识养成的期刊文献

文章名称	期刊名称	作者	发表时间
中小学公民意识教育的现状、问题与对策	教育理论与实践	鞠文灿	2010
指向问题 主体参与 重在体验——江苏省中小学公民意识教育的特色与创新	中国德育	鞠文灿	2010
公民意识教育:现代中小学德育的基石	中小学德育	鞠文灿	2010
论当代中小学教师公民意识教育	家教世界	赵宝锋	2013

以"公民意识教育"为题名对中国国家图书馆(数字图书馆)进行精确检索,显示 6 条图书信息,其中与本研究相关的有 3 条,以"中小学"和"公民教育"为检索式进行模糊检索,显示 22 条图书信息,其中与本研究相关的有 7 条,以下是与本研究相关的 7 条图书信息(见表 1-5)。

表 1-5　中小学生公民意识教育相关图书信息结果统计

书名	出版地	作者	出版时间
儿童参与与公民意识	上海文化出版社	史秋琴	2007
青少年公民意识教育研究	中国社会科学出版社	何齐宗	2011
中小学生公民意识教育研究	人民出版社	张宜海	2013
学会行动——社会科课程公民教育的理论与实践	高等教育出版社	赵亚夫	2004
社会科课程中的公民教育研究	中国社会科学出版社	王文岚	2006
20 世纪 80 年代以来英国中小学公民教育研究	高等教育出版社	姬振旗	2011
中小学公民教育政策变迁与展望	社会科学文献出版社	黄晓婷	2013

(一)公民意识的内涵研究

对公民意识内涵的准确理解和把握,是开展研究的逻辑起点。目前学界关于公民意识概念和内涵的研究较为丰富,以"'公民意识'+'概念'"为检索式对 CNKI 中国知网数据库进行主题词精确检索,显示检索结果 577 条。以"'公民意识'+'内涵'"以及"'公民意识'+'概念'"为检索式对 CNKI 中国知网数据库进行篇名精确检索,显示检索结果分别为 28 条和 4 条。本书选取几个具有代表性的观点进行介绍。例如,黄稻在其编著的《社会主义公民意识》一书中，对公民意识的概念和特点做出了说明，指出"现代意义上的公民意识，指公民个体从公民的法律资格、法律地位出发，对个人同国家、社会和其他公民相互间的法律关系，即对公民法定的权利义务关系，以及对法制原则等的知识、认识、观念和心理活动的总和"[①]。认为公民意识具有人格独立性、地位平等性、社会民主性和权利义务相统一性。

张宜海在其著作《中小学生公民意识教育研究》一书中，将公民意识定义为是作为一个民主国家成员的公民对自我身份、价值和尊严的反映[②]。雍自元、黄鲁滨在《公民意识的内涵和特质》一文中，从宪法和法律的视角对公民意识内涵做了界定，认为公民意识是权利与义务相一致的意识，并且将权利意识作为公民意识的特质。章秀英、戴春林在《公民意识结构研究》中从心理学的视角，通过实证研究的方法，归纳出公民意识的五因子结构，即"参与意识、公共责任意识、法律意识、政治效能意识、权利意识"[③]。张健从语义和语用的角度来分析公民的概念，指出"公民意识"是关于"公民"特征、内涵的观念形态和现象反映，并从现象层面和动因层面揭示了公民的特质。

胡弘弘在《论公民意识的内涵》一文中，在分析了公民意识自身内在逻辑层次结构的基础上，将公民的身份意识定位为公民意识的核心内涵，将权利意识（参与意识和监督意识）以及义务意识（责任意识和法律意识）定位为公民意识的具体内涵，将平等意识、独立人格、公共精神和自主理性等定位为公民意识的延伸内涵，并试图揭示由公民的角色和身份所引发的公民意识的社会意义。叶飞在《公民意识的内涵及其养成》中指出，公民意识是公民文化理念和价值观念的反映，公民意识由主体与权利意识、法律与责任意识、公共与私人道德意识三部分组成。傅慧芳在《公民意识内涵的反思和重释》中，将公民意识与臣民意识、市民意识、人民意识进行对比分析，并对公民意识的语义进行解读之后，揭示出公民意识的本质是人类自由自主活动内在精神的自觉反映和要求。王卓在《公民意识表现及其结构性分析——以成都市为例》中，将公民意识的本质界定为公民对待社会的态度。在对成都市民进行抽样调查的基础上，从公民权利义务认知维度、公民社会价值观认同维度、公民对公共领域事务关心维度以及对参与公民社会活动的行为意向维度出发，总结出民众在公民意识结构上的特征，指出公民权利义务意识较强、公民对公共领域事务的关心和对社会价值观的认同次之、公民参与的行为意向最弱。

---

① 黄稻:《社会主义公民意识》，辽宁大学出版社1987年版，第13页。
② 张宜海:《中小学生公民意识教育研究》，人民出版社2013年版，第10页。
③ 章秀英、戴春林:《公民意识结构研究》，《心理科学》2009年第3期，第729页。

　　王东虓教授在《公民意识教育层次性探析》一文中,依据统领理念、核心理念、范畴属性和社会公共属性,将公民意识教育划分为四个不同的层次,指出国家意识、主人意识和现代文明意识是属于统领层次的理念;民主法治理念、自由平等理念以及公平正义理念是属于核心层次的理念;权利与责任意识、国家与民族意识、平等与公正意识、自由与法治意识、道德与文明意识是属于具有范畴属性层次的意识;公共意识、公德意识、规则意识、生态意识等是属于公共生活属性层次的意识。学者宇文利在《关于当前我国公民意识教育的几个问题》中,紧紧围绕社会主义的本质属性,定位了我国公民意识教育的性质、指导思想、实践基础和基本内容,并对当前公民意识教育的途径做了探讨。

　　可见,公民意识是一个较为复杂且较难把握的概念,学者们从不同的学科视角,将公民意识进行了解读和阐释,目前学界虽尚未形成定论,但在将"公民意识"和"公民意识教育"的落脚点着眼于公民身份、权利意识和义务意识方面的观点是基本一致的。同时,随着社会的不断发展,关于公民意识基础理论的研究将会逐渐深入,公民意识概念内涵的外延也会随之丰富起来。

　　(二)不同视域下的公民意识研究

　　学者们结合自身的学科背景,从诸多不同的视域开展公民意识的相关研究,例如从思想政治教育、马克思主义、传统文化、法治建设、网络媒介、社会主义核心价值体系、全球化背景、多民族国家、公民社会等诸多角度撰文陈述,这些文章虽然数量较少且深度有待挖掘,但却拓展了公民意识教育的研究思路。本书将选取几篇有代表性的文章作为说明。

　　郑杭生教授在《试论公民意识教育的基本内涵——从政治学、社会学的视角看》将和谐社会的内在结构和公民意识教育的理念相对接,从公民意识的基本内涵、核心内涵、基础内容和重要内容来解读公民意识教育的基本任务、核心任务、基础内容和延伸内容。蓝楠在其博士学位论文《思想政治教育视野下公民意识教育研究》中,通过梳理我国思想政治教育视野下公民意识教育理论以及西方公民意识教育相关理论,比较分析了部分国家公民意识教育的理论与实践,指出思想政治教育与公民意识教育的关系,进而归纳出思想政治教育视野下公民意识教育的重要内容和具体途径。汪倩倩在其博士学位论文《思想政治教育视域下公民意识教育研究》一文中,主要侧重于从对思想政治教育视域下公民意识教育的现实维度、价值维度和理论维度分析的基础上,构建了思想政治教育视域下公民意识教育的内容、特征、目标以及其实现路径。

　　王宗礼和史小宁在《论马克思主义视域中的公民意识教育》一文中,认为马克思对国家与市民社会关系本质的概括为公民身份认同理论提供了理论指导,唯物史观中对自由平等理念的论述是公民意识觉醒的思想理据,对分配正义的深刻阐释是构建公民社会的最终诉求。刘雪松在《儒家文化传统与法治社会中的公民意识塑造》中,从法治社会与公民意识的关系着手,阐述了以自主与自律、个性与共性、德治与法治、世俗与超越为代表的儒家文化传统对公民意识塑造的深层影响,最后指出应在扬弃儒家文化传统的基础上,合理推进公民意识与法治秩序的形成。陈联俊在《网络社会中公民意识的缺失与培养》中,从网络时代公民意识缺失的现象切入,分析网络社会对公民意识形成的影响因素,并在此基础上,归纳出网络社会中公民意识的培养路径。

田毅松在《社会主义核心价值体系与公民意识》一文中,通过对我国现实国情及公民意识状况的分析,指出要实现社会主义核心价值体系与公民意识的有机融合,以社会主义核心价值体系为开展公民意识教育的指导思想,进而构建符合我国国情的公民意识理论体系。范可在《全球化时代的公民意识与认同政治》中提出,全球化时代的背景下,多民族国家要想实现民族认同和国家认同,就应加强公民意识教育,加强各民族公民对国家的归属感和认同感。

郜爱红在《我国公民社会的兴起与公民意识的培育》中,指出由于现代公民意识主要包括责任意识、仁爱意识、自律意识、宽容意识和竞争意识,故其在推动成熟的公民社会的发育过程中将会发挥重要作用。此外,学者们还针对不同群体如何开展公民意识教育进行了初步研究,涉及大学生群体、中小学生群体以及农民群体,其中关于在大学生群体中如何开展公民意识教育的文献较多,对农民群体及中小学生群体进行公民意识教育的研究较少。以"'大学生'+'公民意识'"为检索式对 CNKI 数据库进行篇名精确检索,共显示文献365 条,而以"'中小学生'+'公民意识'"和"'农民'+'公民意识'"为检索式对 CNKI 数据库进行篇名精确检索,显示文献分别为 7 条和61 条。

(三)关于中小学公民意识教育的比较研究

国外开展中小学生公民意识教育的历史较长,积累的经验也较为丰富,梳理中小学公民意识教育的国际经验,并做比较分析,对于吸收、借鉴别国经验,推动我国中小学公民意识教育的发展是有帮助的。现有文献主要就英国、美国、澳大利亚、加拿大、新加坡、日本等国和地区中小学公民意识教育实施的做法和经验,进行较为系统地介绍,同时,还有部分文献对不同国家之间的公民意识教育开展了对比分析(由于文字表述不同,国外一般是指公民教育)。例如,姬振旗在其博士学位论文《20 世纪 80 年代以来英国中小学公民教育研究》中,就英国中小学公民教育的实施背景、过程及经验进行了较为详细的介绍,着重分析了《科瑞克报告》对推动英国中小学公民教育的重要作用,并就其存在的问题进行了阐释。对英国中小学公民教育的启示也做了一些说明。张琦在其硕士学位论文《美国中小学公民教育合作课程研究》中,从公民教育的目标、内容、实施方式、考核评价等几方面,对美国中小学的公民教育合作课程进行了介绍,并通过案例分析进行论证,指出合作课程的优点及不足。

王建梁、岳书杰在《澳大利亚中小学公民教育评价研究》一文中,对澳大利亚中小学公民教育的评价内容、评价体系进行分析,指出评价内容包括对公民知识的理解以及积极公民进行参与所需的技能和价值,还对其评价体系做了总结和说明。宋雪敏在其硕士学位论文《加拿大中小学公民教育课程评价研究》中,介绍了加拿大中小学公民教育的课程理念、课程设置以及由内部评价和外部评价构成的课程评价内容,并归纳出其课程评价的特点。赵映川在其硕士学位论文《新加坡中小学公民教育研究》中指出,新加坡和我国同属东亚文化圈,对新加坡中小学公民教育的成功经验总结,将有助于我国中小学公民意识教育的开展。文中具体就新加坡中小学公民教育的目标、内容、实施途径和办法做了较详细地分析。杨秀玉、杨勇在《回顾与展望:日本中小学公民教育管窥》一文对日本中小学公民意识教育的政策制定、价值目标、课程实施及开展方式、主要特质及存在的问题等,进行了简要梳理。李红亚在《论当代香港中小学公民教育的理念与内容》中指出,香港中小学公民教育的基本理念是:以学生为本、和谐统一、生活化和国际化。其教育内容是:国家/民族身份的教育、价值观与态度教育、生活常识教育和生态教育。

中小学公民意识教育的比较研究应包括纵向和横向两方面,横向比较研究中,除上述这些国家之外,还涉及巴基斯坦、泰国等国,因其中小学公民意识教育未成较为完善的体系,缺乏鲜明特色,在此不一一赘述。国外中小学公民教育发端较早,体系较为成熟和完善,为我国开展中小学公民意识教育提供了借鉴,但由于国情的不同,我国的中小学公民意识教育应摸索适合本国实际情况的路径和模式,实现公民教育的"本土化"。在纵向研究方面,阚欣欣在其硕士学位论文《民国前期中小学公民教育研究》中回顾了我国民国初期中小学公民教育的实施状况,指出其与儒家教育思想相互交融的特色及鲜明的时代性。认为受政治化影响较大以及未形成完整的体系是影响这一时期公民教育发展的制约因素。桑圣丽在其硕士学位论文《南京国民政府时期中小学公民教育研究》中,介绍了南京国民政府时期中小学党义科、小学公民训练及常识科、社会科、中学公民科、训练科、中小学童子军训练及学生自治等公民教育实施情况,并总结了南京国民政府时期中小学公民教育的特点、经验、局限性与启示。栗蕊蕊在其博士学位论文《社会文化变迁中公民教育的本土演进——基于民国时期中小学的历史考察》中,介绍了孕自于修身教育的我国近代以来公民教育的本土演进历程,较为详细地分析了这一时期中小学公民教育课程教学和课外活动的实施情况,并结合当时历史背景进行了总结和反思。《民国前期中小学公民教育研究》《南京国民政府时期中小学公民教育研究》和《社会文化变迁中公民教育的本土演进——基于民国时期中小学的历史考察》等文献为我们总结了我国民国初期和南京政府时期,中小学公民教育的相关历史经验,也为当前的中小学公民意识教育的开展提供了经验启示。但现有文献尚缺乏对当前国内开展中小学公民意识教育的区域比较研究。

(四)中小学公民意识培养途径研究

现有文献关于中小学公民意识培养途径的研究主要围绕以下几方面进行。

第一,以设置独立课程开展中小学公民意识教育活动方面。刘作建在其硕士论文《中小学公民教育现状与对策研究——以山东省烟台市中小学公民教育实践为例》中,以山东烟台地区中小学公民教育实施情况为例,对当前中小学公民教育的实施载体、实施形式、实施效果、实施评价、影响因素和保障措施等进行了较为详细的分析,指出中小学公民意识教育取得的一些成效和存在的问题,在进一步分析原因的基础上,归纳出相应的对策,例如,建立制度的保障和支持体系,以调研听证式、专题教育式、学科整合式、课程开发式和环境改造式为主的模式和路径推进中小学公民意识教育。鞠文灿在《中小学公民意识教育的现状、问题与对策》中认为,基础教育阶段是公民意识教育实施的重要阶段。培养社会主义合格公民是中小学公民意识教育的重要目标。为了保证中小学公民意识教育的顺利开展和实施,应建立公民意识教育专职队伍,加强对师资力量的培训,开展以学生为主体、以提高参与能力为主的公民意识实践活动,并强调建立完整的学校公民意识教育体系,囊括从小学、初中到高中的课程体系。

第二,以综合课程为主,实施渗透式的中小学公民意识教育方面。罗晓娟在其硕士学位论文《中小学课程与教学中的公民教育研究》中,考察了当前我国中小学公民教育在社会科课、语文课、科学课和体育艺术课中的渗透情况,并从教学组织、教学方法和教学氛围几方面探讨开展中小学公民教育的途径。王文岚在其博士学位论文《社会科课程中的公民教育研究》中,主张在我国以综合课程的方式通过"品德与生活""品德与社会""历史与社会"等课程开展渗透式的公民教育,以培养社会主义合格公民为主要目标。

对新旧版社会科课程教科书中公民教育的价值取向和内容表述进行了对比分析,指出以核心概念学习策略、争议性问题学习策略、合作学习策略、批判反思学习策略以及社区服务学习策略,整合社会科课程中的公民知识、公民技能及态度和价值观等多方面内容。芦雷在其博士学位论文《我国中小学公民教育目标与内容重构研究》中,指出应依托从小学到高中阶段的综合课程开展公民教育,并分析了现有中小学公民教育目标和内容上的不足,认为在教育目标方面,中小学各阶段均缺乏公民技能、公民行为、公共性及世界公民的培养目标维度设置。中小学各阶段在公民教育内容结构上的设置也不尽合理,缺少公德意识、权利意识、技能维度方面的培养内容。最后,结合对现状的考查以及借鉴别国经验的基础上,分析指出,小学阶段应着重于学生个体发展,培养学生的自主意识、规则意识和权利意识。初中阶段应注重学生权利意识和义务意识的培养,并侧重于多元文化和有效参与社会活动方面的培养。高中阶段应深化学生的公民道德养成,着重国家公民与世界公民的养成和培育。

第三,以体验式、参与式教学为主,在活动开展中小学生公民意识培养的研究方面。马兰霞在《中小学公民教育面临的问题及现实选择》中指出,中小学公民教育的着力点应放在"间接教育"上来,依据中小学生的身心特征和认知状况,通过采取班级"自治"的模式,更有利于培养学生的公民意识。谢劼在其硕士学位论文《中小学班集体民主生活的构建》中指出,通过组织中小学生开展班级民主生活,可以提升他们的理性品质和民主素养,进而增强中小学生的公民意识和参与能力。王雄、朱正标在《重建学校公共生活——中小学公民教育的理论与实践探索》中指出,应以学生为中心,重建学校公共生活,在参与中培养和提升学生的公民认知和公民技能。鞠文灿在《指向问题 主体参与 重在体验——江苏省中小学公民意识教育的特色与创新》中提出,应以真实社区生活中存在的公共问题的解决为指向,以活动化、开放性、探究式为特征,组织学生参与解决实际问题,在体验和感悟中提升公民意识。北京市西城区教育委员会撰文《志愿服务:中小学公民和道德教育的重要载体》指出,中小学志愿服务应以爱心培养为主要目标、以自我服务为主要内容、以体验学习为主要方式,在学校、家庭和社会中开展符合学生认知特征和行为能力的志愿服务。史秋琴在《儿童参与与公民意识》一书中提出应在科学理论和方法的指引下,引导儿童通过参与家庭生活、学校生活和社会生活来培养和提升公民意识。

综上,国内有关中小学生公民意识培养的相关文献大多是从较为宽泛的视角对公民意识教育的课程设置、师资培训、实践方式及保障制度等方面进行论述,缺乏深入研究和对比分析,宏观性的一般原则要求多,具有可操作性的方案较少。同时,理论成果和实践经验总结方面较为欠缺,多以应然角度对中小学公民意识培养方面进行较抽象的概括和分析,以理论推演和概念演绎为主,在结合实例进行规范分析方面涉及不多。

第三节　研究思路与研究方法

围绕中小学生公民意识培养目标的最终实现,在明确中小学生公民意识培养相关概念的基础上,对中小学生公民意识的培养进行现实分析,架构中小学生公民意识培养的理论体系,以资源优化为着力点实现培养路径方面的创新,这是本书研究的总体逻辑思路。在对中小学生公民意识理论层面的逻辑架构和实践层面的归纳总结上,也运用到了相关的研究方法。

一、研究思路

本研究定位为以理论研究与实证研究相结合的综合研究。

第一部分:绪论。从现实情况出发,指出了开展中小学公民意识培养的背景和意义,阐明本书的理论出发点和现实着眼点,通过文献综述分析国内外的研究现状,了解本领域的相关学术成果。在此基础上,规划本书的研究思路和主要内容,阐明本书的研究方法、创新及不足之处。

第二部分:中小学生公民意识及培养的相关理论阐释。从学理上对相关概念进行界定,是本书研究的逻辑起点。本部分依次分析了公民意识的概念与构成,中小学生公民意识的概念界定、形成过程、基本特征及层次构成,中小学生公民意识培养的概念界定、理论基础及重要意义。明确了本研究所指的公民意识是公民对其身份的自觉认同,即对自我和他人享有的权利和承担的义务的一种自觉认识,并对公民意识的内涵和要素构成进行了较为详细的解读。在此基础上,对中小学生公民意识的内涵及结构、形成的过程、形成的内在机理、形成的特征等进行了剖析,指出中小学生公民意识以公民认知为基础,以公民情感为导向,以公民意志为动力,以公民行为为皈依;在归纳了中小学生公民意识的形成过程的基础上分析了其形成的内在机理和基本特征。最后指出中小学生公民意识培养的理论基础及意义。

第三部分:中小学生公民意识培养的现实分析。本部分先是对中小学生公民意识的基本状况进行了分析,之后对中小学生公民意识呈现的特征进行了归纳、总结,得出如下结论:公民意识存在逐渐递升与偶尔下降相间的态势、公民意识的倾向与公民行为的选择呈现错位态势、公民意识呈现较为明显的地域性差异以及部分学生公民意识尚处于不自觉、无意识的状态。之后,指出中小学生公民意识培养过程中存在的主要问题是:公民意识培养的课程体系尚未建立、公民意识培养的师资队伍亟须建设、公民意识培养的环境不够理想以及教育资源的整合和优化不够充分。最后,从内在因素和外在因素两方面对中小学生公民意识培养中存在问题的原因进行分析。

第四部分:中小学生公民意识培养的体系建构。中小学生公民意识培养体系建构主要包括中小学生公民意识培养的指导思想,目标与内容,遵循的基本规律、原则与方法以及借鉴与继承等几方面。中小学生公民意识的培养要坚持马克思主义思想的指导,以社会主义核心价值观为价值取向,以实现"中国梦"为精神动力;指出中小学生公民意识培养的总体目标是社会主义合格公民,培养的具体目标和主要内容是紧紧围绕公民意识的核心要素"公民身份、公民权利、公民义务、公民参与"及其衍生意识展开的,并对中小学生公民意识培养目标的特性进行了分析;指出中小学生公民意识培养应遵循的规律、原则和方法是开展中小学生公民意识培养和教育活动的具体依据;指出中小学生公民意识的培养应立足于中华民族的优秀传统文化,重视从传统文化中汲取公民意识教育资源,同时也要吸收和借鉴国外公民意识培养的先进经验。理论层面上的架构与设想,将为实践层面上的操作提供指导。

第五部分:中小学生公民意识培养的路径创新。在前文理论建构和实践考察的基础上,从三个方面对培养路径进行了创新。首先,要完善中小学生公民意识培养的相关政策和机制,即发挥政府主导作用,强化政策支持;建立科学的课程体系,纳入国民教育序列;健全保障和监督机制,完善评价考核体系。其次,在学校公民意识培养的路径创新方面,要优化课程资源,开发公民意识教育课程体系;加强教师队伍建设,提高教师的资源优化意识和能力;优化教法资源,增强公民意识教学的实效性;发挥学生的主体作用,引导学生进行自我教育。最后,在校外公民意识培养的路径创新方面,要从整合家庭资源,实现家校合作;依托社区资源,开展实践活动;利用网络平台,实现资源共享以及借助同辈群体资源,形成正向激励来着手进行。

二、研究方法

在宏观的方法论层面,本书主要借鉴和运用了马克思主义哲学的立场、观点和基本方法。我国中小学生公民意识的培养研究涉及普遍与特殊、一般与个别、理论与实践的关系,如何正确处理这些范畴,如何科学合理地对现存问题进行归纳与提升等,都离不开科学方法运用。同时,公民意识的形成既是历史演变与逻辑推进相结合的过程,同时也是理论与实践辩证发展的结果,这就需要我们运用历史的和辩证的方法来分析中小学生公民意识形成的过程和机理,总结中小学生公民意识培养遵循的规律以及具体实践的路径。在具体的研究方法层面,本书综合运用了文献研究法、比较研究法、问卷调查法、观察法和访谈法。

（一）文献研究法

围绕主题对相关文献资料的整理和分析,是论题开展的基础工作,也是本研究的基本方法。研究前期,通过对各类文献进行归纳和梳理,了解国内外关于中小学生公民意识理论研究和实践推进的基本情况。以历史发展脉络为主线,以权威性学术文献为依据,对公民意识及相关概念进行理论上的廓清,是本研究的逻辑起点。同时,现有文献中关于中小学生公民意识培养的相关实证研究,也为本研究提供了较为充实的现实参照。

（二）比较研究法

没有比较就没有鉴别,没有鉴别就没有准确的认识。比较的方法是人们认识世界不可或缺的手段,它是指研究者根据一定的标准,把有关事物放在一起进行考察,比较它们之间的异同,进而把握事物的本质、探索其发展规律的方法[①]。在本研究中,比较研究方法的运用,既涉及文献资料的比较,也涉及现实考察的比较,既涉及国内外相关实施情况比较,也涉及国内区域之间的比较。比较研究法贯穿了整个研究的始终,运用比较分析的方法,对国内外中小学生公民意识培养的状况进行横向和纵向的比较,有助于更加全面、客观地对全局进行把握,在对中小学生公民意识培养中各影响因素之间的内在联系进行剖析之后,进而可以归纳、总结出适合我国国情的中小学生公民意识培养之路。

（三）问卷调查法

问卷调查法是以书面形式设置问题、搜集资料的一种方法,也是调查研究中最经常使用的一种方法。问卷调查的一般过程涉及问卷编制、问卷设计、问卷发放与回收,问卷结果统计、形成报告或得出相应结论等几方面。本研究中在对中小学生公民意识培养的现实分析部分,绝大多数数据来源于信阳市平桥区广大中小学生公民意识状况问卷调查结果,在对调查结果进行分析、归纳、总结的基础上,较为客观地把握了中小学生公民意识的现状和特征,为理论研究提供了现实依据。

---

① 马云鹏:《教育科学研究方法导论》,东北师范大学出版社 2002 年版,第 116 页。

（四）观察法

教育研究中的观察法是指研究者通过感官或借助于一定的科学仪器，在自然状态下，有目的、有计划地考察和描述客观对象（如教师、学生的某种心理活动、行为表现等）而获取其事实资料的一种方法[①]。一般而言，观察法可以分为自然观察法和实验观察法，前者是在自然状态下，即被观察者未能察觉、不被干预的状况下进行的，后者是在人为干预和控制下进行的。二者的共同之处在于都是基于一定的观察目的。观察法的一般程序为：确定观察内容、选择观察方法、制定观察记录表、对观察结果进行整理和分析，最终做出相应的结论或推断。本研究中，在对中小学生公民意识培养的现实分析部分，采用了观察法，以信阳市平桥区部分中小学校学生为观察对象，对他们的言行举止、行为习惯进行观察，了解他们在日常生活中较为真实的公民意识和公民行为，以弥补调查问卷研究法的不足，进一步丰富实证研究的成果。

（五）访谈法

访谈是一种直接搜集资料的方法，研究者可以根据研究课题的需要，事先设计好访谈提纲，直接了解调查对象对于某个问题的态度。由于是面对面的交谈，研究者在调查的过程中，可以根据具体情况和调查对象的反映，有针对性地调整访谈的方式和内容，以便得到更加确切的资料，搜集研究者所希望得到的情况[②]。调查研究中所应用的访谈法和日常生活中的谈话是有区别的，前者是针对特定问题所进行的研究性访谈，是有目的、有准备、有针对性的，而后者较为随意，且没有特定的目的和计划。本研究访谈法也主要运用在对中小学生公民意识培养的现实分析上，主要涉及针对教师和教育管理者的访谈。选取信阳市平桥区某小（初中）学教师及学生作为研究对象，通过开放式访谈了解该校中小学生公民意识培养实施的具体情况和存在的基本问题。具体按照以下几个步骤展开：第一步，科学制订访谈提纲；第二步，对教师和教育管理者进行开放式访谈；第三步，记录访谈结果并进行初步整理；第四步，分析访谈内容，得出相关结论。

---

① 马云鹏：《教育科学研究方法导论》，东北师范大学出版社2002年版，第163页。
② 马云鹏：《教育科学研究方法导论》，东北师范大学出版社2002年版，第107页。

第四节　研究的创新与不足之处

　　创新是论文写作的灵魂和价值所在,也是推动学术不断发展的根本动力。在论文写作过程中,在借鉴前人研究成果的基础上,通过从理论层面和现实层面对文章主旨进行逐层解读和分层架构,努力实现一定的创新和突破。当然,因研究条件和个体能力有限,本书依然呈现出一定的不足之处,这也为今后的研究留下了思考的空间。

一、创新之处

　　本研究的创新之处主要从理论层面和实践层面两方面进行归纳。

(一)理论层面上的创新

　　第一,对公民意识层次结构方面的创新。将本研究中公民意识概念的着眼点置于"公民"身份应具备的何种意识之上。依据对公民意识概念的深入理解,将公民意识分解为基础层面意识、核心层面意识、外显层面意识和衍生层面意识四个层次,总结出公民意识的核心要素为公民身份意识、公民权利意识、公民义务意识以及公民参与意识。

　　第二,对中小学生公民意识内在结构、形成机理、特征等方面的创新。本研究指出公民认知、公民情感、公民意志和公民行为共同构成了中小学生公民意识的内在结构,中小学生公民意识以公民认知为基础,以公民情感为导向,以公民意志为动力,以公民行为为皈依。指出中小学生公民意识形成的内在机理为:需要—驱动机理、情感—引导机理、实践—强化机理以及影响—制约机理,总结出中小学生公民意识形成的基本特征为阶段性、复杂性、差异性和可引导性。

　　第三,中小学生公民意识培养体系建构方面的创新。将"中国梦"的实现与中小学生公民意识培养有机结合起来,从纵向和横向两个角度对中小学生公民意识培养目标进行具体分解,构建了较为详细的中小学生公民意识培养的目标序列,指出中小学生公民意识培养目标的特性为:方向性与基础性、系统性与层次性、适切性与有限性。结合中小学生的认知状况和公民意识形成机理,总结出中小学生公民意识培养所遵循的规律和原则,创新了中小学生公民意识培养的方法。

(二)实践层面上的创新

以"资源优化"为切入点和突破口对中小学生公民意识培养的路径进行创新,指出在校内开展中小学生公民意识培养,应着重从课程资源、教师资源、教法资源以及学生资源着手进行路径优化;在校外开展中小学生公民意识培养,应以营造良好的环境氛围、形成资源合力为目的,对家庭资源、社区资源、网络资源以及同辈群体资源进行整合和优化,共同推动中小学生公民意识培养的良性运行。

二、不足之处

本书研究的不足之处主要有以下几方面。

1. 对外文文献的占有不足,导致对国外中小学生公民意识培养的相关理论和实施途径方面的研究尚待深入。

2. 在实证研究方面,由于对我国其他区域中小学生公民意识培养的相关资料占有不很充分,致使在对信阳市平桥区与其他区域进行比较分析方面,尚显不足。虽然在实际调查研究过程中应用了观察法,但未能将相关成果在文中充分体现和利用。

3. 受自身思维的局限,对中小学生公民意识培养的理论研究和提炼总结方面存在着一定的困难。

第二章

中小学生公民意识及培养的相关理论阐释

概念的界定和理论的梳理是论文研究的逻辑起点。中小学生公民意识及培养的相关理论涉及公民意识的概念与构成,中小学生公民意识的概念界定、形成过程、基本特征及层次构成,中小学生公民意识培养的概念界定、理论基础及重要意义等多方面内容。

第一节　公民意识的概念与构成

公民是现代社会中人们最基本的社会角色。对中小学生公民意识培养问题进行研究,首先就要对公民和公民意识的概念与内涵进行分析与界定。

一、公民的概念界定

"公民"最早起源于古希腊时期,其内涵随历史的发展不断得以丰富。对公民概念进行历时性梳理,有助于深入理解"公民"的本质。

(一)"公民"的历史演进

"公民一词起源于古代 civitas,罗马时期演变为 civitatus"①,古希腊时期的公民是有权"参加司法事务和治权机构的人们"②,是城邦中分享统治权的

---

① [英]T. H. 马歇尔、安东尼·吉登斯等:《公民身份和社会阶级》,郭忠华、刘训练编,江苏人民出版社 2008 年版,第 304 页。

② [古希腊]亚里士多德:《政治学》,吴寿彭译,商务印书馆 1996 年版,第 111 页。

自由人,公民身份仅仅是属于少数拥有财产的成年男性,妇女、儿童、奴隶、外邦人等是被排除在外的,公民是一种特权的象征。但古希腊时期的公民其突出特征在于权利与义务的相对一致性。例如,参与城邦政治事务不仅是公民享有的政治权利更是政治义务。城邦中的公民享有对土地的占有权,但同时也需尽战时服兵役的义务,公民既是城邦的主人,也是城邦的保卫者。古罗马时期,随着原有的公民—城邦关系的瓦解、战争的需要及疆域的扩张,"到公元212年,公民身份被赋予帝国境内所有的自由民"。"在罗马时代,公民权利已不仅仅局限于政治权利,而且开始向社会、经济领域渗透。但是,罗马法认可的公民也只限于成年男性自由人,妇女和奴隶不享有公民资格。"①中世纪时期,除君主之外的所有人均是臣民,臣民具有双重身份,不仅属于世俗国家的子民,也属于上帝的子民,公民的概念处于暂时被遮蔽的状态。近代以来,随着社会契约论的产生,公民概念被重新诠释。"国家和社会根本不是什么原始就有的东西;人们都享有自由,不被统治,而且根据法律,人人都是平等的。然而因为自然法缺少制裁惩罚,因此充满着不安,因此人们走到一起,并且通过契约——恰恰是通过社会契约——建立和组织了国家。通过这种契约,就从自然状态建立了'公民的'状态;从'人'变成了'公民';'公民的'权利取代了'自然的'权利。"②伴随着"天赋人权""主权在民"等思想深入人心,自由主义、共和主义公民理论逐渐形成,为公民概念的发展做出了贡献。例如,自由主义公民观认为,好的政府是依赖于良好的制度的,而非依赖于具有良好德行的公民。共和主义公民观则主张人们通过订立契约结成公民社会,从而使自己的生命和财产权获得保障。

共和主义公民理论的代表人物卢梭,从个人与共同体的关系入手,指出"作为主权的参与者,则每个人都称为'公民';作为国家法律的服从者,则称为'臣民'"③。在他的理解中,"公民"身份与"臣民"身份在共同体中是统一和重合的。个人既是国家政治生活中的权利主体,也是需要服从国家法律的义务主体,这一思想推动了现代民族国家公民概念的发展。之后,随着历史的发展和民主进程的推进,各国宪法对公民概念内涵的规定趋于简单化。只要取得某国国籍,就成为该国的公民,依据该国法律规定享有权利和承担义务。

在中国,现代意义上的公民概念属舶来品,我国传统文化中并不存在

---

①　秦树理:《公民学概论》,郑州大学出版社2009年版,第25页。
②　[法]H·科殷:《法哲学》,林荣远译,华夏出版社2002年版,第24页。
③　[法]卢梭:《社会契约论》,李平沤译,商务印书馆2012年版,第20-21页。

"公民"这一概念,有的只是"臣民""子民""草民""黎民"。例如,马克斯·韦伯曾指出:"在西方之外,从来就不存在城市公民的概念。"①近代以来,在西方列强的侵略下,目睹国民的种种劣根性,一些有识之士从改造国民性入手,开始了反思和学习。这一时期,严复提出了著名的"三育"救国论:"是以今日之政,统于三端:一曰鼓民力,二曰开民智,三曰新民德。"②从教育入手,从德、智、力三方面去改造中国传统的人格。梁启超将培养"新民"作为"今日中国第一急务"③,指出"我国民所最缺者,公德其一端也"④。梁启超的"新民"论真正触及了公民的本质,不仅要求"新民"要敢于争取权利,还应履行相应的义务,权利和义务是不可分离的:"人人生而有应得之权利,即人人生而有应尽之义务,二者其量适相均。"⑤梁启超的"新民"说旨在改造旧国民的劣根性,塑造具有独立人格和精神的新国民。他认为:"独立者何? 不籍他力之扶助,而屹然自立于世界者也。人而不能独立,时曰奴隶。于民法上不认为公民。"⑥这一时期,"公民""新民"等词虽然在表述略显不同,但均是在批判和改造旧国民的劣根性的过程中使用的,接近于西方近代意义上的"公民"概念。

辛亥革命的胜利,中华民国临时政府成立,于1912年颁布了《中华民国临时约法》(以下称《临时约法》),并规定:"中华民国之主权,属于国民全体。"但在规定基本权利和义务时使用的却是"人民"一词。这里的人民"实际上它所指的只限于资产阶级本身,而不包括广大劳动人民在内"⑦。五四时期,受西方民主思想影响较深的一批仁人志士,如陈独秀、李大钊等人,提出共和政体是优良的,但维护和发展共和政体的前提是对国民进行改造。为了重塑国民新形象,他们从不同的角度对中国国民的劣根性进行了深刻的批判与分析。指出,中国国民缺乏独立自主的人格和真实自由的个体精

---

① [德]韦伯:《新教伦理与资本主义精神》,彭强、黄晓京译,陕西师范大学出版社2002年版,第22页。

② 严复:《原强修订稿》,王轼:《严复集》第1册,中华书局1986年版,第27页。

③ 梁启超:《新民说》,载梁启超:《饮冰室合集》专集之三,中华书局1989年版,第1页。

④ 梁启超:《论公德》,载梁启超:《饮冰室合集》专集之四,中华书局1989年版,第12页。

⑤ 梁启超:《论义务思想》,载梁启超:《饮冰室合集》文集之四,中华书局1989年版,第104页。

⑥ 梁启超:《国民十大元气论》,载梁启超:《饮冰室合集》文集之三,中华书局1989年版,第62页。

⑦ 蒋碧昆:《中国近代宪政宪法史略》,北京,法律出版社1988年版,第130页。

神,中国国民性中的臣民心理、奴性意识等与现代民主政治、现代民族意识是不相适应的,因此,就要塑造和培养"内图个性发展,外图贡献于群"的兼顾社会责任的个人。1931 年 11 月,中华苏维埃共和国中央人民政府成立,并颁布《中华苏维埃共和国宪法大纲》,中国共产党首次以国家根本法的形式,正式使用了"中华苏维埃共和国公民"的概念,较为详尽地规定了苏维埃共和国公民的权利和义务,启发了广大劳苦民众的国家意识、民主意识、权利意识。虽然这些法制文献形式较为简单,内容较为粗糙,具有时代局限性,但是,在当时的历史背景下,已经具有相当的进步意义。1954 年颁布的《中华人民共和国宪法》明确规定了公民的基本权利与义务,1982 年颁布的我国现行《宪法》规定:"凡具有中华人民共和国国籍的人都是中华人民共和国公民","中华人民共和国公民在法律面前一律平等","任何公民享有宪法和法律规定的权利,同时必须履行宪法和法律规定的义务",这为当代中国公民身份的确立提供了法律依据。

(二)"公民"的概念界定

在现代社会,公民"通常是指具有一个国家的国籍,并根据该国的宪法和法律规定,享有权利并承担义务的人"[1]。"公民"这一概念的内涵不仅仅可以从法律层面来解读,还可以从政治、伦理学等视角来解读。通过从不同视角下对"公民"概念的阐释可以进一步丰富对其内涵的深入理解。法律意义上的公民强调公民的身份和地位平等以及公民之间的权利和义务的关系。公民作为享有权利和承担义务的主体,应受国家宪法和法律保护。"政治意义上的公民主要涉及国家与个人的关系,所谓公民就是国家中享有充分的权利并且承担社会义务的成员"[2],政治层面上的公民突出强调公民对政治权利的行使和参与能力的发挥,是公民在政治共同体中参与政治事务、进行政治活动的身份确认与体现,蕴含着"积极公民身份"(active citizenship)的诉求。伦理意义上的公民主要涉及公民的德性问题,强调公民个人在公共生活中应具备的行为和品质,倡导公民个体的行为表现应与其角色和身份相一致,做"好公民"。此外,"经济的含义主要是指自由从事经济活动的个人;社会的含义就是独立而平等的社会成员"[3]。总之,现代意义的"公民"是伴随着民族国家的产生而出现的,并天然地与现代民主政治制度和法律制度相耦合。随着社会的发展,不同的视角下,公民概念呈现出层次

---

① 《法学词典》编辑委员会:《法学词典》(修订版),上海辞书出版社 1984 年版,第 142 页。

② 王啸:《全球化时代的中国公民教育》,福建教育出版社 2005 年版,第 65 页。

③ 王啸:《全球化时代的中国公民教育》,福建教育出版社 2005 年版,第 65 页。

性和丰富性的特征,虽然体现了公民个体在社会公共生活中的角色归属各有不同,但归根结底,都反映了公民既是一个与权利相关的概念,也是一个与义务相关的概念。当代,公民是具有健全独立人格,具有公民知识、公民意识、公民德行和参与能力的权利和义务的统一体。

康诺华指出,公民适应现代民主生活所需的资质包括三个要素:一是法律要素,指成员的法律地位,这是由公民与生俱来的公民身份所决定的。二是心理要素,指公民对自身身份和地位的了解和心理认同,对臣民心理的排斥和消除。只有公民内心的独立、强大,才能彻底摈弃依附型人格,培育健全独立的现代公民。健康的公民心理素质不仅有助形成、维系社会成员之间的友好关系,增强社会凝聚力,并且有助于履行公民身份所赋予的职责。现代公民必备的心理素质包括独立意识、平等意识、参与意识和合作意识等。三是行为要素,指公民在公共活动中的行为习惯和具体实践,是社会成员将公民知识内化为价值观、意识、心理等素质后在公共领域中的外在表现,包括参与政治生活和社会事务的表现。公共领域的活动都牵涉公民德行。①

实际上,除了对公民概念本身的理解和把握外,还应注意从以下几方面来把握公民的特性。

第一,公民是具备独立之人格的公民。中国数千年来的封建专制统治造就了众多的臣民,臣民与公民的显著区别就在于是否具有独立人格。臣民们安分守己、麻木不仁的奴性人格是受制于宗法等级和伦常秩序等因素而形成的,由臣民人格向公民人格的转向是十分艰难和曲折的,但现代社会的发展必须要求公民具备健全、独立的人格。康德指出,独立自主"这个权利使一个公民生活在社会中并继续生活下去,并不是由于别人的专横意志,而是由于他本人的权利以及作为这个共同体成员的权利。因此,一个公民的人格的所有权,除他自己而外,别人是不能代表的"②,"人只有在成为他自身的主人的时候,才能将自己当作独立的存在物,而且只有当他把自己的存在归之于他自身的时候,他才是自己的主人"③。公民内在的独立人格支撑了公民作为具有尊严的权利主体的存在,成为在私人领域自主抉择、自我负

① Conover,Pamela. J. "Citizen Identities and Conceptions of the Self", *The Journal of Political Philosophy*,1995(2),p133-134。

② [德]康德:《法的形而上学原理》,沈叔平译,商务印书馆1991年版,第140-141页。

③ [美]弗洛姆:《人的呼唤》,王泽应等译,生活·读书·新知三联书店1991年版,第64页。

责,在公共领域保持理性的思考能力和行为能力的个体。

第二,公共性是公民的又一特性。公民是公共生活中的人。公共性是公民性的重要体现。公民个体的价值主要通过其在公共生活中所扮演的角色来得以体现。陈天华曾疾呼:"列位!你看我们中国到这个地步,岂不是大家都不讲公德,只图自利吗?你不管别人,别人也就不管你,你一个人怎么做得下去呢?若是大家都讲公德,凡公共的事件,尽心去做,别人固然有益,你也是有益。……列位!为人即是为己,为己断不能有异于己的。若还不讲公德,只讲自私,不要他人来灭,恐怕自己也要灭的。"①

第三,以"权利"为本位是理解公民概念的基础。臣民是以义务为本位的,强调的是服从,而对公民而言,不仅享有基本权利,还应承担相应的义务。仅强调义务而弱化权利,公民的内涵将被扭曲。"在所有的社会契约之中,都可以发现有许多人为了某一个(大家都具有的、共同的)目的结合起来;但是他们的结合其本身便是(每一个人都应该具有的)目的,因而一般地在人们彼此之间不得不发生相互影响的每一种外在关系之中乃是无条件的首要义务,则这样一种结合是惟有在一个已经发现自己处于公民状态之中,亦即已经形成一个共同体的社会之中才能发现的。而在这样的对外关系中其本身就是义务并且还是其余一切对外义务的最高形式条件的这一目的,便是公开的强制性法律之下的人权,每个人就由此而规定了自己的应分,并获得了免于受任何别人侵犯的保障。"②"通过权利的概念,他应该是他自己的主人"。③

因此,"公民"的本质是权利与义务相统一的主体,单纯强调权利或单纯强调义务都是片面的、不当的。"没有无义务的权利,也没有无权利的义务。"④权利是先于义务的,义务的存在以权利的享有和行使为前提,"权利的实现离不开义务,若无相应的义务作保障,任何权利都无法存在"⑤,义务的履行以权利的保障和实现为目的。

"一般认为,'公民身份'包含了'权利'和'身份'两个组成要素。其中,权利是公民身份的地位(status of citizenship),是公民身份的法律层面,而身

---

① 陈天华:《陈天华集》,刘晴波、彭国兴编校,湖南人民出版社 1998 年版,第 45-46 页。

② [德]康德:《历史理性批判文集》,何兆武译,商务印书馆 1997 年版,第 181 页。

③ [德]康德:《法的形而上学原理——权利的科学》,沈叔平译,商务印书馆 1997 年版,第 50 页。

④ 《马克思恩格斯选集》第 2 卷,人民出版社 1995 年版,第 610 页。

⑤ [美]雅诺斯基:《公民与文明社会》,柯雄译,辽宁教育出版社 2000 年版,第 67 页。

份认同则是公民身份的感受(feeling of citizenship),是法律地位之外的另一种归属政治共同体的方式。"①借助于发达国家的公民身份和公民资格理论将便于更深刻地理解这一本质内涵。马歇尔指出:"公民身份是一种地位(status),一种共同体的所有成员都享有的地位,所有拥有这种地位的人,在这一地位所赋予的权利和义务上都是平等的。"②他将公民身份界定为权利与义务的集合,这种集合也是与公民的资格相关联的。《不列颠百科全书》中指出,公民资格是:"指个人同国家之间的关系,这种关系是个人应对国家保持忠诚,应因此享有受国家保护的权利。公民资格意味着伴随有责任的自由身份。一国公民具有的某些权利、义务和责任是不赋予或只部分赋予在该国居住的外国人和其他非公民的。一般地说,完全的政治权利,包括选举权和担任公职,是根据公民资格获得的。公民资格通常应负的责任有忠诚、纳税和服兵役。"③因此,公民身份也是个体作为国家成员的资格体现。人们通常认为,具有某国国籍便成了该国公民,实际上,"国籍"只是成为"公民"的必要条件,拥有某国国籍仅仅是公民的法律属性。公民身份是公民个体的一种成员地位,蕴含着一系列的权利、义务和责任。个体具有了公民身份,应积极承担在各个层次、各种领域的责任和义务,并积极行使和维护权利,努力地"做公民",而不仅仅是被动地"成为公民"。

二、公民意识的概念界定

"意识是人脑的机能、是人脑中的观念活动,它存在于一个个人的头脑之中。"④《现代汉语词典》对"意识"的解释是:"人的头脑对于客观物质世界的反映,是感觉、思维等各种心理过程的总和,其中的思维是人类特有的反映现实的高级形式。"⑤人是"有意识的类存在物"⑥,具有一定的精神属性。意识性是人之为人的重要特性。"人则使自己的生命活动本身变成自己意志的和自己意识的对象。他具有有意识的生命活动。……有意识的生命活动把人同动物的生命活动直接区别开来。"⑦从逻辑关系上讲,"公民意识"是滞后于"公民"而产生的,但公民意识并不等同于公民的意识,公民的意识包

①　檀传宝等:《公民教育引论》,人民出版社2011年版,第218页。

②　[英]T. H. 马歇尔、安东尼·吉登斯等:《公民身份与社会阶级》,郭忠华、刘训练编,江苏人民出版社2008年版,第15页。

③　《大不列颠百科全书》(第4卷),中国大百科全书出版社1999年版,第236页。

④　韩民青:《意识论》,广西人民出版社1988年版,第348页。

⑤　《现代汉语词典》(第6版),商务印书馆2012年版,第1546页。

⑥　《马克思恩格斯选集》第1卷,人民出版社1995年版,第46页。

⑦　《马克思恩格斯选集》第1卷,人民出版社1995年版,第46页。

罗万象,既包含公民意识,也包含非公民意识。"公民意识集中表现为公民的自我意识,即公民在对自己本身的公民角色以及自己与社会生活的关系理解基础上产生的一种意识。"①具有自我意识被认为是人之为人的根本,"在社会心理学看来,自我意识的现代形态,就是公民意识"②。

目前,学术界众多学者从不同的学科背景出发对公民意识做了界定。例如,政治学视角下的公民意识界定为:"当民众直接面对政府权力运作时,它是民众对于这一权力公共性质的认可及监督;当民众侧身面对公共领域时,它是对公共利益的自身维护和积极参与。"③法学视域下的公民意识是"公民对自身权利的认识和觉醒,对法律权威性的承认和尊崇,对法治理想的崇敬和追求"④。哲学视角下的公民意识是指人类自由自主活动内在精神的自觉反映和要求⑤。心理学视域下的公民意识是公民个人在心理层面上,对自己在国家生活中法律地位的一种认识状态和实践状态相统一的行为方式,是公民认知、公民情感、公民意志行为的统一,包括平等和爱国意识、民主和自由意识⑥。也有的学者从公民学的视角出发,将公民意识界定为:"公民依据宪法规定的基本权利和义务,对自己在国家政治生活和社会生活中的主体地位的认识。"⑦

以上对公民意识做出的各种概念界定反映了学者们对公民意识的不同层面的理解,在此,本书对公民意识的概念界定仍然紧紧围绕"公民"这个限定语来展开,结合对公民概念的理解,仍将公民意识的概念着眼点置于"公民"身份应具备的何种意识之上。因此,公民意识实质上反映的是公民对其身份的自觉认同,即对自我和他人享有的权利和承担的义务的一种自觉认识。

三、公民意识的内涵解读

公民意识的概念分析揭示了公民意识的内在规定性及外延。但是,公民意识作为一种特殊的社会意识形态,其产生和发展是受制于多种因素的

① 黄稻:《社会主义公民意识》,辽宁大学出版社1987年版,第109页。
② 冯留建:《公民意识的形成规律论析》,《云南社会科学》2011年第2期,第11页。
③ 朱学勤:《书斋里的革命:朱学勤文选》,长春出版社1999年版,第363页。
④ 张民省:《公民意识与中国现代化》,《山西大学学报(哲学社会科学版)》2005年第2期,第119页。
⑤ 马长山:《公民意识:中国法治进程的内驱力》,《法学研究》1996年第6期,第6页。
⑥ 黄甫全:《学校公民教育:问题及其对策》,《学术研究》1997年第4期,第79页。
⑦ 秦树理、王东虓、陈垠亭:《公民意识读本》,郑州大学出版社2008年版,第4页。

影响和制约的,因此,如若对公民意识仅做概念上的简单分析不足以充分展示其丰富内涵,也不利于对公民意识的理论研究进行整体把握。对公民意识的内涵进行解读,要以联系的、发展的眼光,将公民意识置于社会政治、经济、文化的宏观背景下,对其进行较为全面、深入地概括和总结。

(一)公民意识具有主体性,属于社会意识的范畴

首先,公民意识的主体性体现为:公民对自身的社会地位、公民资格有比较清晰的理解和认同的态度,从而萌生自觉的公民意识。公民的身份意识是公民主体意识产生的前提和基础,如果没有对自己身份的认识,就不可能认识到自己与国家之间的关系,从而无法对自身的主体地位进行准确定位,也就无法充分享受公民权利和履行相应的公民义务。其次,公民意识也是自我意识日臻成熟的标志。公民在进行多种社会实践的过程中,通过自我感觉、自我分析、自我评价等形式不断调节和更正自身的行为,以期更为适应公民的角色定位。再次,公民意识的主体性还体现为"个体性"和"群体性"之分。由于在现实生活中,每个人成长背景、知识结构、社会阅历等各异,对公民身份的角色认同和主观感受便不同,形成了形形色色、丰富多样的公民意识。因此,很难找到两个公民意识完全相同的主体。但同时,由于一定族群、国家、地域之中的人们,受共同的公民文化和社会环境的影响,加之具有较为相似和相近的社会生活和实践经历,使得公民意识又具有群体性特征,需要注意的是,"群体性"公民意识并非某特定群体中单个成员意识的简单相加,且其主体的范围也并非是一成不变的。"群体性"公民意识和"个体性"公民意识是相互依赖、相互作用的,"群体性"公民意识离不开公民个体及其公民意识,而由于任何一个个体公民必然是处于特定群体之中的,避免不了受所属群体的影响,"个体性"公民意识也总会受到来自"群体性"意识甚至整个社会的影响。

公民意识属于社会意识的范畴。人类在长期的生产和生活实践过程中,不断处理和协调着人与自然、人与人、人与社会之间的关系,继而形成了人对自然、对他人、对社会的看法、态度和情感。其中,人们对于人与人之间的关系以及各种社会现象的认识、态度和情感便是社会意识的反映。社会意识所囊括的范围较广,例如政治意识、法律意识、文化意识等均属于社会意识的范畴,而公民意识也是社会意识的一种。

(二)公民意识的具体内容和表现形式是多方面的

公民意识的内容和表现形式十分丰富。在西方,自由主义、共和主义和社群主义从各自学术立场出发,对公民意识内涵的表述各不相同。我国学界对公民意识的具体内容和表现形式也是众说纷纭,未形成一致看法。较有代表性的有"三维结构"说、"四维结构"说及"五维结构"说,"三维结构"

说认为公民意识由"主体意识、权利意识和社会责任意识"①构成,还有学者将公民意识按照自身内在逻辑联系的层次结构划分为核心内涵(公民身份意识)、具体内涵(权利意识即参与意识和监督意识)、延伸内涵(平等意识、独立人格、公共精神、自主理性等)②;"四维结构"说指出公民意识由"权利意识、义务意识、平等观念和法治观念"③组成,有学者从公民的认知、情感和行为倾向出发,指出公民意识具体表现在对公民权利义务的认知、对公民社会价值观的认同、对公共领域事务的关心和参与公民社会活动的行为意向等四个维度④;"五维结构"说认为公民意识包括"基本意识,包括国家意识、民族意识、国际意识;核心意识,包括民主意识、权利意识、责任意识;法治意识,包括法律意识、政治意识、平等意识、公平意识、自由意识;社会意识,包括公共意识、参与意识、道德意识、文明意识;行为意识,包括纳税意识、交通意识、生态意识等。"⑤归纳起来,目前学界关于公民意识的具体内容和表现形式存在较为泛化的倾向,甚至大有试图将公民所应具有的一切意识尽囊括其中之势,这种趋势和倾向既不利于科学界定公民意识的内涵和外延,也不利于公民意识在实践中推进。但也说明,公民意识作为近年来学界研究的热点,引起了众多学者的广泛关注,其理论上的积累也日益深厚。同时,从公民意识的外部表现形式来看,公民意识体现为公民的语言、观念、情感倾向、行为特征等方面。从公民意识的内部表现形式来看,公民意识的各个具体内容和结构要素之间的相互关系各不相同,这种差异性使得各个国家、各个民族、各个群体的公民意识呈现质的不同。

(三)公民意识的形成受诸多因素的影响

马克思在《〈政治经济学批判〉序言》中指出:"人们在自己生活的社会生产中发生一定的、必然的、不以他们的意志为转移的关系,即同他们的物质生产力的一定发展阶段相适合的生产关系。这些生产关系的总和构成社会的经济结构,即有法律的和政治的上层建筑竖立其上并有一定的社会意识形态与之相适应的现实基础。物质生活的生产方式制约着整个社会生

---

① 魏健馨:《论公民、公民意识与法治国家》,《政治与法律》2004年第1期,第36-37页。

② 胡弘弘:《论公民意识的内涵》,《江汉大学学报(人文科学版)》2005年第1期,第70页。

③ 童怀宇:《论公民和公民意识》,《唯实》2000年第3期,第55页。

④ 王卓,吴迪:《公民意识表现及其影响因素研究》,《社会科学研究》2010年第4期,第125页。

⑤ 秦树理,王东虓,陈垠亭:《公民意识读本》,郑州大学出版社2008年版,第4-5页。

活、政治生活和精神生活的过程。不是人们的意识决定人们的存在,相反,是人们的社会存在决定人们的意识。"①公民意识属于人的思想意识的一种,而人的思想意识是由较为复杂的观念系统组成,不仅在不同的历史条件和社会环境下呈现不同的内容和形式,而且在相同的外在情境下,受主体自身主观因素的影响,其形成过程和表现形式也不尽相同。

虽然公民意识的形成受到来自主客观等多方面因素的影响,但其中起根本性和决定性作用的却是社会物质生活条件。其原因在于,某一社会特有的物质生产方式和生活条件必然是某种特殊的社会关系在其经济利益和社会结构等方面的诉求和表现,也必定体现和反映着一个国家(或民族)在一定历史时期的公民意识。同时,来自政治、社会、文化等方面的影响较为突出,例如,一定历史时期内,某国(或民族)的公民文化传统对于公民意识的产生和形成也产生着潜移默化的影响,这种影响虽然是以"润物细无声"的方式进行的,但其影响的持久性和深远性却不容忽视。因此,公民意识的形塑必须要理性分析和科学处理好公民意识与其他社会上层建筑之间的关系,创造一切有利条件,寻找最适宜公民意识生长和发育的"土壤"。同时,公民作为主体,应充分发挥主观能动性,努力克服自身思想意识中不利于公民意识生成的障碍性因素,积极、主动地促进公民意识的形成和发展。

四、公民意识的要素构成

公民意识概念的明晰是分析其要素构成的基础。"作为人们内在精神的自觉反映和要求,公民意识有其自身的规定性,它是由具有内在逻辑联系的相关价值、观念、认识组成的复杂的、多层次动态系统。"②系统是由各要素组成的,是各要素按照特定的结构进行有机联系而组成的统一整体,因此,对系统进行全局性把握,就不仅要分析系统是由哪些要素所组成的,还要分析各要素之间的逻辑关系。对公民意识的要素构成进行具体分析和理性探讨,从理论上构架公民意识的结构层次和理论模型,便于将公民意识作为一个有机的、内在结构和外部层次清晰的整体而系统加以把握。公民意识由其自身内在具有逻辑联系的要素构成。依据对公民意识概念的理解,可将公民意识分解为基础层面意识、核心层面意识、外显层面意识和衍生层面意识四个层次,并在此前提下,分析各要素之间的内在关联性。由于衍生层面意识涉及较多的公民意识,在此仅列出公民意识核心要素结构示意图——

---

① 《马克思恩格斯选集》第 2 卷,人民出版社 1995 年版,第 32 页。
② 傅慧芳:《公民意识的要素结构探新》,《福建师范大学学报(哲学社会科学版)》2012 年第 2 期,第 9 页。

基础层面、核心层面及外显层面意识(见图 2-1)。

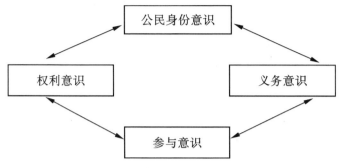

图 2-1　公民意识核心要素结构示意图

(一)基础层面意识

身份意识是公民意识的基础层面意识。"公民身份是一种沟通个体和政治共同体的媒介。"①"公民身份意识是个体对自身在共同体中法定地位的认识,这种法定地位是公民与共同体之间各种关系的基础。"②身份意识是公民意识产生的前提和基础。首先,公民身份意识是基于公民隶属于某一特定政治共同体而言的;其次,公民身份意识是基于公民与政治共同体的关系的基础上产生的对自身地位、享有的权利、履行的义务的一种认识。

"公民身份是一种积极而非消极的地位。"③"实际上,政治体与公民之间以及公民个体之间是一种互惠和依赖的关系,即使身处其中的个人并没有认识到这一点。这意味着公民身份的权利与义务在逻辑上存在密切的联系。"④如果没有对自己身份的认识,公民就不可能认识到自身与政治共同体之间关系,也不可能准确定位自身的主体地位,更谈不上对相应的权利和义务的享有和履行。公民身份的"积极性"意蕴要求公民对自己的身份和角色产生主体性觉悟,在与他人相处中、在社会生活中,知晓自己的角色和责任,并积极付诸相应的行为。"一个健康的政治体需要的是积极的公民。积极

---

① [美]基思·福克斯:《公民身份》,郭忠华译,吉林出版集团有限责任公司 2009 年版,第 89 页。

② 蒋笃运,张雪琴:《公民意识形成的内在机制及启示》,《河南大学学报(社会科学版)》2011 年第 6 期,第 44 页。

③ [美]基思·福克斯:《公民身份》,郭忠华译,吉林出版集团有限责任公司 2009 年版,第 4 页。

④ [美]基思·福克斯:《公民身份》,郭忠华译,吉林出版集团有限责任公司 2009 年版,第 89 页。

的公民身份以个人作为起点,因为正是通过个人的行动,公民身份的结构性条件才能得到再生产和改善。"①公民身份的吸引力并不仅仅表现在它能给公民带来的各种好处,例如,公民只单纯地享有权利,而不去履行义务,因为权利从来都需要一种被外界所承认的、能良好运转的制度架构,需要有一系列能使权利真正得以实现的具体机制。从这个意义上来讲,公民身份及身份意识有利于善治的实现。

(二)核心层面意识

权利意识和义务意识属于公民意识的核心层面意识。公民的权利意识是公民意识的集中体现,是公民对宪法和法律赋予自身的权利的认知、主张和要求,是对他人合法权利的尊重。公民之所以称之为公民,在于他是一个权利主体。米德主张,"要成为公民,人们必须认同特定的和普遍化的他者的观点……只有在承认同一共同体其他所有人的权利的前提条件下,个人才能维护自己的公民身份"②。权利不仅是公民独立人格和主体性存在的保障,也是公民的自由意志和平等地位的保障,是公民谋求自身发展,实现自身价值,参与社会生活的基础。正如托马斯所指出,"某些概念,如主权和国家,在政治学里越来越不受重视,权利却不会这样。权利的事业,正日益繁荣"③。康德从人的自由本性出发将权利理解为是人们的规范属性,他指出,权利只涉及个体对他人的外在的和实践的关系,表示个体的自由行为与他人行为的一种自由关系,"任何人的有意识的行为,按照一条普遍的自由法则,确实能够和其他人的有意识的行为相协调。"④

以下从公民对权利的认知、主张和要求三个层面来解析权利意识。权利认知是指公民对自身应享有或实际享有的权益和自由的认识。权利主张是公民对自己所享有的权利的一种主动确认和维护的意识。在这个层面上,正如包尔生所言:"谁如果允许别人干预他的权利而不作法律上的抵抗,他就在这个范围内削弱了社会建立起来的以抵抗非正义的屏障。每一个非正义的行为不仅是针对着我的,而且是针对着整个法律制度的,如果允许它不受惩罚,法律制度抵抗非正义的力量就会削弱。温厚的或怯弱的屈从会

---

① 〔美〕基思·福克斯:《公民身份》,郭忠华译,吉林出版集团有限责任公司2009年版,第89页。

② Mead, G. H. Mind, "Self and Society", Chicago: *University of Chicago Press*, 1967, p. 270。

③ 〔英〕杰弗里·托马斯:《政治哲学导论》,刘雪梅译,中国人民大学出版社2006年版,第187页。

④ 〔德〕康德:《法的形而上学原理》,沈叔平译,商务印书馆1991年版,第40页。

引起非正义行为的重复发生和对这种行为的仿效;它也引诱着那些本来由于害怕惩罚而不敢行为不轨的人们去作恶,从而危及他人的权利。"①权利要求是权利意识较高层次的反映,是公民主动请求获得新的权利的意识。公民的权利要求需要公民通过正当渠道积极参与到国家政治生活和公共生活中来,才能得以实现。

公民义务意识是公民对其拥有的身份所应尽义务的一种认知和理解。我们知道,义务是和权利相对应的概念,但在汉语的语境中,"责任"意指"分内应做之事","义务"指"应尽的责任"和"不受报酬",可见,"责任"和"义务"虽然略有不同,但却是基本相通的。在英语语境中,二者的含义稍显不同。义务是源于契约的基础之上而产生的,是公民因对其公民身份的认同而必须承担的某些义务,例如对法律的服从和纳税的义务等。与之相比,责任还突出强调了作为主体的道德自律意识。这是因为,公民所承担的责任,一些与自身的角色、工作等密切相关,而另一些则是一种带有普遍性的、道德上的要求。在本书中,虽然公民责任意识和公民义务意识有一些区分,但考虑到中小学公民意识教育对象的特殊性,为了方便学生理解和教师教学,在某种程度上将二者加以等同。"每一个在道德上有价值的人,都要有所承担,没有承担,不负任何责任的东西,不是人而是物件。"②义务既涉及私人领域也涉及公共领域。

(三)外显层面意识

参与意识是公民意识的外显层面意识。公民只有通过参与才能真正使权利和义务在现实中得到统一。人们在现实生活中通过参与才能真正享有和行使了法律规定的公民的权利,并切实履行法律规定的公民的义务,深化对公民身份、公民角色的理解和体会。可以说,没有参与,就没有真正的公民。公民之所以为"公民",就是因为公民个体对公共生活、公共事务的关注和参与。修昔底德记下了伯里克利曾在葬礼上讲过的这样一段话:"我们不允许一个人汲汲于个人的事务而不理会公众的事务。我们和其他的城邦不同,因为我们认为一个远离公众生活的人是无用的人。"③须知,公共事务并不是"他人瓦上霜",小到街道卫生,大到环境保护,都直接或间接地与我们自身利益密切相关。个体从对私人事务的关注转向对公共事务的关注,是

---

① [德]弗里德里希·包尔生:《伦理学体系》,何怀宏等译,中国社会科学出版社1988年版,第531页。

② [德]康德:《道德形而上学原理·代序》,苗力田译,上海人民出版社1982年版,第6页。

③ [美]汉密尔顿:《希腊精神》,葛海滨译,华夏出版社2008年版,第193页。

个体公民性觉醒和萌发的重要体现。

公民参与意识是公民主动参与政治生活和公共生活的心理意愿和行为倾向。公民参与主要划分为政治性事务参与与社会性事务参与，前者是指公民关注并试图影响政府决策、法律制定的一些意识和行为，后者是指公民对与政府事务无直接关系的社会事务，例如公益性事务的参与等。从另一层面而言，公民参与是其积极公民身份在行为层面的具体体现。因此，每个公民都应以积极主动的热情参与到公共事务中来，积极表达对公共事务的看法和观点，努力维护公共秩序，实现公共利益，推动整个社会的民主政治建设进程。正如科恩所说，"民主的实质是社会成员参与社会的管理，它就是自治"①，民主的本质也在于公民参与。

(四)衍生层面意识

衍生层面意识涉及意识较多，在此主要介绍以下几种。

第一，由公民身份意识直接衍生而来的国家意识和民族意识。"鉴于公民是在特定的国家和民族中生存的人，民族情感与国家意识是萌发和养成公民意识的基础。"②

国家是公民生存之所，国家意识体现为公民对国家的归属感和认同感。德谟克利特曾说："一个治理得很好的国家是最可靠的庇护所，其中有着一切。如果它安全，就一切都安全；而如果它被毁坏，就一切都被毁坏了。"③国家是公民获取身份或资格的前提，是公民物质生活和精神生活的家园。爱国不是抽象的，爱国应当体现在具体行动上。首先，公民要认同自己的国家，"人们深恋自己出生和成长的地方，并由此而认同国家"④。这是一种"源自在一个地方的共同居住"的"土地上的认同"，"是基于以特殊方式理解特殊地方的认同"，是一种"此处的感觉"⑤。认同国家的政治、经济、社会、文化等各项制度，认同并热爱国家的历史和灿烂的文化，明白国家"不仅仅是一个政治实体，也是某种能产生意义的东西，即一种文化呈现系统"⑥。文化认

---

① [美]科恩：《论民主》，聂崇信、宋秀贤译，商务印书馆 1988 年版，第 273 页。

② 王东虓：《公民教育学的基本范畴探析》，《郑州大学学报(哲学社会科学版)》2008 年第 3 期，第 21 页。

③ 北京大学哲学系编：《古希腊罗马哲学》，商务印书馆 1982 年版，第 120 页。

④ [美]塞缪尔·亨廷顿：《我们是谁？——美国国家特性面临的挑战》，程克雄译，新华出版社 2005 年版，第 44 页。

⑤ [美]约瑟夫·拉彼德等：《文化和认同：国际关系回归理论》，金烨译，浙江人民出版社 2003 年版，第 181 页。

⑥ [英]尼克·史蒂文森编：《文化与公民身份》，陈志杰译，吉林出版集团有限责任公司 2007 年版，第 302 页。

同使公民获得了"可以决定对什么是好的、有价值的或值得赞赏的,即价值观问题上采取立场的框架"①,强化了公民对国家强烈的归属感,激发了公民自觉维护国家尊严、荣誉和利益的决心和热情。

"民族意识是各民族在共同生活中形成的认同感、自豪感和责任感。"②"宽厚的民族意识必然推动爱国精神的深化,促进国家各民族间的团结统一;强烈的爱国情感又必然鞭策民族意识的升华,强力维护国内各民族互相尊重、和睦相处和祖国的统一。相反,狭隘的民族意识可能导致完整统一国家的分裂;失去爱国主义精神养护的民族意识,必然导致国内各民族间的纷争。爱国精神越强烈,各民族团结越坚固;民族意识越宽厚,爱国精神越升华。"③公民具有民族意识首先体现在民族平等意识和民族认同意识上。无论是一国之内的民族,还是世界范围内的民族,在其所享有的权利和地位上是一律平等。在民族交往中,各民族逐渐产生和发展起了对自己民族的归属感和认同感,这种归属感和认同感的自觉反映和体现即为民族认同意识。民族意识发展到一定阶段就演化为民族精神,成为推动民族发展和壮大的精神动力。

第二,由权利意识和义务意识衍生而来的平等意识、自由意识、民主意识、法律意识、公德意识、规则意识等相关意识。

"平等""自由"等均是从公民的权利意识衍生出来,公民身份内在地包涵了对独立人格、自由意志、平等地位等的价值诉求。"文明社会的成员,如果为了制定法律的目的而联合起来,并且因此构成一个国家,就称为这个国家的公民。根据权利,公民有三种不可分离的法律的属性,它们是:①宪法规定的自由,这是指每一个公民,除了必须服从他表示同意或认可的法律外,不服从任何其他法律;②公民的平等,这是指一个公民有权不承认在人民当中还有在他之上的人,除非是这样一个人,出于服从他自己的道德权力所加于他的义务,好像别人有权力把义务加于他;③政治上的独立(自主),这个权利使一个公民生活在社会中并继续生活下去,并不是由于别人的专横意志,而是由于他本人的权利以及作为这个共同体成员的权利。因此,一

①　[加]查尔斯·泰勒:《自我的根源:现代认同的形成》,韩震等译,译林出版社2001年版,第37页。

②　秦树理、王东虓、陈垠亭:《公民意识读本》,郑州大学出版社2008年版,第40页。

③　王东虓:《公民教育学的基本范畴探析》,《郑州大学学报(哲学社会科学版)》2008年第3期,第21-22页。

个公民的人格的所有权,除他自己而外,别人是不能代表的。"①卢梭也曾说过:"人类中有两种不平等:一种,我把它叫做自然或生理上的不平等,因为它是基于自然,由年龄、健康、体力以及智慧或心理的性质不同而产生的;另一种,可以称为精神上的或政治上的不平等,因为,它是起因一种协议,由人民的同意而设定的或至少它的存在为大家所认可的。"②一般而言,卢梭所言的前一种不平等,主要是以对弱势群体的帮助来化解,而后一种不平等,则依赖于广大社会成员公民意识的提升来改进。平等意识体现为公民对平等的认知、对平等主张和对平等的追求三个方面。

自由和平等是相联系的,例如,哈耶克曾指出,"只有法律和行为的一般准则的平等才能导向自由;我们只有在确保这种平等时,才不致伤害自由"③谈及自由意识,首先要明确对自由的认识。"自由是在于:理性的认识把人拉向右边,非理性的冲动把人拉向左边,而在这样的力的平行四边形中,真正的运动就按对角线的方向进行。这样说来,自由就是认识和冲动、知性和非知性之间的平均值。"④"自由是对必然的认识","自由不在于幻想中摆脱自然规律而独立,而在于认识这些规律,从而能够有计划地使自然规律为一定的目的服务"⑤。马克思指出:"自由确实是人所固有的东西","自由是做任何不侵害他人权利的事情的权利。"⑥自由意识是指公民对自由及法律赋予自身基本权利的认知和理解。

谈及民主意识,主要从这各方面来解读:"主人意识是民主意识的根本属性,它体现了民主的主体性原则和民主的实践性原则;平等意识是民主意识的核心内容,它体现了民主的整体性原则和功利性原则;依法行使权利和有序政治参与意识是民主的规范性要求,它体现了民主的法制性原则和程序化原则;民主的民族特色意识是民主的民族性要求,它体现了民主的文化差异性原则。"⑦对中小学生实施民主意识教育,就要联系他们的生活实际,从鼓励学生通过民主竞选,做班级的主人入手,着重启发他们的主人翁意识

---

① [德]康德:《法的形而上学原理》,沈叔平译,商务印书馆 1991 年版,第 140—141页。

② [法]卢梭:《论人类不平等的起源和基础》,李常山译,商务印书馆,1962 年版,第 70 页。

③ [英]哈耶克:《自由宪章》,杨玉生等译,中国社会科学出版社 2012 年版,第 125页。

④ 《马克思恩格斯选集》第 3 卷,人民出版社 1995 年版,第 455 页。

⑤ 《马克思恩格斯选集》第 3 卷,人民出版社 1995 年版,第 455 页。

⑥ 《马克思恩格斯全集》第 3 卷,人民出版社 2002 年版,第 183 页。

⑦ 秦树理、王东虓、陈垠亭:《公民意识读本》,郑州大学出版社 2008 年版,第 66页。

和责任感,培养学生关心、参与集体事务、关心社会事务和国家事务的热情和积极性。

法律意识是指公民知法、懂法,能在实际生活中自觉遵守法律、依照法律维护自己的权利与义务。法律意识是对公民与国家关系中行为规范的最低限制,也是公民身份得以存在的保障。公民具备法律意识不应仅仅停留在思想和观念的层面,法律意识更应从实际行为中体现出来。首先公民要对法律有所认知,对法律允许的、禁止的、必须做的法律条文、规则进行了解和熟悉。其次,公民要在情感上真正认同法律。最后,将"能否在行为倾向上以法律为准绳"作为衡量公民是否真正具备法律意识的依据,在现实生活中,自觉遵守法律,做遵纪守法的合格公民。公民具备法律意识内在地包涵了公民对自由的崇尚、平等的追求、对公平的维护和正义的追求,因此,法律意识也是公民自由意识、平等意识、公平意识和正义意识的体现。

公德意识与公民道德意识虽相关,但却是相区分的。对公民进行道德意识方面的教育应是以公德为先的教育。梁启超先生就明确指出,公德是"无法律以制裁之,无刑罚以驱迫之,惟持此公德之心以维此群治"①。中国历史上公德意识较为缺乏,人们注重向内的内省、自律、慎独,注重对私人生活空间内道德的强化,而对公共生活空间中道德修为关注较弱,但中国传统文化中的"私德"和"公德"都是以"礼"为中轴而贯穿始终的,而这种对"礼"的倡导实则反映了人们对道德自觉的内在追求,因其"情出于内,事见于外",故而实则也反映了人们对公共生活中道德准则的认同和遵守。人们一般将乱扔垃圾、随地吐痰、不排队买票等作为缺乏公德意识的现实表现,但实际上,公德的真正含义远非如此,公德在其本质上追求的是对他者权利的认同和尊重,在此,"他者的权利"既指公民个体的权利,也指公共权利。

规则意识实际上是理性的权责意识,从法律层面上,暗含了与法律意识的一致性,从道德层面上,又与公德意识相衔接。但实际上,规则意识也是从公民的身份意识中衍生而来。生态意识主要涉及保护环境的意识,关爱自然、保护环境、维护生态平衡、共建美好家园需要每一位公民的不懈努力。除此之外,由核心层面意识、基础层面意识、外显层面意识衍生或演化而来的还有诸多意识,例如公平意识、正义意识、公共意识、文明意识等,在此不一一引出。

总之,公民身份意识是公民意识的逻辑起点,权利意识和义务意识是核心意识。公民具备权利意识内涵了公民追求当家做主、参与公共事务管理、

---

① 梁启超:《论公德》,载梁启超:《饮冰室合集》专集之四,中华书局1989年版,第12页。

进行民主监督的要求,也就是公民具备民主意识、参与意识的体现。公民具备义务意识在个人层面上体现了自尊自立、关爱他人、平等待人,在社会层面上体现了公民遵守公共秩序、爱护公共财产、尊重社会公德,在国家层面上体现了维护祖国统一和民族团结、认同社会主义制度、拥护党的领导,认同并维护宪法的权威。因此,权利意识和义务意识其实是国家意识和民族意识、平等意识和自由意识、民主意识和法律意识、规则意识、公德意识及生态意识等众多意识在不同层面的体现和转化。公民意识的各层次、各要素之间是彼此关联、相互依赖、相互制约、互为补充的关系,共同构成了公民意识较为完整的框架体系。

第二节　中小学生公民意识的结构、形成机理及特征

分析中小学生公民意识的内涵及结构、形成的过程、形成的内在机理、形成的特征等,对于深入研究和准确把握如何开展中小学生公民意识的培养工作,具有理论层面的奠基性作用。

一、中小学生公民意识的内涵

一般而言,"中小学生"涵盖了小学生、初中生和高中生三个不同群体,本书主要侧重于对小学生和初中生两个群体为对象进行研究,同时也兼顾对一些高中生群体进行相关考察。叶澜在《教育概论》中指出,童年期(6、7～11、12岁),少年期(12、13～15、16岁)[1],在此,童年期相对应小学教育阶段,少年期相对应初中教育阶段。小学生"在认知过程方面,由情景或表象相随的认知过程逐渐变为经验归纳型的过程,同时无意识的、自然情景下的学习也逐渐失去了为主的地位,由有意识、有目标的、在专门的学习环境中有教师指导的学习来代替。这一切促成儿童对世界的认识从日常经验向科学概念转化,由逐个掌握个别、分散的知识向掌握系统化的知识过渡"[2]。初中阶段是个体自我意识日益增强和独立探究精神快速发展时期,也是"人生过程中由单独对外部世界探究到关注内部世界变化的转折期"[3]。研究表

---

①　叶澜:《教育概论》,人民教育出版社1991年版,第250页。
②　叶澜:《教育概论》,人民教育出版社1991年版,第266-267页。
③　叶澜:《教育概论》,人民教育出版社1991年版,第272页。

明,"从初中二年级开始,青少年的抽象逻辑思维即由经验型水平向理论型水平转化。到了高中二年级,约十六七岁,这种转化初步完成。这意味着青少年的思维或认知趋于成熟。"①从年龄上来看,高中生大致指从 15 岁至 18 岁的学龄晚期或青年初期的学生群体。这一阶段是生理、心理日益成熟但未完全成熟的过渡时期,"心理学研究表明,高中生在生理、心理发展以及道德、其他社会意识发展方面具有明显的不平衡性,这种不平衡性一方面创造了个体个性发展以及道德和社会意识发展的空间,但另一方面也造成了高中生心理过程的种种矛盾和冲突,表现出一种成熟前的动荡性"②。一定的社会教育条件下,一定年龄阶段人群(尤其是青少年)的思想状况、心理特征及社会意识总是处于一定的发展水平和阶段,并且呈现出近乎相似的群体特点,这就决定了对中小学生群体实施公民意识培养和教育活动,要顺应各个发展阶段的进程顺序和发展速度,既不能超越也不能滞后,形成螺旋式上升的总体发展态势。

公民是一种身份,公民意识是对生活在一国之内的个体身份的自觉认同。公民意识并非生而有之的,是需要后天不断培养和加以教育的。中小学生公民意识是指中小学生对自己基本社会身份的自觉认同,是在一定价值观指导下形成的对自身所拥有的权利及履行义务的一种正确认知和理解。中小学生公民意识并不仅仅停留在观念、意识的层面,必然要通过各种实践活动体现出来。

二、中小学生公民意识的内在结构

中小学生公民意识的内在结构是对中小学生公民意识的整体性分析,它的组成直接受到中小学生公民意识发展状况的影响。中小学生的公民认知、公民情感、公民意志及公民行为在中小学生公民意识的系统构成中既彼此联系又各自发挥功能,体现了中小学生公民意识是一个有机联系的统一整体。中小学生的公民情感、公民意志和公民行为是在公民认知的基础上产生的,并且伴随着认知过程的逐步深入而不断发展变化。而公民认知活动又会受到公民情感、公民意志、公民行为等因素的影响而发生变化。此外,公民情感、公民意志是公民行为发生变化的动力因素。公民意志和公民行为又会充实和丰富着公民的认知和情感。

---

① 周天梅:《论自我的发展——青少年发展心理学研究》,西南交通大学出版社 2007 年版,第 11 页。

② 何齐宗:《青少年公民意识教育研究》,中国社会科学出版社 2011 年版,第 5 页。

（一）中小学生公民意识以公民认知为基础

"广义的认知主要是与认识的含义基本相同,指个体通过感觉、知觉、表象、想象、记忆、思维等形式,把握客观事物的性质和规律的认识活动。狭义的认知与记忆含义基本相同,是指个体获取信息并进行加工、储存和提取的过程。"①中小学生的公民认知是中小学生对自己的身份和地位的一种认识,并对由此衍生而来的公民应享有的权利和应履行的义务等的了解和掌握。公民的认知是个体认识过程的一种产物,其形成一方面要依赖于中小学生的认知发展水平和心理发展状况,尤其离不开中小学生的思维能力的发展和自我意识的提高,另一方面要有赖于公民知识的传授和普及,在中小学阶段主要依托学校教育为主渠道来进行,虽然目前中小学开设了一些德育课程,例如"品德与生活""品德与社会""思想品德"等也涉及一些与公民常识相关的知识,但内容较为散乱,并未成体系,不利于中小学生系统地获得公民知识,强化公民认知。同时,由于小学阶段的儿童,受其认知水平和思维能力的局限,对外部世界的感知较为感性,不可能产生和形成较为明确的公民认知,到初中阶段,随着年龄的增长,抽象思维能力和逻辑思考能力逐渐增强,自我意识得到了较大提升,此时,对其公民的身份和地位、权利与义务等才会逐渐形成较为理性的认识,产生较为正确的公民认知。如果中小学生的公民认知是错误或是片面的,则不利于良好的公民情感的生成,也不会有坚定的公民意识的产生,更谈不上在实践中有相应的公民行为,因此,中小学生的公民认知是中小学生公民意识系统结构中最基本和最基础的要素。

（二）中小学生公民意识以公民情感为导向

情感是指"人对于客观事物是否符合人的需要而产生的内心态度的体验,是人对于客观事物与人的需要之间的关系的反映"②。人们在接受、加工和处理来自外界的各种信息之时,不仅仅要了解和把握客观事物的本质属性,获得一定的思想认知,还要洞察和明确客观事物所具有的各种价值和意义,由此就会产生一定的看法和态度,从而引发主体的情绪和情感体验,这种体验可能会较为稳定和持久地存在于人们的头脑中,并影响着人们的思想和行为。同样,公民情感也是基于公民认知的基础上产生出来的,是公民在实现和履行自身的权利与义务的过程中不断产生出的一种情绪和情感体验。例如,公民的权利观、责任感、正义感、爱国热情、参与激情等都是公民

---

① 姚本先:《心理学新论》(修订版),高等教育出版社 2005 年版,第 32 页。

② 黄金辉,韦克难:《实用心理学》,四川人民出版社 2003 年版,第 73 页。

情感在不同层面的体现和反映。公民情感在公民意识结构体系中具有十分重要的意义，是公民意识的情感性和导向性因素。但是，由于主体在认识和改造世界的过程中，常常可能会对同一认知事物产生两种截然不同的感情和态度，即积极的、肯定的情感或否定的、消极的情感，如果是正向的情感态度，可能激发主体以饱满的热情投入实践活动中，并产生幸福、喜悦、满足等正态情绪，反之，如果是负向的情感态度，则可能对客观事物或实践活动产生抵制、抗拒的态度，甚至产生排斥、对立的反面情绪。中小学生虽然并不是严格意义上的公民，但他们在履行公民的权利和义务之时是会有一定的情绪和情感体验的。因此，在中小学生公民意识培养和教育过程中，教育者应着重注意引导和培养中小学正面的、积极的公民情感。

（三）中小学生公民意识以公民意志为动力

公民意志是公民认知和公民情感的升华和超越，也是公民行为和习惯生成的前提和基础。公民意识是在信念的基础上产生而来的，"信念是在对理论反映的规律性与理想实现的必然性坚信不疑的基础上形成的坚定信奉的观念。信者，真也。信念，就是一种真实可信的理念、观念。人们惟有相信理论、理想的真实性，才能形成为一定理想而奋斗的牢固信念，增强信念的坚定性"①。黑格尔指出，"主观或道德的意志的内容含有一个特有的规定，这就是说，即使内容已获得了客观性的形式，它仍然包含着我的主观性，而且我的行为仅以其内部为我所规定因而是我的故意或我的意图者为限，才算是我的行为。凡是我主观意志中所不存在的东西，我是不承认其表示为我的东西的，我只望在我的行为中重新看到我的主观意识。"②公民如果缺乏起码的信念就不会产生真正的意志，更不会积极主动地去身体力行。公民意志是公民试图通过努力使自身的行为符合公民身份的内在要求的一种愿望和要求，其作用的发挥主要是通过激发主体的智力、体力等，实现与既有目标或欲望相适应的行为。受自身认知发展水平的限制，在小学阶段，小学生的公民意志仅仅是一种较为朦胧的、憧憬的愿望，到了初中阶段，伴随着公民认知的进一步深入和公民情感的进一步增强，初中生的公民意志也逐渐强烈地显现出来，成为推动公民行为产生的直接驱动力。在中小学生公民意识的结构系统中，公民意志与公民认知、公民情感、公民行为是有机统一的，也是中小学生开展相关实践活动的内在精神支柱和动力源泉。

（四）中小学生公民意识以公民行为为皈依

公民意识的生成不仅仅是一个认知、情感和意志的问题，更重要的是行

---

① 骆郁廷：《精神动力论》，武汉大学出版社 2003 年版，第 161 页。

② ［德］黑格尔：《法哲学原理》，范扬、张企泰译，商务印书馆 1961 年版，第 114 页。

动的体现。主体在认识和了解外部客观世界的过程中,不仅会产生出相应的认知、情感、意志等心理体验,还会采取具体的实践行动,通过行为来体现对外部客观世界的能动的反作用,即主体根据公民身份的内在规定去做与之相符的事情。公民意识的产生是受一定社会历史条件的限制和影响的,同样,主体在具体的情境中所进行的行为选择也是受限的,这种选择的具体情境既包括当时当地的客观环境和社会文化氛围,也包括主体彼时彼刻的心理活动和情感状态,因此,公民行为是受多方因素综合作用的结果。但并不能就此说明,公民行为的选择完全是被动的,由于主体具有主观能动性,在改造客观世界的过程中会积极主动地去创设有利条件去实现或完成既定的目标,因此,主体会根据对客观事物产生的必然性认识的基础上,凭借自身的认知、体验和感悟等来进行判别和抉择,从而产生出与预期相一致或相接近的行为倾向。中小学生作为未成年公民,受自身认知水平的局限,对于自身的公民身份、享有的权利和应履行的义务的认知和理解可能尚不全面、客观,且面对周围较为复杂的情境之时,容易受到主观情绪的左右,以至于行为选择出现误判的情况,这就不仅需要教师充分发挥教育引导作用,还需要全社会共同努力,营造有利于中小学生公民意识形成的良好氛围,共同促进中小学生公民意识的生成,并在实践中不断进行反复练习,最终形成良好的习惯固定下来。

同时,中小学生若想有效地行使自己的权利和履行自己的义务,不仅仅需要获得丰富的公民知识,产生正确的公民认知以及积极的情绪情感体验等,还需要努力提高和发展与公民身份相适应的技能。因为,公民所应掌握的技能是公民有效参与实现的必要条件,也是公民认知、情感、意志在实践层面的体现和反映,公民能否掌握技能以及应用技能的熟练程度,在很大程度上决定了公民行为的最终实现程度。基于此,教育者在培养中小学生公民意识的过程中,必须重视中小学生公民技能方面的训练和提高,为他们有效地参与政治生活和公共生活奠定良好的基础。

三、中小学生公民意识的形成机理

"机理"是指"一个工作系统的组织或部分之间相互作用的过程和方式"[①],也指事物变化发展的道理。中小学生公民意识的形成和发展不是一蹴而就的,也有其内在的发育机理,遵循一定的规律。"从实践到意识、到反映控制系统结构,再从反映控制系统结构返回到意识和实践,如此循环往

---

① 《现代汉语词典》(第6版),商务印书馆2012年版,第596页。

复,一次又一次把意识推进到新的发展水平。这就是意识发展的基本环节和总法则。"①个体公民意识的形成要受到来自个体和外界的各种内外因素的影响,在某种机理的作用下,经过一系列的矛盾运动,在各因素的因果联系和相互作用下最终形成。在个体公民意识的形成过程中,各种外部因素虽然重要,但却通过人的内在因素(人的认知、情感、意志、行为等)才最终产生作用。中小学生公民意识的形成机理是中小学生公民意识培养和教育活动应遵循的客观规律和重要依据,也是提高中小学生公民意识实效性的重要保障。

(一)中小学生公民意识形成的一般过程

中小学生公民意识的形成实际上反映了中小学生在自己原有的认知图式和生活经验的基础上,能动地、有目的地对教育者有意传授的与公民意识相关的知识和技能等,进行选择、接受和悦纳的过程。

1. 感知—理解环节

由"感知"阶段到"理解"阶段,即由"是什么"向"为什么"转化的阶段。"知识,是人脑对事物的属性、联系和关系的反映。它是人类通过实践活动对客观事物认识的结果。技能,是人运用知识以完成某种任务的动作方式或智力活动的方式。"②教育者向中小学生传递与公民意识相关的知识和技能,这些外界信息通过各种渠道作用于受教育者的感官,使得他们对公民意识产生了大致的认识和了解,并以较为直观、感性的形式存储在大脑之中,形成了对公民意识的初步认知,即感受认知阶段。这一阶段所形成的相关认知虽然可能是片面的、肤浅的、简单的,却是公民意识形成的基础。在对公民意识有了基本认知的基础上,中小学生将根据自己既有的认知图式及经验水平等,进一步分析和理解公民意识各具体内容之间的内在逻辑,并判断和总结公民意识所具有的社会价值和现实意义,形成对公民意识新的认知,这是公民意识形成的理解阶段。在这一阶段,中小学生对与公民意识相关的知识、技能、情感、态度及行为层面的认识有了较为深刻的认知,经历了从"是什么"到"为什么"的阶段转化,实现了对公民意识从感性认识到理性认识的飞跃。

感知—理解环节是公民意识形成的初始阶段,也是基础阶段。中小学生只有对公民意识及相关知识具备了一定的理解能力,明确公民身份所赋予的相应的权利和义务,掌握行使公民权利和履行公民义务的正确方法和途径,才有可能形成健全的公民意识。如果缺少这一前提性条件,个体就会

---

① 韩民青:《意识论》,广西人民出版社 1988 年版,第 425 页。
② 胡德辉,叶奕乾:《小学儿童心理学》,湖北教育出版社 1983 年版,第 243 页。

缺乏先期的知识和思想基础,公民意识很难产生和形成。例如,由于学前儿童的年龄及心理特点,对公民身份、公民的权利和义务等的认知和理解不足,无论外界提供多么优良的环境条件,进行多少次实践活动,都不太容易产生正确的公民意识。同时,需要注意的是,从"感知"到"理解"的转化,并非是一蹴而就的,往往需要经过多次反复和练习才能完成。

2. 接受—认同环节

接受—认同环节是中小学生对已经理解的各种教育信息,在分析和判断的基础上,有选择地吸收、接受教育者所传递的有关公民意识的内容,并与自身原有的认知图式融为一体的过程。不同的学生由于原有的知识结构不同,个体的思维方式也各异,他们在接受公民意识相关知识的过程中,会各有侧重地对与自身观念结构相一致的内容进行选择性吸收,对与自身观念结构不相一致的内容可能会进行拒绝和排斥,之后经过自身思维的加工,融入自身的认知图式和结构。中小学生作为主体,能否从情感上真正接受与公民意识相关的内容,是产生和形成公民意识的必要条件。因为在某些情况下,中小学生虽然在一定程度上理解和掌握了公民的概念、公民身份的内涵、公民应享有的权利和履行的义务等相关知识,但内心却不一定真正接受,有时会体现为情感上的"抗拒"和"对立",有时会表现为情绪上的"忽视"和"冷漠",有时甚至在表面上表示接受和服从,但在实际生活中的行为却南辕北辙,大相径庭。因此,中小学生在情感上对公民意识的接受也是形成认同的重要环节。如果中小学生在对与公民意识相关的知识、技能等接受和融入的过程中,缺乏情感上的意愿和认同,那么,在周围环境发生变化的情况下或个体利益的主张和维护受到影响的状态下,"知行不一"的情况就会发生。苏霍姆林斯基认为:"让学生体验到一种自己在亲身参与掌握知识的情感,乃是唤起学生对知识的兴趣的重要条件。当一个人不仅在认识世界,而且在认识自我的时候,就能形成兴趣。没有这种自我肯定的体验,就不可能有对知识的真正的兴趣。"[①]选择、接受、认同可以说是整个内化过程的关键环节,也是最困难的环节,弗洛伊德把认同看作是一个心理过程,"是个人向另一个人或团体的价值、规范与面貌去模仿、内化并形成自己的行为模式的过程,认同是个体与他人有情感联系的原初形式"[②]。经历了这样一个心理过程,中小学生才能将公民意识真正内化为自身意识体系的一

---

① [苏]苏霍姆林斯基:给教师的建议(下),杜殿坤编译,教育科学出版社1981年版,第87页。

② 梁丽萍:《中国人的宗教心理:宗教认同的理论分析与实证研究》,社会科学文献出版社2004年版,第12页。

部分,从理论上不仅知道公民意识"是什么",而且明白在具体行为中应该"怎么做"。

3. 内化—外化环节

内化是变"社会要我这样做"为"我要这样做"①,"观念的东西不外是移入人的头脑并在人的头脑中改造过的物质的东西而已"②。中小学生公民意识的内化是指,教育者向中小学生传授公民意识及相关知识,中小学生经过理解、认可和接受,转化为他们自身意识体系的一部分,成为支配、控制自身公民认知、公民心理、公民情感、公民行为的内在力量的过程。外化是指"我要这样做"为"我正在(已经)这样做"③,即指将已经内化了的思想观念等自觉地转化为符合社会要求的公民行为,并多次重复这些行为使之形成习惯性行为的过程。在中小学生公民意识培养过程中,中小学生公民意识的最终确立是内化与外化相互影响、相互作用的结果。一方面,中小学生对公民意识的内化是他们养成正确的公民行为的基础和前提。中小学生如果没有对公民意识的相关正确认识,就不可能形成科学的公民心理、公民意识及公民观念,也就无法在实践活动中做出正确的判断,进而采取正确的行为。另一方面,中小学生正确的公民行为及习惯的养成是他们形成公民意识及观念的目的和归宿。如果仅仅具有了正确的公民意识和观念而没有将它们外化为实际的公民行为,那么这种公民意识和观念是没有实际意义和价值的。这样的过程即为:"要我怎么做"——"我要这样做"——"我已经这样做"——"我将一直这样做"。

实践是由内化到外化转化的关键环节。"实践是人的存在的本体论结构,它为人的活动提供框架,在这里,人的理性、感性、情感、直觉、意志、本能都取得一席之地,它们构成有机的整体。"④开展中小学生公民意识的培养和教育活动的最终目的不仅仅是让他们了解和掌握与公民意识相关的知识和技能,形成正确的公民意识和公民观念,更为重要的是要促使他们将这种正确的公民意识和观念转化为实际行动,体现为公民行为,并通过持续不断地练习,最终养成相应的行为习惯。

(二)中小学生公民意识形成的内在机理

区别与中小学生公民意识形成的一般过程,中小学生公民意识形成的内在机理揭示了其产生和发展的深层动因。

①　张耀灿等:《现代思想政治教育学》,人民出版社 2006 年版,第 335 页。

②　《马克思恩格斯选集》第 2 卷. 人民出版社 1995 年版,第 112 页。

③　张耀灿等:《现代思想政治教育学》,人民出版社 2006 年版,第 335 页。

④　黄楠森:《人学原理》,广西人民出版社 2000 年版,第 143 页。

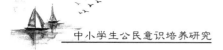
1.需要—驱动机理

需要是人的一切活动的动力和源泉,也是中小学生公民意识产生、形成和发展的内在动因。"需要是指生命物体为了维持生存和发展,必须与外部世界进行物质、能量、信息交换而产生的一种摄取状态。这种状态,一方面表示了生命物体对外部环境的依赖和需求,另一方面也表达了生命物体对周围事物具有作出有选择的反映的能力,以及获取和享用一定对象的生理机能。"①不同时期、不同领域的人们,其需要的内容和层次表现各有不同,但需要始终是决定人们思想和行为的深层动因。从根本上说,人们所从事和进行的各种活动,实质上是为了满足自身的需求。"一定的目的性意识,反映和契合了一定主体的需要,才能被一定的主体所内化,成为主体内在的精神动力,进而对一定主体满足自身需要的活动产生重要的指导和推动作用。"②需要"是生命物体为了自我保存和自我更新而进行的各种积极活动的客观根据和内在动因"③,中小学生公民意识的生成和发展也是从"需要"开始的,而且这种需要是个体社会化的需要与个人内在需要的有机统一。例如,公民意识的社会化需要(需求)是指:在个体实现社会化的过程中,中小学生被要求应当具有相应的公民意识和公民行为,当这种要求被中小学生所接受,转化成为他们的观点或信念之后,就成为他们的一种新的需要,要求自身的言行符合这种要求。只有当社会的要求同中小学生已有的需要建立起密切的联系时,这种外在的需求才不会成为一种外在的东西,而变成为中小学生个体本身的需要。再如,小学生入学之后,就开始由被动地履行社会的要求,逐渐演变为自觉地、有意识地调节自身言行,形成了自觉满足社会需求的动机。如同需求是有一定的层次性的,动机也会发生相应的调整和变化。"小学高年级,特别是到毕业的前夕,儿童面临升学的选择和未来前途的考虑,他们开始形成了比较概括化的、稳定的动机。"④"但是,小学儿童动机的概括化只是相对于低年级的具体动机而言;同青年期动机的概括化相比,小学儿童动机的概括化还只是处于开始发展的阶段,还没有发展成为青年期高度概括化的抽象的动机系统,能够支配他们的一切心理活动与行动。"⑤

---

①　陈志尚:《人学原理》,北京出版社 2005 年版,第 193 页。

②　骆郁廷:《精神动力论》,武汉大学出版社 2003 年版,第 210 页。

③　陈志尚:《人学原理》,北京出版社 2005 年版,第 193 页。

④　胡德辉,叶奕乾:《小学儿童心理学》,湖北教育出版社 1983 年版,第 170－171 页。

⑤　胡德辉,叶奕乾:《小学儿童心理学》,湖北教育出版社 1983 年版,第 171 页。

马克思曾说:"已经得到满足的第一个需要本身、满足需要的活动和已经获得的为满足需要而用的工具又引起新的需要,而这种新的需要的产生是第一个历史活动。"①需要并非总是一成不变的,会随着社会历史的发展和实践活动的深入而发生变化。同时,人的需要也会受其社会地位、生活方式等因素制约。教育者将需要—驱动机理应用于中小学生公民意识的产生和形成,就要注意发现中小学生自身的积极有效的动机,并加以适当引导,进而激发出正确的公民意识和积极的公民行为,并促使这种有效的动机与意识、行为之间建立起稳定性、习惯性的关联。

2. 情感—引导机理

从人的心理活动的客观规律来看,公民意识的生成和发展要经历一个由浅入深、由不稳定到稳定、由内化到外化的过程。这一过程中,情感作为一种特殊的人类意识,起着至关重要的作用。中小学生公民意识的内化与外化是极其复杂的,内化是受教育者按照相关要求整合形成自己的公民认知、公民观念、公民情感等内在意识的过程。外化是将经内化所形成的公民意识转化为相应的公民行为的过程。在内化和外化的过程中,对中小学生产生最深刻影响的非理性因素即为情感。情感是人对客观事物所具有的价值的一种主观反映,情感的变化多以价值的变动为基础,尽管这种反映或变化可能或多或少带有一定的非理性色彩和些许偏差,但却在一定程度上诱发、强化或转移人们对客观事物所具有的价值的需要,通常以肯定或否定、喜欢或厌恶等心理状态反映出来,并转化为一定的心理情绪,在这种情绪的作用下,将会对主体公民意识的产生和形成起着积极推动或消极抑制的作用。一般而言,中小学生对公民意识产生了一定的认知,形成了一定的观念,掌握了一定的规范,但却不一定能正确加以践行,其中,公民情感的作用不可小觑。列宁也曾说过:"没有'人的感情',就从来没有也不可能有人对于真理的追求。"②情感在中小学生公民意识形成过程中发挥着强化或抑制、推动或终止教育活动进行的重要作用。在具体实践活动中,中小学生如果对某一种教育形式、教育内容或方法持较为积极或肯定的情感,则会将这种情感性因素转化为努力接受教育的现实动力,促使主体认真学习相关的公民知识,并自觉在行动中体现出来。反之,如果他们持消极或否定的情感,就会对教育活动产生抵触或逆反心理,不利于公民知识的理解和接受,更不利于公民意识的形成。这就是"情感—引导"机理在中小学生公民意识形成过程中发挥作用的具体体现。同时,由于公民的情感较之于认知而言,具有

---

① 《马克思恩格斯选集》第1卷,人民出版社1995年版,第79页。
② 《列宁全集》第25卷,人民出版社1988年版,第117页。

更强的不易变更性和保守性,改变一种消极的或否定的情感要比改变一种错误的认知更为困难。因此,消除情感方面的障碍,努力引导积极、肯定的情感因素,培养中小学生公民意识生成过程中的情感体验,是强化认同,增进共识的保障。

3. 实践—强化机理

"人应该在实践中证明自己思维的真理性,即自己思维的现实性和力量,自己思维的此岸性。"①中小学生公民意识的形成,必须在理论认知的基础上,通过丰富多彩、形式多样的实践锻炼与主观体验,不断地去体悟、深化、内化已形成的公民意识,从而使既有的公民意识更加全面和深刻、更加成熟和稳定。中小学生公民意识的形成绝非一蹴而就,只有通过行为的不断积累,才能逐渐养成习惯,并最终形成较为稳固的公民意识。

实践是连接人们思想认识和社会现实的媒介,主体通过经常性的社会实践活动,能增进对公民意识的正确理解并增强认同感。同时,认同的正确与否、程度如何等也最终需要在实践中得以检验。基于此,教育者在教育活动过程中要通过各种手段和途径强化中小学生对公民意识的自觉认同,只有这样才能把主体已经内化了的公民意识转化成他们的价值标准及行为实践。因为,与公民意识相关的认知、情感和观念只是解决思想层面的问题,只能让中小学生知道公民意识"是什么"以及"为什么"要具备公民意识,这仅仅停留在了应然层面,促使"应然"层面向"实然"层面的转化,推进中小学生思想层面的认同转化为实践层面的认同,才是公民意识教育的真正目的。但是公民意识如果仅仅内化为中小学生意识体系的有机组成部分,他们虽然认识到应该享有的权利和应该履行的义务,但却不愿意在实践中付诸行动,就会产生知行脱节的现象,造成公民意识的曲折发展。而处于如果外化的初始阶段,公民意识的生成和公民行为的养成,常常带有偶然性和情境性,必须经过反复训练成为习惯之后,才有可能转化为较为稳定的习惯行为,形成较为稳定的意识状况。因此,中小学生公民意识的形成,并非是一劳永逸的过程,是需要经过不断地教育、反复地强化才得以巩固的,最终达到习惯成"自然"的状态。

4. 影响—制约机理

恩格斯说:"事实上,世界体系的每一个思想映象,总是在客观上受到历史状况的限制,在主观上受到得出该思想映象的人的肉体状况和精神状况的限制。"②在此,恩格斯指出了思想认识产生和形成的社会制约性和个体制

---

① 《马克思恩格斯选集》第1卷,人民出版社1995年版,第55页。
② 《马克思恩格斯选集》第3卷,人民出版社1995年版,第376页。

约性。中小学生公民意识的形成是内在的个体心理因素与外在的社会因素相互作用、相互转化的结果。

中小学生公民意识的产生和形成既受到来自社会环境的诸多方面的影响，又受到他们自身生理、心理发展变化诸因素的制约。由于中小学生公民意识的产生和形成是在一定的社会环境中进行的，其所处时代的政治、经济、文化和教育等因素成为公民意识生成的制约性因素。"理解者对理解对象（文本、事物）的理解和接受不是纯客观的，而是要受到理解者所处的历史环境、历史条件、历史地位的影响。"①其中，社会的政治、经济、法律等是通过制度性的形式对公民意识的形成产生着较为硬性和显性的制约，而社会文化（尤其是政治文化）、历史传统等是通过非制度化的形式对公民意识的产生起着较为软性和隐性的制约。例如，"一个拥有高度制度化的统治机构和程序的社会，能更好地阐明和实现其公共利益。"②"那些缺乏稳定和效能的政府的社会，也同样缺乏公民间的相互信任，缺乏民族和公众的忠诚心理，缺乏组织的技能。"③亨廷顿指出："文化是指社会老一代向下一代传播的和同代人之内产生的关于怎样生活和怎样作判断的全套观念，既为泛指的也为针对特定生活领域的这类观念。"④阿尔蒙德也谈道："政治文化是一个民族在特定时期流行的一套政治态度、信仰和感情。这个政治文化是由本民族的历史和现在社会、经济、政治活动进程所形成的。"⑤文化，尤其是政治文化会对人们的价值选择、思想意识和行为倾向产生影响，同时，社会的文化氛围通过一定群体成员之间的交流和互动也会施以影响。一定程度上，文化对个体公民意识形成所产生的影响和制约是一种"内隐"的机理和作用方式，中小学生在社会文化氛围的熏陶和感染下，形成某种特定的、较为稳固的思维方式和价值观念，并经长期积淀产生了较强的"内隐认同"，这种认同在潜移默化中会成为较为固化的心理模式和惯性思维，将在很大程度上促进或抑制公民意识的形成。此外，家庭作为一种亲缘性的生活共同体，是

---

①　张汝伦：《意义的探寻》，辽宁人民出版社 1986 年版，第 174 页。

②　[美]塞缪尔·P·亨廷顿：《变化社会中的政治秩序》，王冠华，刘为等译，上海世纪出版集团，2008 年版，第 19 页。

③　[美]塞缪尔·P·亨廷顿：《变化社会中的政治秩序》，王冠华，刘为等译，上海世纪出版集团，2008 年版，第 22 页。

④　[美]塞缪尔·亨廷顿，劳伦斯·哈里森：《文化的重要作用：价值观如何影响人类进步》，程克雄译，新华出版社 2010 年版，第 264 页。

⑤　[美]加布里埃尔·A·阿尔蒙德，小 G·宾厄姆·鲍威尔：《比较政治学：体系、过程和政策》，曹沛霖，郑世平，公婷等译，上海译文出版社 1987 年版，第 29 页。

"直接的或自然的伦理精神"①,家庭是公民最初始的、也是最持久的教育场所。"牢固的教育能够而且必须建立在家庭这块基石之上。"②个人的成长离不开家庭环境的熏陶,家长的公民素养对中小学生的健康成长意义重大。在家庭教育中,中小学生能够获得对公共事务、政治事务的基本认同,养成良好的行为习惯,形成一定的道德素养,这对他们公民意识的培养和教育具有奠基性作用。影响中小学生公民意识形成的因素较多,教育者要注意对影响中小学生公民意识产生和形成的各种因素加以分析和鉴别,并尽最大努力对各种因素加以调控和应用,使其有利因素发挥最大效应,充分发挥对公民意识的正向作用。

四、中小学生公民意识形成的基本特征

中小学生公民意识具有阶段性、复杂性、个体差异性和可引导性的特征。教育者应当根据这些特征,有针对性地组织和开展中小学生公民意识的培养和教育活动。

(一)阶段性

"如果承认人生发展呈阶段性,这就意味着人生中每一个阶段相对于其它阶段都有自己的特征。"③中小学生公民意识形成的阶段性特征的重要体现,一方面是由公民意识形成的过程和机理所决定的,另一方面也受到中小学生自身认知水平所影响。"儿童青少年心理的发展主要是指从不成熟到成熟这一成长阶段。这个发展变化从初生到成熟大体表现为下述四个方面:一是反映活动从混沌未分化向分化、专门化发展;二是反映活动从不随意性、被动性向随意性、主动性发展;三是反映认知机能从认识客体的直接的外部现象向认识事物的内部本质发展;四是对周围事物的态度从不稳定向稳定发展。这些发展不是一次完成的,而是不断完善、螺旋式上升的。"④由于小学低年级学生对公民意识的认知尚处于形象的、具体的感性思维阶段,对周围直观事物的感受较深,且主观情绪色彩往往较浓,而对于一些较为抽象的概念和较为复杂的社会现象具有一定的认识和理解障碍,因此,中小学生对于相关知识和概念的理解和掌握总体上处于较为粗略的水平,在公民意识方面也未形成较为系统和稳定的观点和态度,对公民意识的认知

---

① [德]黑格尔:《法哲学原理》,范扬、张企泰译,商务印书馆1961年版,第173页。
② [美]欧内斯特·博耶:《关于美国教育改革的演讲》,涂艳国、方彤译,教育科学出版社2002年版,第22页。
③ 叶澜:《教育概论》,人民教育出版社1991年版,第250页。
④ 孙义农:《初中生心理辅导》,浙江大学出版社2002年版,第11页。

和行为还不能做到完全一致。处于小学高年级和初中阶段的学生,他们的抽象思维能力和逻辑思考能力均有了一定的发展,对公民意识的认知愈加清晰,对实践中公民行为的理解也愈加深刻,但是他们这种认识和理解往往是缘于来自对生活的观察和经验的总结,依然带有相当程度的不确定性和不稳定性,同样需要引导和规范。因此,教育者依据不同年龄阶段中小学生的认知水平,按照学生的理解和接受能力,分阶段传授给他们相应的公民所应具备的知识和技能,为公民意识的形成奠定良好的基础。

中小学生公民意识形成的阶段性特点说明:公民意识的真正形成,需要一个长期的、反复的学习过程,绝不是一蹴而就的。对教育者而言,不能简单地以学生能识记几个概念、几句条文,在实践中经过了几次练习、几场活动等作为依据,就认为中小学生公民意识培养和教育活动的任务已经完成。中小学生公民意识的培养要遵从学生的认知发展状况,从实际出发,循序渐进,将知、情、意、行结合起来,才能收到预期的效果,使学生的公民意识真正得以增强。

(二)复杂性

中小学生公民意识的形成是一个非常复杂的过程,这种复杂性一方面体现在形成过程本身,另一方面则反映在受外在因素的影响。如前所述,中小学生公民意识的形成,经历了"感知—理解、接受—认同、内化—外化"三个环节,其形成过程不是一帆风顺的,例如,在某些情况下,中小学生虽然可能在表面上对公民身份的概念、公民权利和义务的含义有了一定的认知和了解,但或是由于与自身原有认知图式不一致,或是出于内心情感的抗拒和抵触,虽然表面上愿意接受这些知识和理论,但内心却极不情愿,也势必会影响到现实生活中的具体行为。同时,中小学生对公民意识的理解和掌握绝不意味着公民意识形成过程的完成,必须要经历日常性的、反复性的实践和体验,才能将公民意识转化为公民行为,并最终形成较为稳固的习惯。公民意识的这种连续性转化实际上是个体极其复杂的思想矛盾过程的体现。

此外,中小学生公民意识的形成还要受到来自外界的各种复杂因素的影响和制约,在这些多重因素的作用下,公民意识的形成必然也会伴随较多的不确定性和难以预测性。中小学生公民意识的形成是学校教育、家庭教育、社会教育、自我教育的有机统一,同时还会受到来自经济的、政治的、文化的等多种因素的影响,在这些因素的影响下,诸多教育方式和途径综合作用于整个中小学生公民意识形成的全过程,只有相互之间作用与影响一致,且产生良性互动机制,公民意识才有可能得以顺利形成和发展。

(三)个体差异性

虽然同一个年龄阶段的学生,具有大体共同和较为相似的心理特点,但由于每个学生都是独特的个体,致使中小学生公民意识的产生和形成虽然具有一定的共性特征,但却存在较大的个性差异。中小学生公民意识形成存在差异性主要是来自两方面的原因:首先是个体之间存在的差异,不同的个体其心理发展状况、认知发展水平、思想价值观念、实践活动能力等均存在着差异,这些差异导致不同的个体在接受同一教育活动的过程中,形成的认识和产生的观念千差万别,而在不同的情境之下,做出的判断和选择更是相距甚远。其次,个体在成长过程中会受到周围环境的影响和制约。成长的环境不同,个体公民意识的形成必然也各异。例如,所在家庭的经济状况、父母的教育背景、家庭成员之间的关系、同辈群体的组成情况、所在社区的整体氛围等,均会对个体公民意识的形成产生一定的作用。

公民意识形成的差异性特征要求教育者在实施中小学生公民意识培养活动的过程中,既要考虑受教育者心理发展和认知发展的一般年龄特征,也要顾及他们存在的个体差异,从知识的传授到实践活动的安排,在强调充分发挥学生主体能动性的同时,尊重他们之间存在的个体差异(包括地域差异、性别差异等)及需求、兴趣、爱好,一切从学生的实际情况出发,坚持具体问题具体分析,针对不同个体的特点,利用不同的方式和方法,通过教育与自我教育,逐渐培养他们的公民意识。

(四)可引导性

与成年人相比,中小学生公民意识的形成更具引导性。由于中小学生的生理、心理正处于由不成熟向相对成熟过渡的阶段,思想状况和观念结构变化较大,公民意识也处于逐渐形成的过程中,与公民意识相关的一些认知、情感、态度和行为等具有一定的不稳定性,尚处于动态发展的状态和情境中。因此,对这一阶段的学生实施公民意识的培养和教育活动,不仅具有较强的可行性,而且具有重要的意义。

在教育活动过程中,教育者引导作用的发挥主要体现在对中小学生进行知识传授及实践活动过程中。在公民意识相关知识传授方面,教育者要注意引导中小学生将在生活中发现的一些现象和问题与书本知识进行对照、比较、分析和思考,将获得的新的知识和观点融入已有的认知图式中去,形成自身思想意识体系的有机组成部分。同时,由于公民意识的相关动机和行为应是有机统一的,但在现实生活中,受来自主体的情感因素或外界环境的影响,动机和行为之间往往出现不一致的现象,学生常常具有良好的动机,但由于缺乏相关的知识、经验和技能,也未获得教育者的及时指导,导致良好的动机可能产生较差的效果,在公民意识向公民行为转化的环节出现了偏差。在这种情况下,教师在组织中小学生参与实践活动和情境体验的过程中,在肯定学生积极的、正确的动机的前提下,应科学、合理地安排教学活动,采用适当的方法和形式,引导学生公民意识的健康发展。学生的年龄越小、年级越低,公民意识形成的可引导性特征表现就越突出。

第三节 中小学生公民意识培养的理论基础及意义

虽然从某种程度来说,公民的身份和地位是"与生俱来"的,但要想真正具备与之相符的思想意识和行为能力,离不开公民意识教育的实施。公民意识不是自发形成的,必须经过有意识地培养,尤其是对中小学生而言。

一、中小学生公民意识培养的概念

"培养"是指"按照一定目的长期地教育和训练使成长"[①]。中小学生公民意识培养是指教育者帮助和引导中小学生认识和了解公民意识的知识性内容,将其转化为内心的价值规范,并通过相关的实践活动,使之外化为公民行为的一种教育活动过程。中小学生公民意识培养涉及知、情、意、行四个方面,这些因素通过相互联系、相互制约、相互影响,共同作用于中小学生认识和处理与公民问题相关的实践活动中,构成了一个相对完整的中小学生公民意识培养过程。

中小学生公民意识的培养过程是漫长而复杂的,既涉及认知的提高、情感的倾向、意愿的形成,也离不开行为的体现。中小学生公民意识的培养是一个潜移默化的过程,其中既包括了正规教育机构(即学校)所进行的有目的、有意识的引导与教化,也包括日常生活中受到来自家庭、社会、朋辈群体等的熏陶和感染,还包括中小学生自身的独立思考和自主抉择。

中小学阶段是公民意识形成的启蒙阶段,也是重要阶段。中小学生公民意识的培养是一个系统的工程,需要家庭、学校及社会等多方的努力和配合。学校教育是一种有目的、有组织、有计划地向学生传授相关知识、技能、规范、观念等的一种专门机构,也是学生接受系统教育的正规场所,自然也是培养中小学生公民意识的主渠道。学校教育在整个中小学生公民意识培养过程中发挥主导作用,它可以根据社会对中小学生公民意识培养的目标,制定相应的培养内容,依据一定的规律和原则,按照科学的方法,集中时间对受教育者进行系统地教育和训练,使受教育者形成一定的公民意识和行

---

① 《现代汉语词典》(第6版),商务印书馆2012年版,第978页。

为习惯。家庭教育和社会教育等虽然也是中小学生公民意识培养的重要渠道，但来自家庭和社会方面的相关人士很少是经过系统培训的教育工作者，对公民意识的教育理论和教育方法的了解和掌握也较为匮乏，因此在中小学生公民意识的培养过程中难免会出现盲目性。与家庭教育、社会教育等相比，由于学校教育是在特定的环境下开展和实施的，较少受到来自外界不良因素的干扰和制约，中小学生在学校中接受公民意识教育，较易获得正面的引导，这对尚处于启蒙阶段的中小学生公民意识而言是难能可贵的。

二、中小学生公民意识培养的理论基础

马克思主义人学思想、道德认知和发展理论以及马克思主义哲学是中小学生公民意识培养的人学基础、教育学基础和方法论基础。

（一）马克思主义人学思想提供人学依据

马克思主义关于人的发展的思想为中小学生公民意识培养提供了根本性的价值坐标，也是实施和开展中小学生公民意识培养和教育活动的理论基点。马克思主义关于"人"的思想博大精深，马克思认为，人"不仅是一种合群的动物，而且是只有在社会中才能独立的动物"①。人，首先是一个个的、具体的、活生生的存在，然后才能谈得上是集体的、群体的人，"每个人的自由发展是一切人的自由发展的条件"②。但是，"每一个人的自由发展"③的实现是需要条件的，是在未来理想社会中才能够实现的。

首先，从人的本质层面来看，人是现实的人、是"从事实际活动的""有血有肉的人"④。马克思在《1844年经济学哲学手稿》中在谈到异化劳动时指出，"人是类存在物，不仅因为人在实践上和理论上都把类——他自身的类以及其他物的类——当作自己的对象；而且因为——这只是同一种事物的另一种说法——人把自身当作现有的、有生命的类来对待，因为人把自身当作普遍的因而也是自由的存在物来对待"⑤。人作为类存在物，其类本质就在于人的自由自觉的实践活动。"一个种的全部特性、种的类特性就在于生命活动的性质，而人的类特性恰恰就是自由的有意识的活动。"⑥1845年，马克思在《关于费尔巴哈的提纲》中针对费尔巴哈对人的本质的曲解，指出"人

---

① 《马克思恩格斯选集》第2卷. 人民出版社1995年版，第2页。
② 《马克思恩格斯选集》第3卷，人民出版社1995年版，第294页。
③ 《马克思恩格斯选集》第1卷，人民出版社1995年版，第294页。
④ 《马克思恩格斯选集》第1卷，人民出版社1995年版，第73页。
⑤ 《马克思恩格斯选集》第1卷，人民出版社1995年版，第45页。
⑥ 《马克思恩格斯选集》第1卷，人民出版社1995年版，第46页。

的本质并不是单个人所固有的抽象物,在其现实性上,它是一切社会关系的总和"①。实践决定着人的生存和发展,是人存在的根本方式。在马克思、恩格斯看来,人不仅仅是自然存在物,更是社会存在物,"现实的个人"是处于特定社会关系中,从事实际活动的人。人的需要的属性也是人的本质的重要体现。人的需要是对自己本质的占有和充实。在马克思和恩格斯合著的《德意志意识形态》一书中指出,"在任何情况下,个人总是'从自己出发的',但由于从他们彼此不需要发生任何联系这个意义上来说他们不是唯一的,由于他们的需要即他们的本性,以及他们求得满足的方式,把他们联系起来(两性关系、交换、分工),所以他们必然要发生相互关系。"②在此,马克思和恩格斯明确指出了人的需要是人的内在的本质规定性。需要也是人进行各种社会活动的根本动因,是人认识世界和改造世界的内在动力,人的一切活动都是围绕自身需求展开的。马克思对人的解放理论的论述,主要是针对人的异化劳动而言的,在他看来,人的解放就是人个性的解放和人性的回归。1844 年在《论犹太人问题》中,马克思明确区分了"政治解放"和"人的解放"两个概念,政治解放由于并没有消灭产生宗教的物质根源和社会根源,并加深了人的异化,因而是不彻底的,只有人的解放才能解决这一问题。马克思指出,无产阶级通过暴力革命消灭私有制和异化劳动是人的解放的根本途径,唯其如此,人才有可能真正摆脱外在束缚,实现人性本质的回归,成为其本身。

其次,从人的"发展"层面来看,人类追求解放的过程,也就是其自身得到发展的过程。针对资本主义制度下不合理的社会分工造成劳动者畸形和片面的发展,马克思和恩格斯提出了人的全面自由发展理论。人的发展理论主要包括人的需要的发展、劳动能力的发展、素质和潜能的发展、自由个性的发展等。人的自由发展是指人的自主性的发展,是人作为自觉自愿的能动主体自由而充分发展。人的能力的发展是人的发展理论的核心。"我们把劳动力或劳动能力,理解为人的身体即活的人体中存在的、每当人生产某种使用价值时就运用的体力和智力的总和。"③人的实践活动过程是人的能力得到充分运用和体现的过程,也是人的能力形成和发展的过程。促进人的全面发展,必须要了解和尊重人的正当需要,并不断引导和提升人的需要层次。马克思、恩格斯设想的共产主义社会是一个自由人的联合体,在那里,每个人的自由发展是一切人的自由发展的条件。在共产主义社会中,阶

---

① 《马克思恩格斯选集》第 1 卷,人民出版社 1995 年版,第 60 页。
② 《德意志意识形态》,人民出版社 1961 年版,第 504 页。
③ 《马克思恩格斯选集》第 2 卷,人民出版社 1995 年版,第 172 页。

级消失了,人与人之间实现了真正的平等,人真正成为自身的主人,成为真正意义上的自由人,人的能力和需要得到了充分发展。"只有在共同体中、个人才能获得全面发展其才能的手段,也就是说,只有在共同体中才可能有个人自由。"①

马克思主义关于人的本质理论和人的发展理论是开展中小学生公民意识培养活动的核心理论依据。造就合格公民,塑造有用之才可以说是中小学生公民意识教育的目标,也是我国实现社会主义现代化的根本动力。公民,作为一种主体角色的觉醒和独立人格的标识,如何充分发挥其实践主体在参与活动中的积极性和主动性,是人们始终关注的问题,也是教育始终围绕的中心。公民身份的获得是自公民出生之起就具有的,但成长为合格公民却并非易事,这个过程既是公民主体性显现的过程,也是公民意识和能力全面提升和发展的过程。人的全面自由发展思想也为中小学生公民意识培养和教育提供了启示,我们的教育所培养出来的公民应该是人格健全、权责明晰、知行统一的人,而不是畸形的、片面的、扭曲的人。

(二)认知和发展理论提供教育学理论基础

培养中小学生公民意识需要遵循个体的身心发展规律,依照个体在不同年龄阶段的理解能力、接受能力和行为特征,采取适当的训练方法,循序渐进地开展。对道德认知和发展理论的了解、对中小学生身心发展状况和认知发展规律的把握,必然有益于中小学生公民意识教育教学方式的改进和训练效果的增强,因而也必然成为中小学生公民意识培养的立论基础。

认知和发展理论主要以皮亚杰和科尔伯格为代表。皮亚杰的发生认知论主要研究认识的产生和发展的过程、结构、机制及其心理的起源。"认识既不是起因于一个有自我意识的主体,也不是起因于业已形成的(从主体的角度来看)、会把自己烙印在主体之上的客体;认识起因于主客体之间的相互作用"②,"每一个结构都是心理发生的结果,而心理发生就是从一个较初级的结构过渡到一个不那么初级的(或较复杂的)结构"③,"智慧乃是一种最高形式的适应"④。皮亚杰认为,"不仅在心理水平上机体要适应环境,而

① 《马克思恩格斯选集》第1卷,人民出版社1995年版,第119页。

② [瑞士]皮亚杰:《发生认识论原理》,王宪钿等译,商务印书馆1981年版,第21页。

③ [瑞士]皮亚杰:《发生认识论原理》,王宪钿等译,商务印书馆1981年版,第15页。

④ [瑞士]皮亚杰:《教育科学与儿童心理学》,傅统先译,文化教育出版社1981年版,第160页。

且在心理水平和认识水平上也都存在着机体对环境、主客体的适应,并指出心理水平和认识水平的适应是生物适应的直接延伸。"①在他看来,新知识的产生是连续不断地建构的过程和结果,建构是指认识主体在与外部客体进行相互作用的过程中,逐步建立起来的对客体的较为清晰的认识。认识结构包括图式、同化、顺应及平衡四个方面。"图式是指动作的结构或组织。"②图式作为一种认识的功能结构,不是一成不变的。认识图式的发展过程也可以看作是主体的建构过程。皮亚杰认为,"客体只有通过主体结构的加工改造以后才能被主体所认识,而主体对客体的认识程度完全取决于主体具有什么样的认识图式。"③因此,图式作为人们认识事物的既有基础,对外来的信息具有同化作用,即客体只有被主体图式同化之后,才能被主体所真正接受。"刺激输入的过滤或改变叫作同化,内部因式的改变,以适应现实,叫作顺应。"④同化与顺应是相互作用的两个方面,在主体图式中都是不可或缺的。同化和顺应的相互作用最终要达到一种平衡状态,"平衡状态只是平衡过程的一个结果,而过程本身则有较大的价值"⑤。个体认知发展的过程是不断地取得主、客体之间协调一致的过程。平衡过程反映了人们的认识水平由低级到高级的发展范式。"同化和顺应从原始的同一逐渐分化为两个相互独立,又相互依存的机能,经历了六个发展阶段。其中,第一、二阶段可以总称为'基本的感知运动适应'阶段,第三至六阶段可以总称为'有意识的感知运动阶段'。"⑥"皮亚杰以智慧或认知结构的变化为依据来划分发展阶段:①感知运动智慧阶段(0～1岁半或2岁);②前运算智慧阶段(1岁半或2岁～六七岁);③具体运算智慧阶段(六七岁～十一二岁);④形式运算智慧阶段(十一二岁～十四五岁)。"⑦在《儿童心理学》一书中,他是以"他律—自律"二分法来划分儿童道德素质发展水平的。在他看来,七八岁以下儿童其道德行为的特征是他律的,服从他人的规定;七八岁以后才发展起自律的意识和行为。

---

①　雷永生等:《皮亚杰发生认识论述评》,人民出版社1987年版,第50-51页。

②　[瑞士]皮亚杰、海尔德:《儿童心理学》,吴福元译,商务印书馆1981年版,第5页注2。

③　雷永生等:《皮亚杰发生认识论述评》,人民出版社1987年版,第52页。

④　[瑞士]皮亚杰、B.英海尔德:《儿童心理学》,吴福元译,商务印书馆1981年版,第7页。

⑤　[瑞士]皮亚杰、B.英海尔德:《儿童心理学》,吴福元译,商务印书馆1981年版,第126页。

⑥　雷永生等:《皮亚杰发生认识论述评》,人民出版社1987年版,第61页。

⑦　张向葵、刘秀丽:《发展心理学》,东北师范大学出版社2002年版,第15-16页。

皮亚杰的追随者、教育学家、心理学家科尔伯格,对皮亚杰的认知发展理论做了补充和完善。他认为,"道德认知是对是非、善恶行为准则及其执行意义的认识,并集中表现在道德判断上。"[①]他在大量研究的基础上,提出了儿童道德发展的序列图式及三水平六阶段理论(见表3-1和表3-2)。

表3-1　道德发展的序列图式[②]

道德发展的垂直序列图式	道德发展的水平序列图式
道德阶段1	
↓	
道德阶段2	智力或认知
↓	↓
道德阶段3	角色承担
↓	↓
道德阶段4	道德判断
↓	↓
道德阶段5	道德行为
↓	
道德阶段6	

表3-2　科尔伯格的道德发展水平和阶段分类[③]

阶段顺序	命名	基本特征
第一级水平	前习俗水平	由外在要求判断道德价值
第一阶段	服从与惩罚定向	服从权力、规则以及避免麻烦、惩罚
第二阶段	朴素的自我主义定向	朴素的平等主义与交换和互惠定向
第二级水平	习俗水平	以他人期待和维持传统秩序判断道德价值

①　郭本禹:《道德认知发展与道德教育——科尔伯格的力量与实践》,福建教育出版社1999年版,第83页。

②　郭本禹:《道德认知发展与道德教育——科尔伯格的力量与实践》,福建教育出版社1999年版,第89页。

③　[美]科尔伯格:《道德发展心理学——道德阶段的本质与确证》,郭本禹等译,华东师范大学出版社2004年版,第49页。

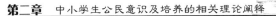

续表 3-2

阶段顺序	命名	基本特征
第三阶段	好孩子定向	赞许、取悦和帮助他人。
第四阶段	维护权威和社会秩序定向	履行义务和尊重权威,维护既定社会秩序
第三级水平	后习俗水平	以自觉守约、行使权利、履行义务判断道德价值
第五阶段	契约的立法定向	根据契约界定责任,避免违背他人意愿和权利
第六阶段	良心和原则定向	以良心作为指导性力量,并相互尊重和信任

在前习俗水平阶段,"个体从他的现实利益出发处理道德问题。处在此水平的儿童并不关心在某种情况下社会规定为正确的行为方式,而只关心行动的实际后果(惩罚、奖励、工具的交换)。"[1]处于前习俗水平阶段的儿童一般是在 9 岁以下,他们为了避免受到惩罚或获得奖励而避免采取或主动采取某种行为,因而其道德观念是外在的。在习俗水平阶段,"个体是从社会成员的角度处理道德问题。个体认识并考虑到群体或社会的期望并使自己的行动符合社会道德规范的要求。一个人不仅要努力避免受到惩罚或指责,而且要努力不辜负社会对一个好人所扮角色的要求。"[2]处于习俗水平阶段的儿童一般是 9~15 岁,这一年龄阶段的儿童开始以一个社会成员的身份来对道德事物进行判断和思考,也逐渐开始意识到个体的行为应该符合社会的道德准则,并遵照和执行这些道德准则。在后习俗水平阶段,个体逐渐开始以更公正的视角去思索道德问题,建立了自己的内在判断准则。达到这一水平的儿童年龄一般为 15 岁以上,已将外在的道德准则较好地内化为道德命令,对正义、公正原则有了更深入的认识。在科尔伯格看来,个体道德判断从前习俗水平、习俗水平到后习俗水平的发展过程,也是从他律道德向自律道德发展变化的过程。

此外,心理学家卢文格还提出了自我发展理论。他按照自我意识的不同发展阶段特征,将个体的发展划分为:前社会阶段、共生的阶段、冲动的阶段、自我保护的阶段、遵奉阶段、自我意识水平阶段、公正阶段、个体化水平

---

① 郭本禹:《道德认知发展与道德教育——科尔伯格的力量与实践》,福建教育出版社 1999 年版,第 100 页。

② 郭本禹:《道德认知发展与道德教育——科尔伯格的力量与实践》,福建教育出版社 1999 年版,第 100 页。

阶段、自主阶段和整合阶段。在此，主要介绍后几种阶段。遵奉阶段是个体依照群体的规则行事，并非是为了避免受到惩罚，而是出于对规则的遵守。自我意识水平阶段是遵奉阶段到公正阶段的过渡。在公正阶段，个体开始产生道德上的自觉。公正阶段的显著标志的个体完成了规则的内化。个体化水平阶段是个体从公正阶段向自主阶段的过渡。"从公正向自主阶段的过渡，是以个体观念的增强和对情绪依赖的关心为标志的。"[①]自主阶段的标志是，"承认和处理内部冲突的能力，也就是说，承认和处理冲突的需要，冲突的责任心，以及需要和责任心之间的冲突。"[②]最高的阶段是整合阶段，个体超越了自主阶段的冲突，自我的需求和外在规则得到了较好的统一。卢文格的自我发展理论不仅涉及道德的发展、认知的发展，还涉及人际交往等方面的能力发展，较为庞杂，虽受到一些学者的批评，但仍有其可取之处，为中小学生公民意识培养提供了思想借鉴。

上述这些理论较好地解释了个体认知发展的一般规律，具有一定的科学性。道德认知的生成、发展过程虽然区别于公民意识的生成和发展，但其主体是一致的，中小学生公民意识的生成也经历着认知发展的同样建构，呈现出从他律到自律的发展过程，这也是中小学生公民意识培养的教育学和心理学的理论基础。学习是对已获取知识经验的不断改造的过程，也是原有图式不断被同化、顺应和平衡的过程。中小学生公民意识培养必然首先要对学生已掌握的公民知识和技能等进行了解和掌握，这是开展后续学习的前提。公民意识不是公民自发生成的，需要依靠教育的力量。中小学生公民意识的生成也经历了一个由他律到自律的发展过程。他律阶段，学生初步意识到公民知识和规范的客观存在及其重要性，但这种存在是以一种"外在"和"异己"的力量存在的，处于这一阶段的学生，只是被动地服从教师的教导，模仿他人行事，并无法深刻理解公民意识的深刻内涵和精神实质。这一阶段是学生对公民意识和行为规范的依从阶段。随着学生年龄的增长和认识水平的提高，他们开始逐渐意识到公民意识和行为规范不再是外在的目的性要求，而逐渐内化为主体的自觉，个体不再处于被动和依附的地位，而成为一定程度上的独立和自主的个体。这是个体处于自律阶段的表现和特征，这一阶段也是学生对公民意识和行为规范的认同阶段。到了个体既能在思想上对公民意识有较为深刻的理解，又能在行为上符合公民规范，并完全是出自内心意愿之时，就既超越了他律阶段的被动性，也超越了自律阶段可能导致的盲从性，进入了"自主"的阶段，这一阶段也是学生对公

---

① [美]卢文格:《自我的发展》,李维译,辽宁人民出版社1989年版,第22页。
② [美]卢文格:《自我的发展》,李维译,辽宁人民出版社1989年版,第23页。

民意识和行为规范的信奉阶段。因此,从他律、自律到自主的发展过程,也是从依从、认同到信奉的形成过程。

(三)马克思主义哲学提供方法论基础

哲学是关于世界观的学问,是理论化、系统化的世界观。世界观也就是方法论。当人们用它去说明世界的时候,就是世界观,当人们用它去指导认识和改造世界的活动的时候,就成为方法论。① 马克思主义哲学包括辩证唯物主义和历史唯物主义,是无产阶级的世界观和方法论。马克思主义哲学作为科学的世界观和方法论是科学研究的理论指导工具。

马克思指出,"哲学家们只是用不同的方式解释世界,而问题在于改变世界。"②人的实践活动是有意识、有目的的。马克思和恩格斯认为,实践作为人的存在方式,其根本特点和突出特征就在于"自觉目的"性。恩格斯指出,"在自然界中(如果我们把人对自然界的反作用撇开不谈)全是没有意识的、盲目的动力……在所发生的任何事情中……都没有任何事情是作为预期的自觉的目的发生的。相反,在社会历史领域内进行活动的,是具有意识的、经过思虑或凭激情行动的、追求某种目的的人;任何事情的发生都不是没有自觉的意图,没有预期的目的的。"③"无论历史的结局如何,人们总是通过每一个人追求他自觉的、自觉预期的目的来创造他们的历史"④,人总是根据自己的需要,通过实践活动对现实进行改造,以便使自身的需要得以实现。中小学生公民意识培养活动也是一项实践活动,为了达成培养的目标,就要努力创造一切有利的条件和环境,始终围绕"培养合格公民"这个主题来进行,保证教育活动的顺利实施。

马克思之前的旧唯物主义将客体看作是给定的、不变的、不能转换的,即"它不能把世界理解为一种过程,理解为一种处在不断的历史发展中的物质"⑤,而马克思的辩证唯物主义从实践活动出发去理解客体,认识到主体与客体之间是可以相互生成与转化的,处于不断生成和转化的过程中,事物始终是处于"发展"状态中的。在对中小学生公民意识培养过程中,无论是教育者、受教育者,还是其他诸多的影响因素,都并非是处于一成不变的、固定的状态中的,而是处于不断发展、变化的状态中的,应以动态的、发展的眼光

---

① 吴元梁:《科学方法论基础(增补版)》,中国社会科学出版社 2008 年版,第 134 页。

② 《马克思恩格斯选集》第 1 卷,人民出版社 1995 年版,第 61 页。

③ 《马克思恩格斯选集》第 4 卷,人民出版社 1995 年版,第 247 页。

④ 《马克思恩格斯选集》第 4 卷,人民出版社 1995 年版,第 248 页。

⑤ 《马克思恩格斯选集》第 4 卷.人民出版社 1995 年版,第 228 页。

来看待中小学生公民意识的培养活动,不断捕捉各种有利资源和有用信息,使之服务于社会主义合格公民的培养目标。

辩证法是一门"和形而上学相对立的、关于联系的科学"①。"联系"是辩证思维的重要特征。唯物辩证法所强调和突出的联系的思想是以实践论为前提的。在这种思想的指导下,应以整体的、全局的、系统的观念来看待中小学生公民意识培养过程中的各种资源和影响因素,把握它们之间的内在联系,统筹全局,优化组合,实现效益最大化。

现实的人在按照自己的目的去"改造世界"的过程不是随心所欲的,而是应以客观世界为转移的,换言之,人在发挥主观能动性改造世界的过程中,必然积淀和蕴含着对于事物的规律性的认识和把握。由于事物的发展和变化都有其客观规律,规律是客观存在的,不以人的主观意志为转移的,因此,教育资源的优化必然也要遵循客观规律,依据中小学生的身心发展阶段性特征、公民意识生成规律以及教育教学的规律逐步推进,小学阶段的公民意识教育围绕"行为养成"实施培养,初中阶段的公民意识教育围绕"认知强化"着手进行。

具体问题具体分析是马克思主义的重要原则。事物发展的过程是可以被划分为若干阶段的,每一阶段呈现的矛盾特征是不同的,认真分析和研究不同阶段的矛盾特征,才能正确认识事物,才能制定科学的方案加以改造,盲目性、主观性、片面性的工作方法是不可取的。不同阶段的中小学生公民意识培养目标和方法是不同的,在具体实施过程中,就要依据公民意识培养和教育的不同阶段的目标,坚持具体问题具体分析,实事求是,一切从实际出发,结合本地区、本学校的实际情况实施和开展。地域不同、文化传统不同、学校性质、规模、办学水平及教师素质不同,加之学生个体的智力水平、家庭情况、生活经历不同,公民意识培养和教育的方式也呈现多样。

三、中小学生公民意识培养的重要意义

中小学生是未来的公民,对他们进行公民意识教育,提高他们的公民意识,强化他们的公民行为,使他们在国家建设中发挥作用是谋划长远的活动。中小学阶段,正是儿童、青少年长身体、长知识的时期,也是公民意识形成关键时期。

(一)促进学生全面发展的需要

"一个健全的社会首先需要的是身心健康的合格公民。"②鲍伯·杰索普

---

① 恩格斯:《自然辩证法》,人民出版社1971年版,第46页。
② 朱晓宏:《公民教育》,教育科学出版社2003年版,第16页。

曾指出,"……在当前全球化的以知识为基础的经济当中,民族国家仍然重要,它不是正在消亡,而是正在被重新想象、重新设计、重新调整以回应挑战……"①。国家之间的竞争归根结底在于人才的竞争,人才的培养和塑造问题是每个国家面临的重大课题,也是我们关注和思考的领域。教育涉及培养人的问题,应以塑造受教育者的独立人格、提高他们的综合能力、培养他们的良善美德为诉求。雅斯贝尔斯指出,"学习是德行的保存"②,在中小学开展的公民意识培养和教育活动,注重公民知识传授、公民意识提升、公民行为引导,既是一种知识型教育,也是一种能力型教育,通过塑造人的独立人格,启发人的主体自觉,成为思考和追寻生命存在的本真意义和价值,关注和探究国家和民族未来发展和走向的"真正的人",成长为知行统一、权责一致的社会主义合格公民。

中小学生公民意识培养和教育活动,衍生出了一种新型的师生关系和学习方式,双方是一种平等性的、探究型的学习关系,教师是"平等者中的首席"③,是对学生引导型、启蒙式教学,学生是自主型、参与型学习。这种新型的学习方式,为学生的个性发展提供了良好的平台,学生的学习兴趣得到极大提高,主动性、积极性和创造性得以发挥,多元个性得以充分展现。同时,教育者通过组织学生参与公共生活、解决公共事务问题的活动,潜移默化地强化了他们对公民角色的认知,提升了公民的行为能力,提高了逻辑思维能力、表达能力、合作能力,培养了正义感、同情心、责任心等多方面素养,也帮助学生树立起了正确的公民身份意识、权利意识、义务意识和参与意识等,从而摒弃了错误的思想观念和行为方式,端正了世界观、人生观和价值观,形成了健全的人格和心理,全面提升了学生的综合素质。

(二)推进德育转型的需要

中小学公民意识培养是推进德育转型的需要。公民意识教育与德育是相互交叉、相互融合的关系。首先,从教育目标来看,二者基本一致或趋近。公民意识教育是一种使社会成员成长为合格公民的教育,德育的培养目标是促使青少年成长为德行良好的公民。例如,我国的《教育法》和《中学德育大纲》明确将培养社会主义公民作为基本目标。但二者在具体目标上的侧

---

① [英]鲍伯·杰索普:《重构国家、重新引导国家权力》,何子英译,《求是学刊》2007年第4期,第32页。

② [德]雅斯贝尔斯:《什么是教育》,邹进译. 生活·读书·新知三联书店1991年版,第89页。

③ [加]大卫·杰弗里·史密斯:《全球化与后现代教育学》,郭洋生译,教育科学出版社2000年版,第238页。

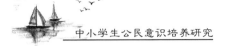

重点各有不同。《中国大百科全书·教育》将德育认为是"基于按照一定社会或阶级的要求,有目的、有计划、有组织地对受教育者施加系统的影响,把一定的社会思想和道德转化为个体的思想意识和道德品质的教育"①。其次,从教育内容上来看,公民意识教育与德育存在一定的交集,公民道德教育是公民意识教育不可或缺的一个层面,合格公民的成长必然离不开德性的养成。二者之间的区别在于:公民意识教育主要围绕公民身份意识展开教育,思想道德素质的提高仅仅是公民意识教育的一个方面的内容和要求。再次,从教育方法上来看,公民意识教育和德育在教育方法上各有侧重,但由于公民意识教育作为一种实践性强的生活化教育,更能容易激发受教育者学习的兴趣和热情,教育效果更为显著。目前,我国中小学教育体系中已建立起了较为系统和成熟的德育理论和实践体系,但由于公民意识教育尚未建立可依托发展的平台和课程体系,而二者又有诸多共通之处,因此,在具体的教育实践中,教育工作者应借助开展德育活动搭建的平台实施公民意识教育。

在我国现代化的进程中,多年以来实行的应试教育是一种重智轻德,单纯追求升学率的教育,这种教育模式下,培养出来的学生可能具有丰富的知识储备,但综合素质却不高、德行缺失或荒芜,这与教育的本质相背离,也与现代社会对人才的需求相脱节。同样,德育虽然开展了较长时间,也面临着较为相似的困境,其有效性受到了质疑,究其原因,主要有德育教育的学科定位不准、目标空泛以及教育模式单一等。在德育学科定位方面,一般将道德教育、思想教育、政治教育、心理健康教育、法制教育等统统纳入了德育的范畴,导致其学科内涵和指向不明确,严重影响了德育自身的发展;在德育目标定位方面,无论是小学阶段的"培养德、智、体全面发展的社会主义事业的建设者和接班人",还是中学阶段的"培养热爱社会主义祖国的具有社会公德、文明行为习惯的遵纪守法的公民",都显得较为空泛而脱离学生实际需求,侧重于从国家发展的目标层面上对德育进行规划,而忽视了学生个体成长目标层面的需求;在德育教育模式方面,教育手段单一问题较为突出,教师很大程度上依赖书本知识对学生开展教育,而未能将理论知识与实践活动很好地结合起来。因此,基于德育面临的困境和难题,迫切需要通过转型来注入生命力,公民意识教育尽管在培养目标和教育内容上与德育有相互重合或一致之处,但二者之间不能相互替代,公民意识教育不仅适应了当前我国经济社会快速发展的要求,而且由之带来的全新的教育理念、教学模式为德育的转型和发展提供了新的思路,在一定程度上破解了传统德育模

---

① 《中国大百科全书·教育》,中国大百科全书出版社1985年版,第59页。

式下人才培养中出现的知识、行为和能力不相一致的困境和难题,为德育的创新和发展提供了经验借鉴。

(三)适应教育国际化的需要

随着经济全球化时代的到来,教育国际化的呼声也越来越高。提高中小学生公民意识,开拓他们的国际视野,培养他们的世界情怀,塑造他们的世界公民意识,是现代公民应具具备的基本素养。近年来,公民意识培养和教育活动引起了越来越多的国家的重视,英国、美国、德国、法国、加拿大、澳大利亚、新加坡、日本、韩国等国家纷纷开设了相关课程,将公民意识教育纳入国民教育序列之中,尤其重视对中小学生公民意识的培养。

当前,一国培养的人才,应不仅能适应本国经济建设和社会发展的需要,还要能适应国家之间的竞争、合作及交往的需要,这是经济全球化发展对人才培养提出的较高层次的需求。在中小学生群体中开展公民意识教育,引导他们树立"地球村"意识和国际意识,提高他们国际交往能力(包括独立思考能力、团结协作能力、信息处理及分析能力、知识整合能力等),突破原有的较为狭隘的民族和国家观念,树立向全球服务的意识,以解决全人类所面临的共同问题(例如环境问题等)为己任,为推动人类文明的不断进步而不懈努力,这与教育国际化的主旨是相一致的。

(四)推进社会主义民主政治发展的需要

公民意识是推进社会主义民主政治发展的内在驱动力。公民意识对一个社会的文明水准和发展状况具有十分重要的意义。罗尔斯指出:"政治的正义观念之首要焦点,便是基本制度的框架和应用于该框架的各种原则、标准和戒律,以及这些规范是如何表现在实现其理想的社会成员之品格和态度中的。"[①]民主政治的有效运转离不开良好政治制度的确立,但即使有了好的制度设计和安排,如果缺乏民众公民意识的觉醒及民主素养的提升,也不会有效地运转,因此,公民意识是决定一国民主政治能否顺利发展和有效运行的思想基础。

公民的身份意识、权利意识、平等意识、自由意识、民主意识、政治参与意识等与民主政治发展的内在精神是相契合的,也是社会主义民主政治发展的题中应有之义。例如,公民具有身份意识意味着公民能充分发挥自己的主体作用和主人翁精神,以积极的、能动的姿态参与和投入到国家政治生活和公共生活之中。权利意识是民主政治发展的动力性思想因素,由权利

---

① [美]约翰・罗尔斯:《政治自由主义》,万俊人译,译林出版社 2000 年版,第 12 页。

意识衍生而来的平等意识、自由意识、民主意识等共同构成了民主政治发展的精神内核。公民政治参与意识的提高作为民主政治发展的重要标志,最终要体现到行为层面上来,体现为公民以一定的政治参与热情,表达自身的利益诉求,积极参与政治实践。

社会主义民主政治的发展是实现社会主义现代化的重要方面,是维持社会主义制度生机与活力的重要保障,也是中国共产党始终不渝的奋斗目标。民众是否具备良好的公民意识是社会主义民主政治是否能实现顺利发展的思想前提,当前,对中小学生群体实施公民意识的培养和教育活动,就是要帮助他们从小树立正确的身份意识和权责观念,培养参与政治生活和公共生活的技能和习惯,使民主成为他们生活的一种方式,成为有责任、有担当、积极参与社会主义民主政治建设的合格公民。

第三章

中小学生公民意识培养的现实分析

把握中小学生公民意识的基本状况及特征,分析当前中小学生公民意识培养中存在的主要问题及原因,是开展中小学生公民意识培养活动的现实需要。2011 年郑州大学公民教育研究中心与信阳市平桥区人民政府共同开展的中小学生公民意识状调查(如绪论部分所述)是中小学生公民意识培养现实分析的主要数据来源,与信阳市平桥区的相关一线教师、教育管理者的访谈及交流也充实了研究资料。此外,我国其他地方,例如北京、上海、深圳、江苏、山东、山西、四川、云南、内蒙古等,也对中小学生公民培养和教育进行了一些尝试和探索,这些地方积累的经验、教训及相关调查数据也进一步丰富了本部分研究的资料来源,增加了本研究的信度和效度。

第一节　中小学生公民意识的基本状况分析

对中小学生公民意识基本状况的分析主要是围绕中小学生公民意识的核心要素即公民身份意识、权利意识、义务意识及参与意识四个方面展开的。

一、对公民概念的理解逐渐清晰,但身份认知仍需强化

由于公民是指具有一国国籍,并根据该国宪法和法律规定享有权利和承担义务的人,因此,从这个定义出发,考察中小学生对公民概念的理解程度主要从以下几方面进行。"以下对'公民'的解释正确的是?"一题,选项分别为:没有行为能力的人不是公民、公民就是臣民、公民是指具有国籍的人。

调查结果显示,接受过公民常识课教育的学生,回答正确率达91.0%,其中,小学生回答正确率为83.4%,初中生回答正确率为91.1%,而未接受过公民常识课教育的学生,回答正确率仅为81.0%(见图3-1)。关于"公民概念的基本内涵不包括?"的调查,共有四个选项:具有一国国籍、享有公民权利、履行公民义务、创造幸福生活。调查表明,接受公民意识教育的被调查者中59.1%的人能做出正确的判断,未接受过公民意识教育的被调查者中仅有38.2%的人选择正确,20.9%的差距足以说明公民意识教育成效明显,但也有相当多数的学生在此问题上认识出现偏差(见图3-2)。同样,与上题一致,与小学生相比,初中生对公民概念的认知更为明确,正确率高出19.2%。

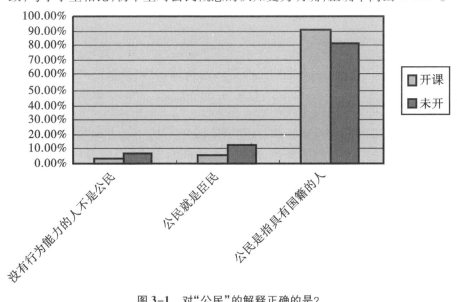

图3-1 对"公民"的解释正确的是?

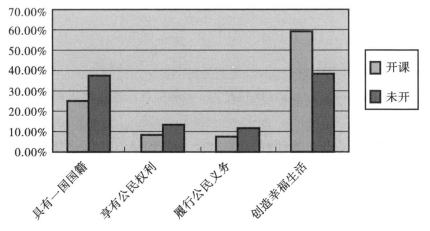

图3-2 公民概念的基本内涵不包括?

同时,是否正确理解"公民与国民"的关系也能反映中小学生对公民概念的理解程度。"公民与国民两个概念是否相同?"一题,选项分别为:相同、不相同和不清楚,正确选项应为"不相同"。调查结果显示:小学生和初中生的回答正确率分别为42.1%和62.5%,其中,接受过公民常识课教育的小学生和初中生回答正确率分别为30.7%和41.7%,未接受过公民常识课教育的小学生和初中生回答正确率分别为11.4%和20.8%(见图3-3)。

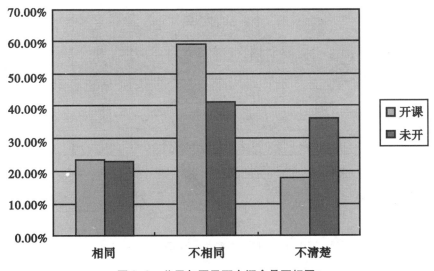

图3-3　公民与国民两个概念是否相同?

在进行调查"公民与国家关系的核心是什么?"时,选项有:社会福利、公民的法律身份、公民的政治地位、权利义务关系。调查表明,接受过公民意识教育的学生能有47.9%的回答正确率,而未接受过公民意识教育的学生仅有34.8%的回答正确率,相差13.1%(见图3-4)。其中,接受过公民意识教育的小学生回答正确率为37.1%,初中生为49.0%,说明随着年龄的逐渐增长,学生对公民身份的认知愈加清晰。公民身份是公民与国家之间关系的反映,公民作为一国成员,其身份决定了公民享有受宪法和法律保护的权利,同时也依法履行相应的义务。公民身份能否获得与个人的性别、年龄、受教育程度、财富和地位无关。在涉及公民身份认知的问卷调查中,"一国国民只有到18岁才能获得公民身份?"选项有正确、不正确和不清楚三种,答案应选择"不正确",接受过公民常识课教育的学生回答正确率为55.4%,其中,小学生和初中生的回答正确率分别为28.2%和40.1%;而未接受过公民常识课的学生回答正确率为33.1%,其中,小学生和初中生的回答正确率仅为7.5%和18.6%,虽然证明公民常识课开设的成效显著,但对公民身份正确认知的比率仍然显得较低,仍有 53.2% 的学生对此问题的认识处于模糊的状态(见图 3-5)。

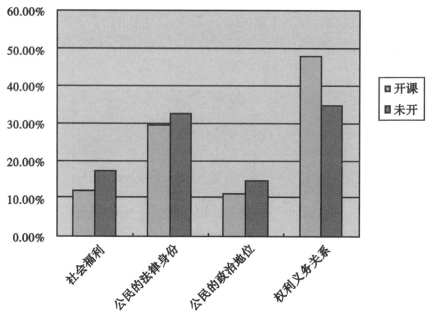

图 3-4　公民与国家关系的核心是什么?

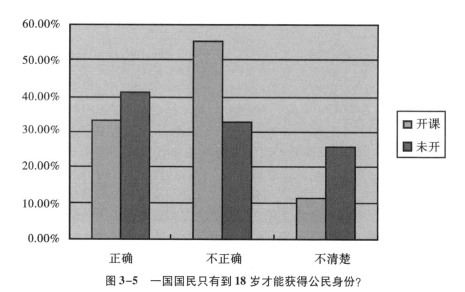

图 3-5　一国国民只有到 18 岁才能获得公民身份?

　　"公民身份认同主要是指公民认识到自己是国家的一员"一题也能较好地反映出中小学生对其公民身份的认知状况,三个选项:正确、不正确、不清楚,正确答案应为"正确",调查结果显示:小学生中的回答正确率达61.2%,而初中生的回答正确率仅为51.4%;接受过公民常识课的学生回答正确率和未接受过公民常识课的学生回答正确率分别为58.3%和53.6%,两组数据均说明有近一半的学生在公民身份认同问题上认知不清晰(见图3-6)。

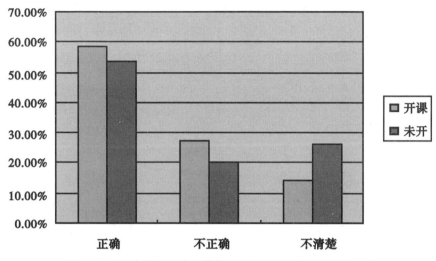

图3-6 公民身份认同主要是指公民认识到自己是国家的一员

对公民概念的理解以及对公民身份的认知虽然表面上是两个问题的考查,但实际上二者有想通之处,均涉及"公民的国籍""公民与国家的关系""公民的权利""公民的义务"等内容。从对以上6个题目的调查结果来看,虽然通过一段时期的公民意识培养和教育,中小学生对公民概念的理解和公民身份的认知有了一定程度的提高,但总体仍不容乐观,有相当比例的学生对公民身份的本质内涵缺乏深入了解,或是虽然有些了解,但仍稍显粗浅并存在一定的认知偏差。

二、对公民权利的认知得以提升,但仍存在偏差且不够理性

中小学生的权利意识是通过对权利的认知和理解、维护和主张来反映的。通过中小学生对人权、人身自由权、社会保障权、隐私权、对权利平等的认知及对维护权益的主张状况调查可以反映其权利意识的强弱程度。"人权是人之作为人就应享有的权利"①,调查中,针对"你认为,人人享有一切人权这种说法正确吗?"答案有正确、不正确和不清楚三种,调查结果显示,

---

① 曲相霏:《论人权的普遍性与人权主体观》,《文史哲》2009年第4期,第166页。

68.0%的接受过公民意识教育的学生选择了正确答案(见图3-7),其中小学生和初中生分别占66.1%和64.1%,在对人权的正确认知上,小学生的选择正确率反而略微高于初中生,这个现象值得深入思考。

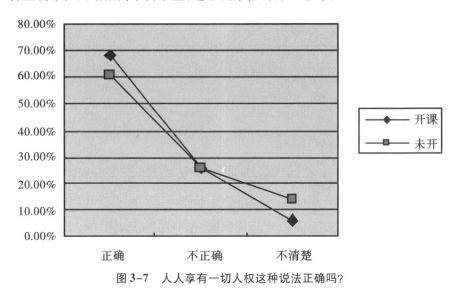

图3-7 人人享有一切人权这种说法正确吗?

《中华人民共和国宪法》第37条规定:"中华人民共和国公民的人身自由不受侵犯。"人身自由是公民的一项基本权利,理应受到法律保护。在涉及公民人身自由权问题的认识上,设置了"在车站,警察可以根据需要限制公民的人身自由,你认为这种说法正确吗?"一题,选项分别为:正确、不正确和不清楚。接受过公民意识教育的学生与未接受过公民意识教育的学生回答"不正确"的分别为51.2%和44.3%(见图3-8)。但小学生与初中生相比,前者的正确认知率略高于后者,分别为52.9%和43.8%。公民的社会保障权是指"公民基本生活遇到风险或困难时,有从国家和社会获得帮助、受到保护的权利,包括社会保险、社会福利、优抚安置、社会救助和住房保障等"①。《中华人民共和国宪法》第14条规定:"国家建立健全同经济发展水平相适应的社会保障制度。"针对这一问题,结合中小学生的实际,设置了"留守儿童有权利从政府获得必要的学习和生活保障"一题,调查结果显示:经历了一段时间的公民意识教育之后,学生的回答正确率有了较为明显的提高,能达到83.8%,与未接受过公民意识教育的学生相比,高出11.2%(见图3-9)。

___

① 郑州大学公民教育研究中心、信阳市平桥区公民教育实践研究项目组:《公民常识读本》(初中试用版),人民出版社2011年版,第35页。

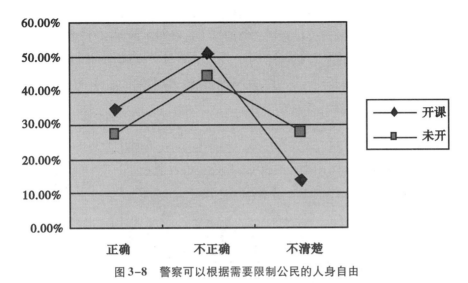

图 3-8 警察可以根据需要限制公民的人身自由

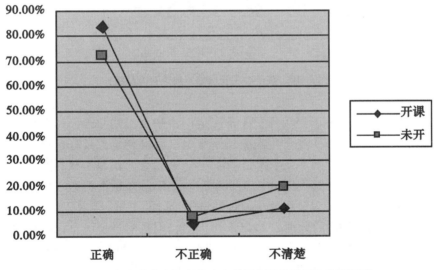

图 3-9 留守儿童有权利从政府获得必要的学习和生活保障

"隐私权是公民享有的私生活安宁与私人信息依法受到保护,不被他人非法侵扰、知悉、搜集、利用和公开等的一种人格权。"①中小学生虽然是未成年人,但也享有一定的隐私权,应受到法律的保护。在关于"孩子在家长面

① 张新宝:《隐私权的法律保护》,群众出版社 2004 年版,第 21 页。

前不应该有隐私权?"一题的调查中,此题答案应为不正确,接受过公民意识教育的学生和未接受过公民意识教育的学生选择正确的比率分别为86.3%和72.4%,相差13.9%(见图3-10)。充分说明公民意识培养和教育的成效,且随着年龄的增长,初中生的隐私权意识较之于小学生显著增强,分别为91.4%和71.1%。

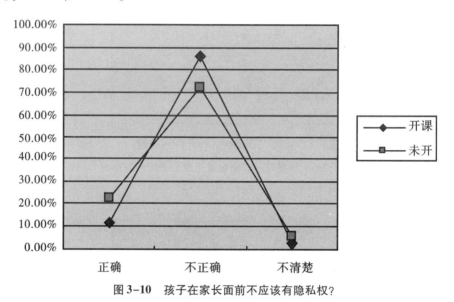

图3-10 孩子在家长面前不应该有隐私权?

《中华人民共和国宪法》第33条规定:"中华人民共和国公民在法律面前一律平等"。考查中小学生对公民平等地享有权利是否具有正确的认知这一问题上,设置了如下几个问题,"富人和穷人,在公民基本权利的享有上平等吗?"一题,是否接受过公民意识教育对此项认知是否正确产生了较为明显的影响,未接受过公民意识教育的学生,选择"平等"的为75.0%,选择"不平等""不清楚"的分别为15.3%和9.7%,但接受过公民意识教育的学生相应选择比率分别为87.4%、8.3%和4.3%,这也是中小学生权利意识得到提高的较为充分的论据(见图3-11)。在关于对待少数人的权利问题上,设有"为达到政治目的,有时候不必考虑少数人的意见"的调查,选项支为:赞同、不赞同和说不清楚,此题的调查结果显示绝大多数学生对此有正确的认识和看法,即认为应该保护少数人的合法权益。开设过公民常识课的学生和未开设过公民常识课的学生回答"不赞同"的比率分别为82.8%和78.4%(见图3-12),而且随着年龄的增长和文化程度的提高,对此问题的认识愈加清晰。

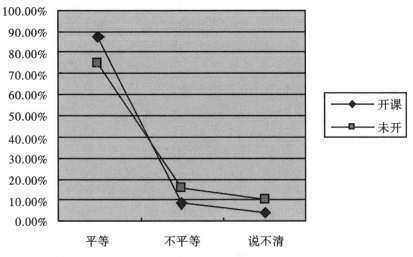

图 3-11 富人和穷人,在公民享有的基本权利的享有上平等吗?

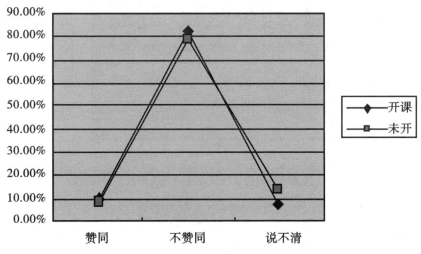

图 3-12 为达到政治目的,有时候不必考虑少数人的意见

如何对待特权?这一问题也能从一定程度上反映学生对平等享有公民权利的认知程度。"市委书记和普通公民在法律面前可以区别对待吗?"此题设置了三个选项,分别为:正确、不正确和不清楚,无论从性别、年龄、居住地还是是否接受过公民意识教育等角度来看,较多的学生对此都有较为正确的认知,均达到79.5%以上,例如,从是否接受过公民意识教育维度来看,开课学生和未开课学生选择正确、不正确和不清楚的比率分别为6.1%、87.3%、6.6%和8.1%、79.9%、11.9%(见图3-13)。公民权利意识是否提

高还体现在公民是否能积极行使自己的权利,并在自身权利受到非法侵害时能否进行依法维护等方面。关于"当你的合法、正当的权益受到侵害时,你会选择?"一题的调查反映了中小学生的维权意识,选项分别为:找关系帮忙、自认倒霉、用暴力解决、依法维护。接受过公民常识课教育的学生和未接受过公民常识课教育的学生选择正确答案"依法维护"的比率分别为94.9%和92.5%(见图3-14),同时,无论从年龄、性别、文化程度及地域等维度均未显示较大差别,且均达到90.0%以上,说明中小学生对这一问题的认知较为清晰和明确。2013年在对部分学生进行的"学生有权参与和自己学习生活紧密相关的班级、学校管理工作"调查发现,较之于2011年,接受过公民意识教育的学生对参与权的正确认知率由原来的86.8%上升到97.2%,表明随着公民意识教育的逐渐深入,学生对参与权的认知也愈加清晰。

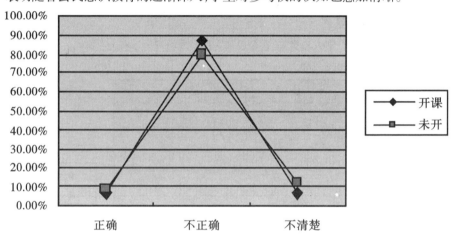

图3-13 市委书记和普通公民在法律面前可以区别对待吗?

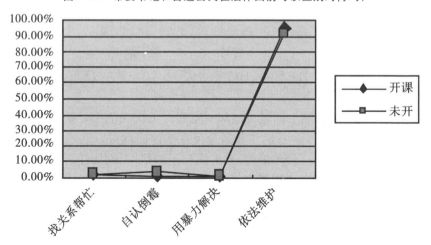

图3-14 当你的合法、正当的权益受到侵害时,你会选择?

三、对自身及家庭的义务认知逐渐提高,但对公共事务义务 认知尚不清晰

为了便于理解和说明问题,在此将中小学生的义务意识划分为对自己的义务认知、对家庭的义务认知、对公共事务的义务认知以及对国家的义务认知四个方面。调查结果显示,中小学生对自己和家庭的义务认知较为清晰,对公共事务和对国家的义务认知相对较为模糊,还需要进一步加强。对自己的义务认知主要体现在对自己的生命负责、对自己的生活和学习负责。"中小学生应该有自我保护意识"一题,选项分别为正确、不正确和不清楚,此题的选择正确率较高,无论从年龄、性别、居住地还是是否接受过公民意识教育来看,均达95.6%以上,例如,接受过公民意识教育的学生与未接受过公民意识教育的学生选择正确率分别为:97.7%和95.9%(见图3-15)。调查结果说明中小学生具备了较强的自我保护意识,甚至已经成为一种常识性的判断。就"是否接受义务教育主要由儿童及其家长决定"来看,接受过公民意识教育和未接受过公民意识教育的中小学生选择"不正确"的比率分别为69.1%和52.9%,相差16.2%,可见,中小学生公民意识教育的成效在此问题上体现得较为明显(见图3-16)。同时"遵守学生行为规范是中小学生的义务"一题也能考查学生的自我义务认知状况,就此题的回答情况来看,与前两题类似,学生对此问题的回答正确率普遍较高,达88.6%以上,以是否接受过公民意识教育为例,接受过的学生和未接受过的学生回答正确率分别为90.2%和90.1%(见图3-17)。

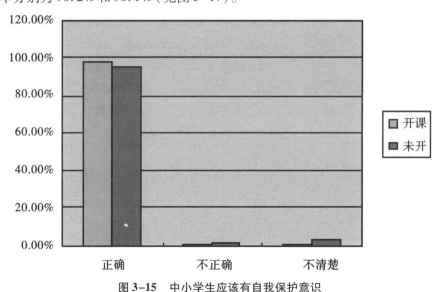

图3-15 中小学生应该有自我保护意识

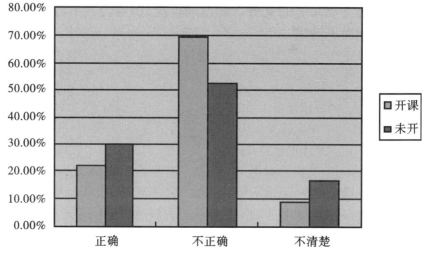

图 3-16　是否接受义务教育主要由儿童及其家长决定

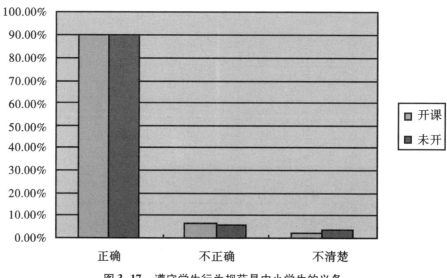

图 3-17　遵守学生行为规范是中小学生的义务

　　"家庭生活是一个人步入社会生活的前奏,即便是成人之后,人们的家庭生活也是个人生活中的重要组成部分。"公民对家庭的义务认知(或曰责任)"关系到一个人对社会生活的态度,涉及如何待人处世,也与其自身道德情操的高低、觉悟的程度密切相关"[1]。在回答"中小学生也应该做一些力所能及的家务"时,是否接受过公民意识教育对回答正确率的影响不甚明显,分别为97.3%和97.0%,正确认知率较高,说明中小学生对这一问题的认识已深入人心,是否接受过公民意识教育对此问题未产生明显影响(见图3-18)。

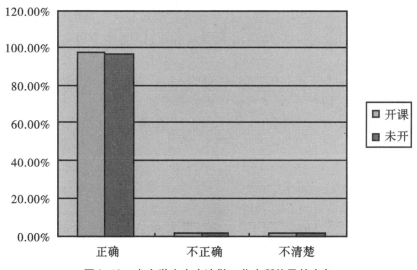

图3-18　中小学生也应该做一些力所能及的家务

　　履行对公共事务的义务,首先要对公共事务有较为准确的认知。"所谓社会公共事务,是指涉及社会公众整体的生活质量和共同利益的那些社会事务,具体而言:在一个社会中,公共事务是企业和个人家庭所不愿做也不能做,但又是既对整个经济和社会的发展,也对社会全体公民基本生活必不可少的事务,而且,这里的共同利益,一方面是指体现全体公民长远利益,另一方面也是体现现实中的全局利益,因而是全体公民都十分关注的事务。"[2]每个人都是社会中的一员,公共性是公民的基本属性,每个人都应积极参与公共事务,努力投入公共生活,做有理性、讲秩序、守法明礼的现代公民。[3]考查中小学生公共事务认知的相关问题有如下几个:"在公共生活中,遵守规则是公民的义务",调查结果显示,绝大多数学生对此有正确的认识,这一

　　① 马永庆:《未成年人家庭责任观念与学校德育》,《道德与文明》2005年第5期,第54页。
　　② 周义程:《公共利益、公共事务和公共事业的概念界说》,《南京社会科学》2007年第1期,第80页。
　　③ 参见公民教育实践研究项目组:《公民常识教育研究报告·初中卷》,郑州大学出版社2013年版,第95页。

点从年龄、性别、居住地以及是否接受过公民意识教育方面都得到了验证，正确率均在94.8%以上。其中接受过公民意识教育和未接受过公民意识教育的学生回答正确、不正确和不清楚的比例分别为：96.5%、1.7%、1.7%和94.9%、1.5%、3.5%（见图3-19）。政府在一国经济和社会发展中究竟扮演什么样的角色？政府的职能和职责是什么？通过相关问题的设置，了解到许多中小学生对公民与政府的关系以及政府的权力和职责等缺乏一定的了解，相关的教育工作者应亟须强化与此相关的知识传授，着重提高学生对公共事务义务的正确认知。在"提供优良的公共产品和服务主要是政府的义务"这一问题上，调查显示，受过公民意识教育和未受过公民意识教育的学生正确认知率仅为38.8%和34.8%，回答"不正确"的比例分别高达40.8%和33.1%，回答"不清楚"的比例分别为：20.3%和32.2%（见图3-20）。而且，从任何一个维度来看（年龄、性别、居住地及是否接受公民意识教育），回答正确率均超不过47.0%，充分说明虽然公民意识教育对提高中小学生公共事务认知有所作用，但大部分学生的认知仍处于模糊状态。"政府用于公共服务的支出主要来自？"一题的正确答案为税收，接受过公民意识教育的学生正确认知率为66.0%，未接受过公民意识教育的学生正确认知率仅为50.5%，而在接受过教育的学生当中选择"公民奉献"和"企业资助"的比率分别为15.9%和13.2%（见图3-21）。从性别、年龄、居住地及是否接受过公民意识教育四个维度来看，选择正确率均超不过75.3%，说明关于这一问题的认知还有待提高。

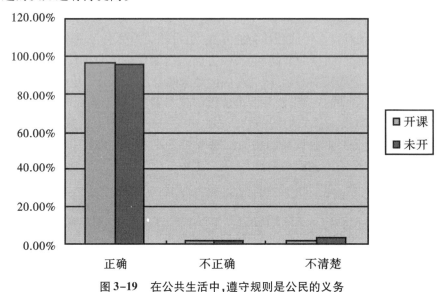

图3-19　在公共生活中,遵守规则是公民的义务

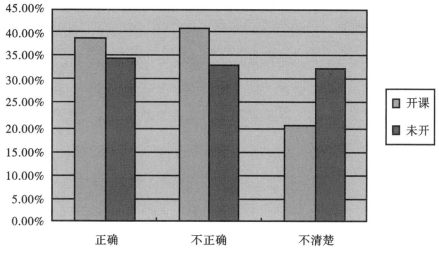

图 3-20 提供优良的公共产品和服务主要是政府的义务

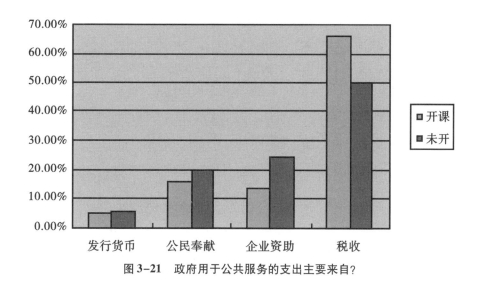

图 3-21 政府用于公共服务的支出主要来自？

"国家义务观是公民对自己在国家和社会生活中的地位、权利和义务的一种自觉认识"①,据调查结果反映,中小学生群体中不乏爱国情感,但缺乏应有的政治热情,且对国家的根本大法即宪法的认识也不甚清楚。"您经常与他人谈论政治问题或政府工作吗?"选项为经常谈、偶尔谈和从来不谈,从

① 公民教育实践研究项目组:《公民常识教育研究报告·初中卷》,郑州大学出版社 2013 年版,第 107 页。

是否接受过公民意识教育的维度来看,开课和未开课的学生选择三个答案的比例分别为:9.8%、56.8%、33.4% 和 9.0%、60.7%、33.4%(见图3-22)。综合性别、年龄和居住地维度来看,选择"偶尔谈"的比例最高,其次为"从来不谈",最后为"经常谈",这说明中小学生对国家政治生活的关注度需要提高。中小学生对国家义务的认知还体现在其是否具有正确的宪法意识方面。"《刑法》是国家的根本法,具有最高法律效力",答案应为"不正确",接受过公民意识教育的学生正确认知率要远远高于未接受过公民意识教育的学生,悬殊达 47.6% 之巨,也印证了公民意识教育的必要性。而在2013 年的调查中,从是否开课的维度来看,回答"不正确"比率由 2011 年的73.8% 上升到 76.1%,回答"正确"的比率由 2011 年的 63.9% 下降到了 23.6%,显示出公民意识教育的成效。此外,江苏省无锡市开展的对初中生的一项调查也显示,针对"'国家大事和公共事务都是搞政治的人的事情,与我无关。'你同意吗?"这个问题,有 2.6% 的学生回答"完全同意",40% 的学生表示"基本同意",回答"不同意"的占 56.5%。针对"你认为学校平时升国旗有必要吗?"2.6% 的学生回答"有必要,很有意义",表示"有点意义"的占21.7%,表示"没有必要"的高达 35.7%,还有 40% 的学生表示无所谓[①]。以上这些调查数据反映了中小学生的国家义务认知较为模糊,尽管接受相关的教育较多,但未能很好地转化为自身意识体系的组成部分。

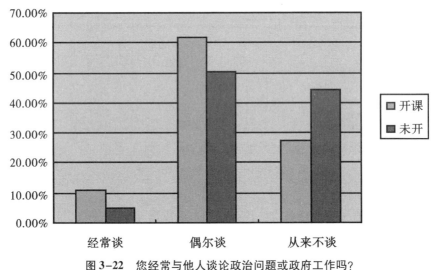

图3-22 您经常与他人谈论政治问题或政府工作吗?

---

① 张露露,沈贵鹏:《初中生公民意识调查报告——以江苏省无锡市为例》,《教学与管理》2014 年第 18 期,第 35 页。

四、参与的意愿有所增强，但参与效能感较低

结合中小学生学习、生活的特点，中小学生的参与意识主要体现在他们对家庭、班级、学校公共生活和政治生活的关注和参与上，是一种心理意愿和行为倾向的反映。能否积极主动地参与家庭民主管理是中小学生参与意识是否增强在家庭生活领域的反映。"与孩子学习生活紧密相关的家庭决策，家长应该听取孩子的意见"一题反映了中小学生参与家庭民主决策的认知状况。72.3%和57.6%的差距说明接受过公民意识教育的学生具有较高的家庭事务（主要是涉及家庭民主生活的事务）参与意识（见图3-23）。

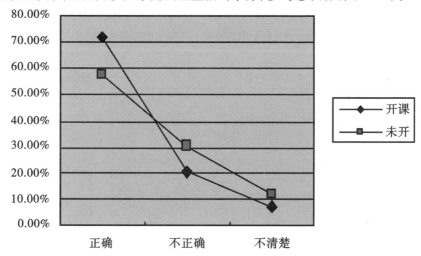

图3-23　与孩子学习生活紧密相关的家庭决策，家长应该听取孩子的意见

除参与家庭民主管理之外，班级和学校民主管理也是中小学生经常面对和有能力参与的，在进行"您试图影响过学校关于学生管理的决策吗？"调查时，在是否开课的维度上，回答"曾经"的学生比率仅为21.7%和16.5%，相当部分的学生选择"从来没有"和"没想过这个问题"，这可能会受参与效能较低、参与动机不强等原因影响（见图3-24）。在2013年的抽样调查中，发现接受过公民意识教育的学生回答"曾经"的比率上升到了49.7%，较之于两年前的21.7%提高了28%，这反映了公民意识教育的初步成效，但依然有待提升。而对"您认为自己对学校学生管理制度的制定有影响力吗？"的调查也印证了这一判断，从是否接受过公民意识教育来看，选择"有影响"和"没有影响"的学生比率分别为38.8%和29.4%，但选择"没有影响"的学生比率却略高，分别为43.8%和48.0%（见图3-25），说明相当一部分学生的参与自信心不足，参与效能感较低。

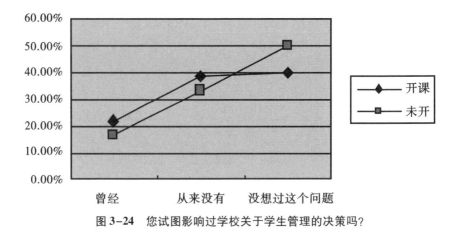

图 3-24　您试图影响过学校关于学生管理的决策吗?

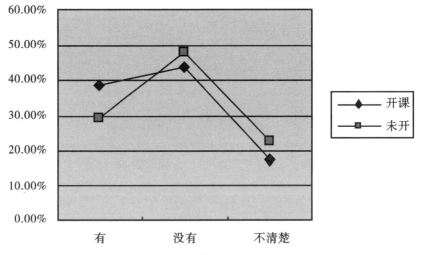

图 3-25　您认为自己对学校学生管理制度的制定有影响力吗?

是否积极参与到政府的公共事务和公共决策中来,也反映出公民参与意识的强弱。"你想过参与和自己生活相关的公共决策吗?"回答"想过"的学生比例从性别、年龄、居住地及是否接受公民意识教育四个维度来看均不高于68.0%,以是否接受过公民意识教育为例,接受过的学生和未接受过的学生选择"想过"的比例分别为68.0%和46.3%,选择"没想过"的分别为32.0%和53.7%,凸显出公民意识教育的成效,同时也说明相当一部分中小学生的参与意识仍处于较低的水平,参与热情有待提高(见图3-26)。

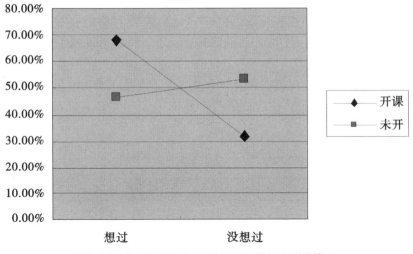

图 3-26 你想过参与和自己生活相关的公共决策吗?

"您参加过共产党、共青团之外的组织吗?"选项分别为：参加过、没参加过和不知道还有什么组织。从性别维度来看,选择三个选项的男、女学生比例依次为:64.3%和66.4%、23.2%和23.3%、12.5%和10.3%;从年龄维度来看,随着学生年龄的逐渐增长,选择"参加过"的比例逐步提升,最高达34.2%;从居住地维度来看,选择"参加过"的学生比例按照城市、集镇、农村依次呈现递增的趋势,选择"没参加过"的学生比例却依次呈现递减的趋势;从是否接受过公民意识教育的维度来看,开课学生和未开课学生选择这三项答案的比例分别为:24.5%和21.2%、65.5%和65.2%、9.9%和13.6%(见图3-27)。

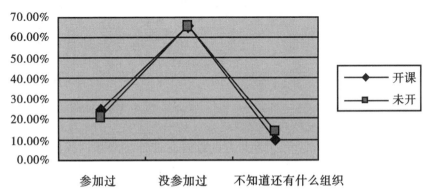

图 3-27 您参加过共产党、共青团之外的组织吗?

此外,中小学生也应该积极参与社会公益活动,关注公益事业,山东省关于中小学生的一项调查显示(开展于2013年11月的烟台市芝罘区),在学生是否参与过社会公益活动的问题上,21%的学生选择"经常参加",44.4%的学生选择"偶尔参加",34.6%的学生选择"从不参加"[①](见图3-28),同样的问题也反映在调查学生参与青年志愿者活动的积极性上。这说明相当多数中小学生对社会公益事业的关注度和参与度均不高,亟须加强。

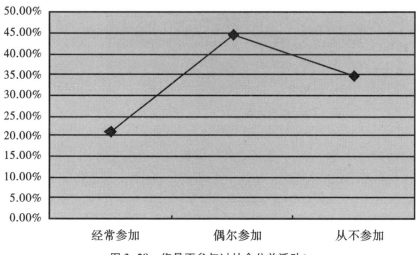

图3-28　您是否参与过社会公益活动?

关于"在选举中,您认为自己的那一张选票有多大价值?"和"您认为自己参加的选举能选出真正为自己利益着想的代表吗?"的调查,其结果均显示近半数中小学生的参与效能感较低,这也导致了他们的参与热情和积极性受挫,参与意愿不高。从是否接受公民意识教育的维度来看,对于前一个问题,已开课学生和未开课学生选择"很大价值""有点价值"和"没有价值"的比例分别为:55.0%和45.3%、36.4%和41.1%、8.6%和13.6%;对于后一个问题,已开课学生和未开课学生选择"能""不能""不清楚"的比例分别为:53.0%和49.6%、34.1%和41.9%、12.9%和8.4%(见图3-29、图3-30)。而从另外三个维度来看,选择"很大价值"和"能"的学生比例分别不超过55.0%和52.9%。以上几组调查数据表明:经过一段时间的公民意识教育之后,中小学生的参与意识有所提高,参与意愿有所增强,但由于受参

① 张岩:《中小学生公民参与意识培养的价值与实践策略研究》,鲁东大学,硕士学位论文,2014年版,第28页。

与环境等因素影响,参与的效能感较低,这种现象值得相关教育工作者思考。

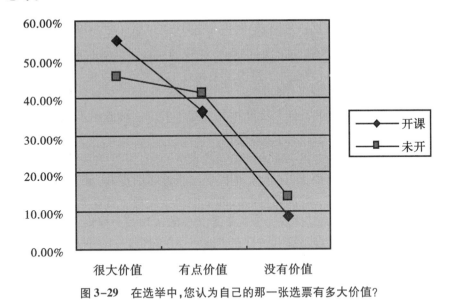

图 3-29　在选举中,您认为自己的那一张选票有多大价值?

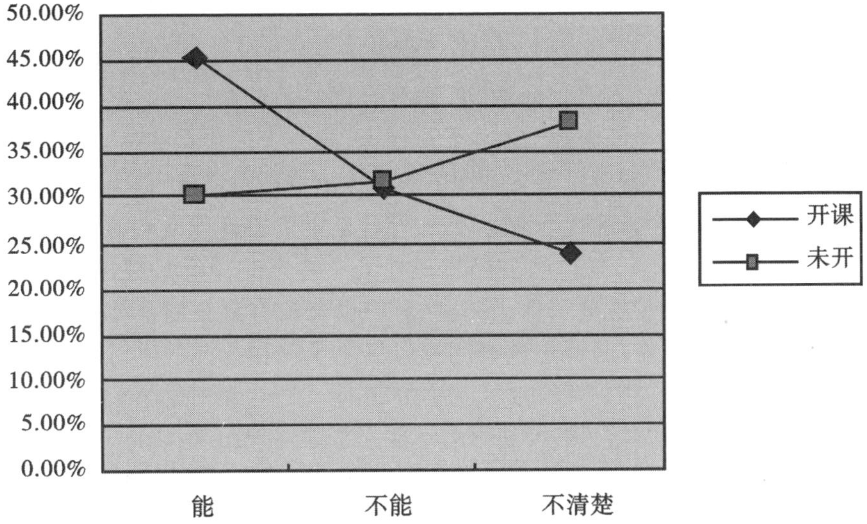

图 3-30　您认为自己参加的选举能选出真正为自己利益着想的代表吗?

综合以上关于中小学生公民意识状况的调查,显示出接受过公民意识教育的中小学生,其公民意识状况要显著高于未接受过公民意识教育的学生,说明中小学生进行公民意识的培养和教育活动还是卓有成效的,集中体现在学生公民意识有所增强,公民素养有所提升。公民意识培养的能力目标是"养成良好的行为习惯,实践社会公认的各种规范(道德规范、法律规范),并提倡实践先进的行为规范"①。"培养学生作为公民的能力。这主要表现在两个层次:一是初级层次,即通过规范的教育使之养成行为习惯;二是高级层次,即培养一种有助于自由思考和自主行动的批判能力。"②结合中小学生学习和生活的客观实际情况,对这一群体开展公民意识和能力的培养主要是在班级、学校、社区等公共生活场域进行的。随着中小学生公民意识的增强,学生对公民身份的认知得到强化,参与的积极性和学习热情也逐渐提高,能自觉、主动地做一些力所能及的家务,参与班级、学校公共生活和民主管理的热情逐渐高涨,民主素养和参与能力逐渐提升,等等。但同时,调查结果也反映出了一些问题,例如,部分中小学生对一些基本概念和事务的认知还不甚清晰,尤其体现为公共事务义务的认知较为模糊,虽然有一定的参与热情,但参与效能感较低,且在实践中存在知行不一的现象。

第二节　中小学生公民意识呈现的特征分析

　　公民意识属于社会意识的范畴,其产生和发展具有复杂的心理过程并受制于社会客观环境的限制。在现实生活中,每个人的成长环境、教育背景和认知水平不同,这就决定了公民意识会呈现出复杂多样性,但由于在一定时期内,一定社会群体的社会活动背景、交往活动的条件以及利益诉求等又具有相通性,使得这一群体的公民意识在某一特定时段会呈现出一致性。中小学生作为一种特殊的群体,其公民意识也会具有复杂的个体性特征和较为一致的群体性特征,通过调查问卷仅仅能了解和掌握学生对属于公民意识范畴的基本知识的掌握和参与活动的意愿、倾向,而对学生公民意识的真实心理状况和情绪情感的波动等却不能完整地体现出来,因此,对中小学生相关教师、教育管理者等的访谈和对学生日常表现及行为的观察,能较好地弥补这一缺憾,将中小学生公民意识呈现的较为明显的群体性特征较为全面地反映和总结出来。

　　① 朱晓宏:《公民教育》,教育科学出版社 2003 年版,第 32 页。
　　② 朱晓宏:《公民教育》,教育科学出版社 2003 年版,第 32~33 页。

一、公民意识存在逐渐递升与偶或下降相间的态势

"任何事物的发展都有一个根本的总的方向和趋势,这个根本方向决定着事物的具体变化。"[1]同时,意识的发展"归根到底取决于实践的发展,实践发展的总趋势决定着意识发展的根本方向。"[2]总体上来看,中小学生公民意识的发展水平是随年龄的增长而逐渐增强的,但意识的发展是受制于诸多复杂因素的,虽然其总体趋势是增强的,但并不一定是按照直线上升方式等速进行的,存在着逐渐上升与偶或下降相间的态势。

在对中小学生公民身份认知状况进行调查时发现,回答正确率最高的是 10～12 岁的学生(60.6%),其次为≥16 岁的学生(55.9%),再次为 13～15 岁的学生(54.5%),最后为≤9 岁的学生(52.9%,由于参与调查的学生主要是小学高年级和初中低年级学生,≤9 岁的学生人数非常之少,仅占参与调查总人数的 0.003%,非主要参与调查群体)(见图 3-31)。在考查中小学生对待权利平等问题上,结果显示:随着年龄的增长,越来越多的学生认为"富人和穷人,在公民基本权利的享有上"是"不平等"的,≤9 岁、10～12 岁、13～15 岁、≥16 岁的学生回答"平等"的比例分别为 94.1%、83.2%、82.5%和 80.8%,回答"不平等"的比例分别为 0.00%、9.4%、11.6%和12.9%(见图 3-32)。

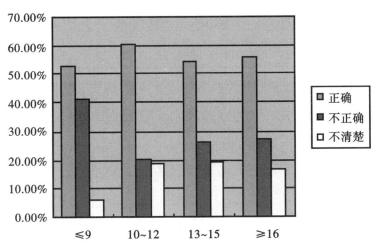

图 3-31　公民身份认同主要是指公民认识到有上平等吗?

①　韩民青:《意识论》,广西人民出版社 1988 年版,第 420 页。
②　韩民青:《意识论》,广西人民出版社 1988 年版,第 421 页。

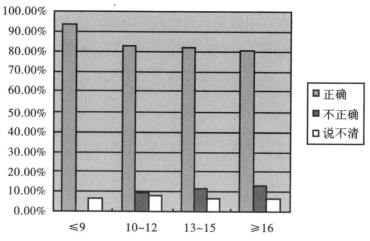

图 3-32　富人和穷人,在公民基本权利的享自己是国家中的一员

同样的情形也出现在对中小学生进行义务认知和参与意识的调查上。"政府用于公共服务的支出主要来自什么?"调查结果反映,选择正确答案"税收"的学生比例,在≤9 岁、10 ~ 12 岁、13 ~ 15 岁、≥16 岁四个年龄阶段分别为64.7%、66.9%、57.4%和54.5%,呈现随年龄的增长反而下降的趋势(见图3-33)。关于中小学生参与意识的调查也有此类情况出现,"与孩子学习生活紧密相关的家庭决策,家长应该听取孩子的意见",选择"正确"的学生比例在≤9 岁、10 ~ 12 岁、13 ~ 15 岁、≥16 岁四个年龄阶段分别为82.4%、70.5%、65.5%和60.0%(见图3-34)。

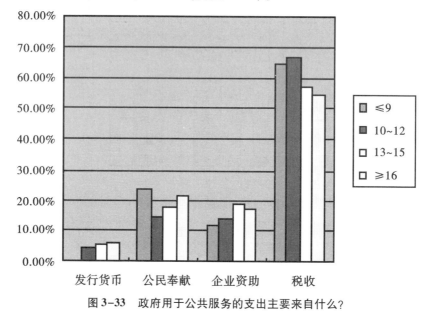

图 3-33　政府用于公共服务的支出主要来自什么?

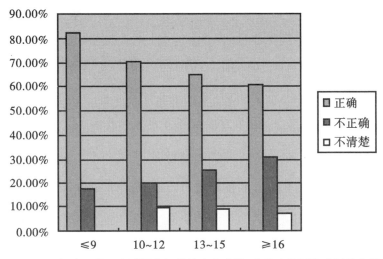

图3-34　与孩子学习生活紧密相关的家庭决策，家长应该听取孩子的意见

中小学生公民意识虽然呈现出逐渐递升和偶或下降相间的态势，但是其总趋势是逐渐上升和逐步增强的，偶然出现的公民意识有些下降也是有原因的，例如，学生们对"富人和穷人，在公民基本权利的享有上平等吗？"一题之所以出现随年龄增长，正确认知反而有所下降的现象，其原因很可能是因为学生虽然在学校接受了关于公民权利平等的教育，但因为学校教育和社会教育影响的不一致性，在一定程度上抵消了学校教育的效果，加上学生尚未对社会上出现的一些不良现象缺乏正确的判断和理性的思考，导致某一时间段内他们的公民意识出现降低的状况。对于一些涉及公民认知方面的调查，短时间内出现下降的情况，其原因可能是学校教育中对这方面知识传授的忽略或缺失。有关中小学生随着年龄的增长，参与的热情和积极性反而下降的趋势，其原因可能是因为日益沉重的课业负担以及较大的升学压力导致他们对政治参与的冷漠，还可能是因为受参与环境所限，或是预期参与效能较低导致。

二、公民意识的倾向与公民行为的选择呈现错位态势

促成从"知"到"行"的转化是中小学生公民意识培养的关键。调查显示虽然部分学生能够做到"知行统一"，但在许多学生中仍存在公民意识的倾向与公民行为的选择呈现错位的情况和态势，这对于他们公民意识的形成和发展是极为不利的。以下与信阳市平桥区某中学公民常识课教研组负责人的对话就能很好地说明这一问题。

问:您认为贵校公民常识课开设以来,学生的公民意识有了提高吗? 具体体现在哪里?

X老师:这个课程开设以来,学生的精神面貌和整体素质确实有了比较大的改善和提高。比如说,学生乱扔垃圾的现象少了,校园环境比之前好了很多。在遵守学校规章制度等方面也有明显改善,学生们对于参与班级和学校管理方面的积极性有了明显提高,他们利用班会等活动,积极出谋划策,纷纷提出自己的建议,这种例子还有很多。

问:这是您平时观察得来的? 还是综合了其他任课教师的意见?

X老师:两者都有吧,除此之外,还有学生家长的一些反映和一些考核项目,虽然不多,但是这是有目共睹的,也是比较真实的。

问:那您认为目前在知识教育和行为转化中存在哪些问题?

X老师:我们教师按照教学计划对学生进行授课,周二的学时,这种课堂学习只能让学生获得知识性的教育,但是由于目前在技能方面的教育比较缺乏,学生在参与实践活动的过程中,出现了力不从心的现象,当然,这与我们教师本身素质需要提高也有关系。还有就是学生在课堂上看似掌握了,但是不一定能真正运用到实际中啊,原因很复杂吧,比如他们会认为书本知识和社会现实脱节。

……

判断中小学生公民意识是否真正得以提升,往往要通过他们的行为来进行判断,因为中小学生虽然具备了一定的公民意识,但却并不能保证一定会产生相应的行为。中小学生掌握一定的公民知识和技能、内化为自身的情感并上升为意志,最终要落实到行动中来,而公民情感或公民意志等常常会受外部的、具体的情境制约而产生变化,正如通过调查和访谈所得知的,中小学生(尤其是低年级学生)的公民意识与行为倾向脱节现象的存在较为常见。例如,有些学生知道并懂得在何时应当做出怎样的行为,但在实际参与中却并不力图按照这些认知去行事;有些学生虽然能够区分正确和错误的公民行为,但他们的行为却不会一以贯之,会因人因地而调整自身的行为,等等。

总体上看,低年级学生对于行为规则的理解还具有很大的具体性、情境性,并且容易服从于来自教师、家长等权威的安排,往往为了获得赞赏或肯定,而做出某些符合社会规范的言行。但年龄较小的学生其情绪和情感容易外露,还不太擅于掩饰自己的行为,而年龄较大些的学生,自我意识逐渐发展起来,自我控制能力逐渐增强,对行为的调控能力也得到了较为显著的提高,并能根据行动过程中的情境和信息进行对原有目标和方法进行调整,行为表现出显著的灵活性,但同时他们也学会去掩饰自己的真正动机和目的,行为日益复杂。"我们对一个人的行为目的的分析不仅要听其言更重要的是看其行,即从他的行为过程中发现和找出他的行为的真正目的。"①"一个人的行为目的只能从他的行为中真实的表现出来,而行为者自己的表述目的并不一定是真实的,因为,有时候人们并不愿意暴露出自己的真正意图,因此往往会以虚假目的表达来掩盖其真正的目的。"②情感也是影响知行脱节的重要因素。年龄越小,学生的情感越不稳定,容易出现波动,随着年龄的逐渐增长,他们的情感逐渐趋于稳定,但与成年人相比,起伏性依然较明显,他们可能一时间情绪乐观,信心百倍;一时间又情绪消沉,灰心丧气。

总之,中小学生公民意识与行为倾向出现脱节的情况是正常的,其原因也是复杂的,但是这种现象并非不能改变,在正确的引导下,这种情况是会得到改观的。例如,激发学生的积极动机,努力使得外部的要求真正变为学生内心的需求,避免强迫式和惩罚式的教育方式。创造条件增加中小学生参与实践活动的机会,通过反复性地练习和强化,逐步使公民行为和公民习惯得以养成。

三、公民意识呈现较为明显的地域性差异

中小学生公民意识呈现的地域性差异较为明显。生活环境对个人成长有着重要的影响,"家庭居住地的不同、生活环境的不同,会对人们是否接受丰富的外部信息、是否获得规范的认知、是否有持续的参与热情及较强的执行能力等都有一定的关联"③。从对中小学生进行公民意识调查结果来看,来自城市、集镇和农村的学生表现是具有一定差异的,甚至是截然不同的。"居住地域的不同,实质上反映了生活环境的差异,主要涉及交往环境的差异、人际交往的差异、文化环境的差异以及组织系统是否开放等。"④

---

① 石明:《价值意识》,学林出版社 2005 年版,第 79 页。
② 石明:《价值意识》,学林出版社 2005 年版,第 79 页。
③ 公民教育实践研究项目组:《公民常识教育研究报告·初中卷》,郑州大学出版社 2013 年版,第 87 页。
④ 公民教育实践研究项目组:《公民常识教育研究报告·初中卷》,郑州大学出版社 2013 年版,第 87 页。

中小学生公民意识呈现的这种地域性差异从调查结果中可窥一般。例如，在对公民概念内涵的认识上，"公民概念的基本内涵不包括?"来自城市、集镇和农村的学生选择正确的比例分别为：55.9%、56.1%和48.1%（见图3-35）。同样的现象也出现在"公民与国民两个概念是否相同?"（来自城市和集镇的学生选择正确的比例为57.4%和58.8%，与来自农村的学生回答正确率49.1%相比，分别高出8.3%和9.7%）与"一国国民只有18岁才能获得公民身份"（选择"不正确"的城市、集镇和农村学生比例分别为50.8%、54.6%和44.0%）的调查中。

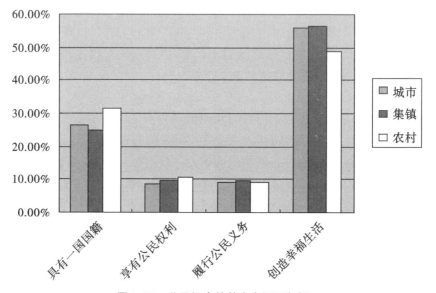

图3-35　公民概念的基本内涵不包括?

在对中小学生关于公民权利的认知问题上，对"尊重和保障人权是国家的责任""在车站警察可以根据需要限制公民的人身自由""富人和穷人，在公民基本权利的享有上平等吗?""孩子在家长面前不应该有隐私权""留守儿童有权利从政府得到必要的学习和生活保障"的调查中均可以印证地域差异对学生获得正确认知的影响是明显的，现就"留守儿童有权利从政府得到必要的学习和生活保障"为例证进行说明，对这一问题的回答，选择"正确"的城市、集镇和农村学生比例分别为87.7%、83.8%和76.7%，呈现逐渐下降的趋势（见图3-36）。涉及中小学生关于义务的认知问题上，关于"是否接受义务教育主要由儿童及其家长决定""提供优良的公共产品和服务主要是政府的责任""政府用于公共服务的支出主要来自?""您经常与他人谈论政治问题或政府工作吗?"的调查结果在居住地维度上都体现出了较为明显的地域性差异,例如,对"提供优良的公共产品和服务主要是政府的责任"一题的回答,选择"正确"的城市、集镇和农村学生比例分别为 47.0%、40.0% 和 34.6%(见图 3-37),说明中小学生缺乏对公共义务的正确认知现象较为严重。从对中小学生参与意识的调查来看,"与孩子学习生活紧密相关的家庭决策,家长应该听取孩子的意见""在选举中,你认为自己的那一张选票有多大价值?""你想过参与和自己生活相关的公共决策吗?"等涉及参与家庭事务、班级和学校公共事务、社会公共决策问题的调查结果也反映出了地域差异对于中小学生参与意识的影响。例如,"你想过参与和自己生活相关的公共决策吗?"回答"想过"的城市、集镇和农村学生比例分别为62.6%、66.6% 和 57.2%(见图 3-38)。在此需要指出的是,中小学生公民意识呈现出的地域性差异特征并不一定要按照城市、集镇和农村的序列进行阶梯状下降分布,现实情况也可能是来自集镇学生在某一方面的公民意识要比来自城市和农村的学生高,但这一地域性差异特征使得城市和集镇学生的公民意识总体上要高于农村学生,究其原因可能与学生的生活环境和接触到的信息等有关。

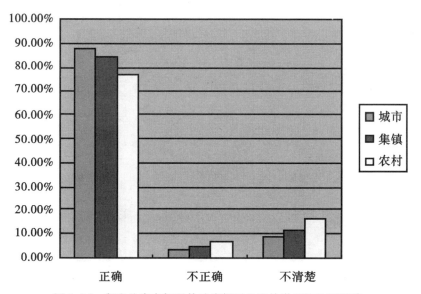

图 3-36 留守儿童有权利从政府得到必要的学习和生活保障

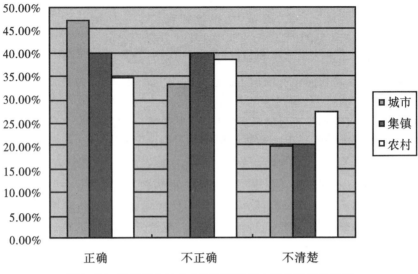

图3-37 提供优良的公共产品和服务主要是政府的责任

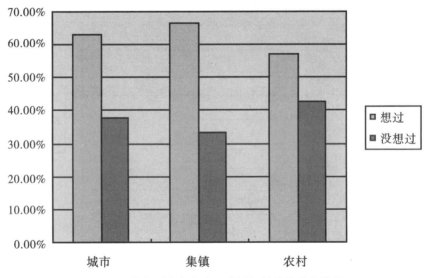

图3-38 你想过参与和自己生活相关的公共决策吗?

四、部分学生公民意识尚处于不自觉、无意识的状态

所谓无意识是指"主体没有意识的心理过程、心理活动和心理状态的总和。简单地说,无意识是'未被意识到'的意识,如无意感知、无意记忆、无意

表象、无意想象、无意注意、非口语思维和无意体验等等。"①公民意识应是一种自觉的、能动性认识，是主体在根据自身需要的基础上对有意义和价值的客观对象产生的一种反映或体验，涵盖了从公民认知、公民情感、公民意志到公民行为的整个过程。目的性、自觉性和能动性是意识的本质属性。但在调查过程中发现，中小学生尤其是低年级学生的公民意识具有无意识和不自觉的状态，这种情况在获取相关的公民知识和参与实践活动中体现较为突出，以下是与一位在平桥区一所小学担任公民常识校本课程的教师访谈对话：

问：在平时的课堂教学过程中，您认为学生学习相关公民知识的主动性如何？是属于有意识地学习吗？

Y老师：从学生的角度看，结合我平时的观察情况，我认为对于学生来讲，学校开设了这个课程，他们就去学，一般都是按部就班地学习，教师教什么，学生学什么，当然有些学生对课本某一知识点产生了兴趣，也会向老师提问或请教，也有向家长请教的，但这种情况不占多数，大部分是被动型、无意识学习。

问：那您认为学生对相关知识的掌握牢固吗？

Y老师：怎么说呢，可能对于小学生来说，他们主要是通过教师讲解之后，加上自己的理解，对知识点进行识记，大多数学生通过"死记硬背"的方式进行记忆。例如我们讲到公民及公民身份的概念、一些法律知识时，只能通过大量的例子进行讲解，学生才会有所了解。可能是由于小学生的年纪尚低，对于知识点的掌握不很牢固。

问：学生在参与实践活动过程中，他们的表现总体上怎么样？比较主动还是比较被动？

Y老师：关于这个问题嘛，学生们参与活动的积极性还是比较高的，从中也能体会到很多乐趣，还是比较主动的。

问：那么，他们能否意识到活动的目的？他们是否能意识到自己行为的意义？

Y老师：据我观察吧，有些学生能明确知道组织相关活动的目的，对自己的行为可能产生的结果也有预知吧，但是很多学生其实是处于一种从众心理，大家都这样做，我也这样做吧，而且老师也

---

① 戴桂斌：《论无意识的本质、特征和功能》，《西安联合大学学报》2001年第1期，第9页。

让这样做,那么,这样做就应该是对的,有随大流的心理因素。

......

这种情况在初中生群体中也存在,所不同的是由于初中生面临的升学压力更大,对实践活动参与的积极性有所减弱。访谈结果表明相当一部分学生在对知识进行接收、理解和参与实践的过程中,是处于不自觉的、无意识的、较为被动的状态。如果说"意识状态下的反映、认识,是人在自觉意识控制和调节下的心理状态和行为状态,是人对外部世界自觉的、清晰的、理智的反映",那么,"无意识则是人在缺乏自觉意识控制和调节下的心理状态和行为状态,是人对外部世界的自发的、不清晰的、被动的感知和反映"①。由于自觉的意识会受到具体作用的客观对象、主体的需求和目的及周围环境等限制,其产生和发展也要遵循相应的规律,因而也具有理性的特征。相反,不自觉的意识是不受所反映的对象、主体的目的等因素制约的,其产生必然不遵守一定的逻辑规则,其发展也是不可控制的,尤其会受主体此时此刻的情感或环境的影响。这种不自觉和无意识的状态并非个体所特有的,在群体中也同样存在。例如,处于群体中的个人很可能会受到来自群体的影响,"他们的感情和思想全都转到同一个方向,他们自觉的个性消失了,形成了一种集体心理。"②"构成这个群体的个人不管是谁,他们的生活方式、职业、性格或智力不管相同还是不同,他们变成一个群体这个事实,便使他们获得了一种集体心理,这使他们的情感、思想和行为变得与他们单独一人时的感情、思维和行为颇为不同。"③集体活动中出现的无意识状况会使置身于其中的个体因受到群体压力而在言语和行为方面表现出与大多数人一致的倾向,以得到大家的接受和认可,并在一定程度上谋求自身内心的安定和归属感。中小学生以学习为主,这就决定了他们的大部分时间是在学校生活中度过的,无论是在课堂学习和课外实践活动过程中,他们常常是以集体的形式接受教育,因此也避免不了会受到上述情况的影响。当然,即便不是处于集体之中,中小学生个体意识的产生也会带有主体特性,并有可能处于不自觉和无意识状态。当中小学生的公民意识处于无意识和不自觉的状态

---

① 戴桂斌:《论无意识的本质、特征和功能》,《西安联合大学学报》2001年第1期,第9页。

② [法]古斯塔夫·勒庞:《乌合之众——大众心理研究》,冯克利译,中央编译出版社2005年版,第11~12页。

③ [法]古斯塔夫·勒庞:《乌合之众——大众心理研究》,冯克利译,中央编译出版社2005年版,第14页。

时,他们对于所认识、了解的对象和所参与、体验的事务就缺乏清晰的判断,加上对自身主体需求的模糊心理,导致主体的各种行为处于不受操控和杂乱无章的境地,公民意识也就不能得以顺利地产生和发展。

马克思指出:"人们的观念、观点和概念,一句话,人们的意识随着人们的生活条件、人们的社会关系、人们的社会存在的改变而改变。"①公民意识的主体是人,其产生、形成和发展是通过一个个具体而现实的人来实现和完成的,必然要受到人自身的主客观条件及其他因素的影响和制约。中小学生作为未成年人,其思想意识和观念形态依然处于逐渐发展和变化之中,在一段时间内呈现出波动性和不稳定性也是正常的。教育者要从宏观上把握中小学生公民意识的现状和特点,对中小学生进行适时的、针对性教育,采取恰当的方式和方法,努力通过课堂教学和实践活动来促进学生公民意识的提升。

第三节　中小学生公民意识培养过程中存在的主要问题

中小学生公民意识的培养虽然取得了较为良好的效果,但在调查中也发现了一些较为突出的、具有典型性的问题,这些问题的存在,使中小学生公民意识培养面临着困境和挑战。

一、公民意识培养的课程体系尚未建立

"课程在教育活动中是处于基础和核心地位的。"②目前,各地已经开展中小学生公民意识培养活动的地区,如江苏、云南、山东、山西、内蒙古等地大都是以实践项目的方式推进,未开发相应的教材(或教科书),更谈不上课程体系的建立了。目前,仅有的一些教材,例如信阳市平桥区的《公民常识读本》(小学试用版)和《公民常识读本》(初中试用版)、北京师范大学亚太实验学校使用的《小公民读本》、江苏省教育厅关工委主编的《做个好公民》(小学生本)和《做个好公民》(中学生本)等,都属于地方校本教材,仅限于局部区域使用。这些校本教材大都知识全面、图文并茂、贴近生活,为当地

---

① 《马克思恩格斯选集》第1卷,人民出版社1995年版,第270页。
② 丛立新:《课程论问题》,教育科学出版社2000年版,第1页。

公民意识教育活动的开展提供了教学上的参考,发挥了引领作用。但这些颇具地方性色彩的公民意识校本课程,在组织专家和相关人士进行编写、在资金投入和进行科学论证等方面均存在着一些困难或问题,课程的系统性、专业性也存在着一些缺陷,亟须改进。

目前,小学阶段开设有"品德与生活""品德与社会",初中开设有"思想品德"(必修课)和"历史与社会"(选修课),高中开设有"思想政治"必修课。其中,"品德与生活"的主要以培养学生良好的品德和行为习惯为目标。"品德与社会"主要以帮助学生形成基本的道德观、价值观和良好的行为习惯为目标。初中"思想品德"课的主要内容是帮助学生形成良好的个人品德、家庭美德、社会公德,正确认识公民权利与公民义务等问题。开设"历史与社会"的主旨在于使学生正确认识周围的社会环境,帮助他们增长历史、地理及其他人文社会学科知识和技能,培养他们的人文素质。高中"思想政治"课主要侧重于以增强学生基本的政治素养和能力为目标。由此看出,上述这些课程与公民意识培养是有一定的交叉的,但如果将公民意识培养渗透到爱国主义教育、集体主义教育、道德教育、法制教育或语文、地理、历史、政治课教学,就会湮没公民意识培养的初衷。虽然公民意识培养的某些内容与一些相关学科知识是交叉的,但系统地学习公民知识和技能,提高公民意识和参与能力,必须要通过完整的公民意识培养课程体系来进行。缺少独立课程体系的开发,公民意识教育的进行可能就会陷入"无源之水""无本之木"的困境。

开发公民意识培养的独立的课程体系,以规范的方式进行教学活动,是实施学校公民意识教育的最基本途径。公民意识的学科特性决定了其培养和教育活动不可能局限于课堂,必须延伸到课堂之外,将理论知识和实践训练很好地结合起来,但是,这并不等于说,公民意识培养不需要教材和书本。根据公民意识形成的过程,即从"公民认知—公民情感—公民意志—公民行为"来看,公民认知是公民意识和行为产生的前提,而这种认知往往需要从课堂教学中得来。课堂教学作为学生获得知识的最有效环节,是学生系统掌握理论知识、进行思维能力训练的重要方式。在我国,课程体系可以划分为国家、地方及校本三个层次,虽然少数地区开发出了公民意识培养的校本课程,但却缺少国家课程和地方课程,致使公民意识培养的地位不高,在较大范围进行普及的希望变得渺茫。在政策上明确了公民意识培养和教育的地位之后,以扎实的理论为根基,在结合现实需要的基础上,在全国范围内组织专家、学者和一线教师,以学科化方式编写公民意识培养的国家课程体系(涵盖从小学、初中、高中甚至大学),保证公民意识课程的逻辑性、系统性,是公民意识培养活动有序进行的基础。课程体系的开发要紧紧围绕公民意识培养的价值取向和目标,结合学生身心特点和成长规律,设置递进式、层次性的课程序列。当然,课程体系的开发除了相应的教材之外,还应有教学辅导用书、学生辅导用书、考试大纲、教学课时、评价考核方式等。在调查中发现,信阳市平桥区在实施公民常识校本课程实验之时,已编写的《公民常识读本》(小学试用版)和《公民常识读本》(初中试用版)在投入教学实践过程中,较充分地发挥出了其应有的价值和功能,但也存在着一些问题。例如,教材内容稍显简单,涉及公民常识的知识点不多,在对公民意识内涵的表现深度上存在不足。缺少教材配套使用的教师指导用书和学生指导用书,未制订详细的公民常识课教学大纲和课程标准,教师在实际教学过程中,常常出现无法准确把握知识要点和教学具体目标的情况,增加了教师备课的难度,只能是凭借自己的理解、已有的知识储备和日常生活经验尝试性地进行课堂授课和实践教学,许多教师因缺乏相应的教学参考用书,在具体指导学生学习公民知识、参与社会实践的过程中,只能凭借自身的教学经验和设想来实施,常常有一种"无处附着"的感觉,在很大程度上影响了教学效果。教材本身及配套资源的完善,是开展公民意识培养和教育活动的基础和前提,没有这个条件存在,公民意识培养就必然会落空。同时,也要解决好教材与教时的关系,依据教材编排内容,结合学校实际情况,为教育教学活动的开展提供必要的时间上的保证。目前,一般而言,一些已经实施和开展公民意识教育的中小学校,大都是按照1周两个课时的标准安排教学活动的。总之,中小学生公民意识培养活动在我国刚刚兴起,发展历史较短,公民意识教育学科建设尚在起步阶段,如何保证教学活动的顺利进行和教学质量的高标准完成,必须依托优质的课程体系。

二、公民意识培养的师资队伍亟须建设

师资队伍不健全是许多学校开展公民意识培养活动遇到的瓶颈,主要体现在以下几个方面。

一是专门从事公民意识教育的教师大多是由语文课教师、德育课教师等兼任,缺乏公民意识教育学科背景。例如,信阳市平桥区现从事《公民常识》课的教师基本上全部为兼职,以语文课教师为主,德育课教师也占一定的比例。

二是学校提供给教师的培训机会较为有限,仅有的短时间培训不足以满足教师对公民意识相关知识和理念的掌握,很难在较短时期内提高师资队伍的整体实力。公民意识教育这种全新的教育理念和教育模式,亟须广大教师转变教学观念,转换教学思维,加之随着社会的发展对公民素养和行为能力的要求越来越高,也对教师提出了更高的要求,教师不仅要继续强化

理论基础知识,更要不断提高实践工作能力,这些都对当前学校的公民意识教育提出了更为严峻的挑战。教师如若不能及时更新原有的知识结构、教学观念及教学方法,就会致使系统化、科学化的公民意识培养很难得以顺利开展。师资力量的不足已经使公民意识教育面临重重危机,培训力度不够,未形成常规化更是影响了公民意识教育的后继发展。例如,以实践项目为依托的江苏、上海、云南、四川、山东等地,当地教育行政主管部门会定期选派一些能力和素质相对较高的"种子"教师参与阶段性培训,然后,再由这些"种子"教师开展较大范围内培训活动。信阳市平桥区、深圳南山区主要是邀请相关领域专家进行学术讲座和指导培训,但由于受资金的制约和其他因素的影响,对教师的指导和培训并没有形成既定的模式和常规性活动,致使许多教师因为不能及时得到指导,专业化程度较低,常常感到无法深入开展公民意识教育活动。

三是由于公民意识教育的学科特性要求教师不仅要具备较高的理论素养,而且要具备较强的实践经验,在实际教学中,开展一种全新的教育活动需要教师在前期备课、教学方案设计、教学活动组织等多方面做好充足的准备,而目前在全国范围内开展的中小学生公民意识的培养活动尚处于探索阶段,属于"摸着石头过河",可供参考和借鉴的经验和模式不多,这无疑是对教师的一种严峻挑战。例如,调查发现,有些教师对公民意识培养相关课程的知识目标、情感目标和能力目标把握得不是很准确,常常将德育与公民意识教育相互混淆;有些学校的教师只是被动地接受这项教学任务,备课不太认真,组织活动也疲于应付,对上级单位下发的一些文件和教学材料没有很好地学习和钻研,也没有按照相关要求严格组织教学,这只能使公民意识的培养和教育流于形式。有些教师虽然已经意识到自己在教学过程中扮演着主导者的角色,但由于缺乏相应的知识和能力,导致教学活动效果不佳。

三、公民意识培养的环境不够理想

教育的环境问题历来为人们所重视,中小学生公民意识培养的环境也不例外。"环境是指环绕在人们生活的周围并对人们产生某种影响的客观现实,是人们赖以存在和发展的自然条件和社会条件的总和。一般来说,环境可分为自然环境与社会环境两大类。"①中小学生公民意识的产生、形成和发展是需要有相应的环境的。一般而言,中小学生公民意识的培养环境是指对中小学生公民意识的培养活动以及形成和发展产生影响的一切外部因素的总和,例如经济环境、政治环境、文化环境、家庭环境、社区环境、人际环

---

① 姜正国:《思想政治教育环境论》,湖南师范大学出版社1999年版,第28页。

境、政策环境、舆论环境等,这些环境相互联系、相互作用,形成一个动态的、有机的统一整体,共同对公民意识的培养和教育产生影响。

目前,中小学生公民意识培养的环境并不理想,中小学生公民意识的培养必须要在一定的社会经济条件和政治制度下进行,与公民意识发展相匹配的是市场经济与民主制度的充分发展,我国目前的市场经济发展虽然经历了一段时期,得到了较为充分的发展,但市场经济体制尚待健全,而且在经济体制改革的过程中,既有的社会利益格局被打破,社会处于深刻的利益格局调整之中,当然也伴随着一些不公正和不平等的现象存在,导致了人们思想上产生一些动荡,从而制约了公民意识的形成和发展。同时,社会主义制度虽然"在形式上承认公民一律平等,承认大家都有决定国家制度和管理国家的平等权利"①,从法律上、理论上,中国人完成了从臣民到公民的转变,但当前的政治环境中依然存在着一些阻碍中小学生公民意识形成和发展的因素。例如,受封建专制思想的影响较深,民主思想和法治理念并未完全确立起来,民主制度尚未健全,法律制度尚未完善,一些人治思想和特权思想在一部分人脑中根深蒂固,贪污腐败现象依然存在,等等,这些现象虽然不是普遍的,却是客观存在的,这就在很大程度上影响了公民参与政治的热情和积极性,也抑制了公民意识的提升。正如邓小平所指出的:"现在应该明确提出继续肃清思想政治方面的封建主义残余影响的任务,并在制度上做一系列切实的改革,否则国家和人民还要遭受损失。"②就文化环境而言,适宜的文化环境能为中小学生公民意识的形成提供滋养,但由于我国历史上臣民文化的传统影响深远,公民文化的氛围较为缺乏,极大地制约了公民意识的形成。

从中小学生的成长环境来看,单纯依靠学校教育是远远不够的,是不可能将他们培养成社会主义合格公民的。公民意识的培养需要家庭、社会和学校的共同努力。家庭是个体接受教育最持久的场所,家庭环境对中小学生公民意识的培养具有重要影响,但调查发现,"对于把子女培养成合格公民,有76%的家长认为非常重要,有21.5%的家长认为比较重要,仅有2.4%的家长认为不太重要或很不重要。"但在"对于把子女培养成合格公民与训练子女获取高分孰轻孰重上,62%的家长认为同样重要,32.9%的家长认为把孩子培养成合格的公民更重要,而有2.6%的家长认为训练孩子获取

---

① 《列宁选集》第3卷,人民出版社1995年版,第201页。
② 《邓小平文选》第2卷,人民出版社1993年版,第335页。

高分更为重要"①。也有的家长不大情愿让孩子参与到社会实践中来,不积极支持学校开展的公民意识培养活动,认为是耽误学业。此外,部分家长将本应由他们肩负的责任转移或推卸,这就在一定程度上弱化了家庭在学生公民意识培养中的作用,不利于学生公民意识的形成。社区也是中小学生开展公民意识教育实践活动的重要场所,有助于帮助学生将所学知识和技能应用于真实的情境中。例如,四川省温江区近年来在中小学积极开展公民意识教育实践活动,编制了《中小学公民教育读本》《社区公民教育读本》等辅助资料,探索社区公民意识培养之路。但在社区开展公民意识培养的实践活动也遇到了一些困难和问题,致使在现实中仅能实施一些较为容易操作的实践活动,如争做"环保小卫士""我为灾区献爱心"等,对于一些实施难度相对较大的活动,如举行实践活动方案论证听证会等,则显得困难重重。一些学生和教师也反映在开展一些社区活动之时,许多人士不配合、不提供相关帮助的事情时有发生。

四、教育资源的整合和优化不够充分

资源整合和优化的不够充分也是影响中小学生公民意识培养效果的又一重要因素。任何一种教育活动的顺利进行都离不开教育资源,教育资源是实现教育目标、达成教育效果的不可或缺的基本要素和必备条件。公民意识培养中的教育资源的内涵与外延是较为广泛的,凡有利于实现公民意识培养目标的一切积极性因素和条件都可以纳入其资源的范畴,既包括人力资源、物力资源、财力资源、信息资源,也包括思想资源、文化资源、制度资源等。正是多种资源的共同作用才保证了公民意识培养和教育活动的顺利实施。资源整合和优化的目的是为了实现效益的最大化。当前,各地在开展中小学生公民意识培养活动的过程中,对一些相关资源进行了初步的整合和优化,但在具体运行和管理过程中依然存在着一些难题较难突破。在现实中,许多学校开展公民意识的培养所依赖的所谓"制度"仅仅是临时性的,缺乏长效性,在深入开展公民意识教育活动过程中会因资金的后续支持不足、人员的配置问题等难以为继。

许多教育管理者和工作者都明白教育资源的整合和优化对推进公民意识培养活动的重要性,但由于种种原因致使效果差强人意。例如,大部分学校开展公民意识培养和教育主要是以"项目带动型""课题带动型"及依托德育平台为主开展活动。例如,江苏、上海、云南、四川、山东、山西等地的公民

---

① 黄晓婷:《中小学公民教育政策变迁与展望》,社会科学文献出版社 2013 年版,第 185 页。

意识培养实践活动主要依托与美国公民教育中心签订的合作协议项目开展的。深圳南山区的公民养成教育是属于"课题带动型"，其做法是依托各校德育教研室，组织教师和相关人员，围绕培养负责任的、有道德的、有能力的积极公民，开展一系列课题研究活动，并邀请有关专家进行指导和论证，定期组织考核，以课题研究带动公民养成教育的实施。广外中山外校（广外附设外语学校）通过探索多种途径和渠道，实施对公民意识教育与德育的嫁接与整合。内蒙古鄂尔多斯东胜区也以新课改为契机，探索公民意识教育新模式，将公民意识教育实践活动和学校德育工作相结合，开展研究性学习，印发了从小学、初中到高中的公民意识教育及成长记录和综合评价手册。这些活动的开展虽然也初步整合和利用了一些相关资源，但这种整合和利用是较为浅显的，尚未真正开发出独立的课程资源及相关体系，对网络资源、朋辈群体资源等开发和利用不足，仅凭经验和活动进行开展，很可能会使中小学生公民意识的培养流于表面，与德育教育混淆，不触及公民意识培养的核心层面。

第四节　中小学生公民意识培养中存在问题的原因分析

造成中小学生公民意识培养中存在问题的原因是多方面的，既会受到来自政策、制度、社会氛围等外在因素的影响，也会受到教师和学生的素质和能力等内在因素的影响。当然，除此之外，中小学生公民意识的培养还会受到来自其他方面因素的影响，在此主要分析对中小学生公民意识形成起主要影响作用的因素。

一、外在影响因素分析

中小学生公民意识培养中存在问题的外在影响因素主要涉及相关政策是否完整、制度是否健全、社会氛围是否浓郁、社会支持系统是否完善及资源配置是否均衡等几个方面。

（一）公民意识培养缺乏相应的政策支持

当前，各地开展的公民意识培养活动都是以地方性课程形式进行的，并未纳入国民教育体系之中，在现实中，公民意识教育的处境和地位略显"尴尬"，如果要普遍、深入地实施和开展中小学生公民意识培养和教育活动，仅靠地方或区域力量难以为继、掣肘颇多，必须要将其纳入到政策层面并在制度上得以体现，才会获得长足的发展。

公民意识培养的政策应包括纲领性文件型的总政策、基本政策和具体政策，第一、二类政策规定了我国公民意识教育的性质、方向、目标等，第三类政策对公民意识培养和教育的教学内容、实施途径和保障措施等进行了规定。由于我国实施公民意识培养和教育活动的历史较短，虽然在某些政策和文件中涉及一些关于公民、公民（意识）教育的提法，但缺乏系统性，也不够深入，仅仅停留在第一、二类政策层面。例如，1986 年的《中共中央关于社会主义精神文明建设指导方针的决议》中首次提出："培育有理想、有道德、有文化、有纪律的社会主义公民。"1997 年，党的十五大报告中，将培育"四有"公民作为建设有中国特色社会主义文化的目标。2000 年《中共中央办公厅、国务院办公厅关于适应新形势进一步加强和改进中小学德育工作的意见》中指出，中小学德育工作的基本任务是培养学生成为热爱社会主义祖国、具有社会公德、文明行为习惯、遵纪守法的公民。2001 年《公民道德建设实施纲要》对公民道德建设的重要性、指导思想和方针原则、主要内容及如何开展等做出了较为详细的规定。2007 年，党的十七大报告中首次提出"加强公民意识教育，树立社会主义民主法治、自由平等、公平正义理念"。2010 年《国家中长期教育改革和发展规划纲要（2010—2020 年）》明确提出要"加强公民意识教育""培养社会主义合格公民"。2012 年党的十八大报告中指出要"推进公民道德建设工程"。但是纵观这些纲领性文件，虽然为数不少，但很多依然没有超出德育教育的范畴，而且较为零散和单一，仅对公民意识教育的培养目标及相关内容做出了概括性要求，缺乏系统规划和有效整合，仅停留在一些浅表层次，未能形成完整的政策体系，不能满足当前经济和社会发展对公民意识教育的需求，这是当前开展公民意识培养活动的首要障碍。在调查中发现，一些受访教师指出，当前公民意识培养中出现的种种问题，例如不受学生及家长的重视，甚至有些学校领导也持淡漠的态度，主要是因为其地位比较"特殊"：说起来很重要，做起来比较重要，忙起来顾不上。2009 年在南京、广州、武汉、合肥、西安、昆明等六城市开展的一项针对小学、初中、高中教师及学生家长的调查显示（共发放问卷 6120 份，有效问卷 3620 份，其中教师问卷 1894 份，家长问卷 1726 份），6.3% 的教师认为德育就是公民意识教育，有 12.9% 的教师认为德育是公民意识教育的转型，有 26.5% 的教师认为公民意识教育是德育的一部分[①]。对于公民意识

---

① 黄晓婷：《中小学公民教育政策变迁与展望》，社会科学文献出版社 2013 年版，第 189 页。

教育的贯彻落实情况,56%的教师认为不太到位或很不到位,32%的教师认为比较到位,另有12%的教师认为非常到位①。政策制定的滞后与不充分是出现这种局面的主要原因。

(二)公民意识培养的相关制度不健全

"制度是指规范化、定型化了的正式行为方式与交往关系结构,它受到一定权力机构的强力保障,它表现为具有管束、支配、调节作用的行为规则、程序。"②在中小学开展公民意识培养和教育活动仅依靠良好的意愿是远远不够的,其是否能获得长远、有效地发展,关键在于制度保障。与中小学生公民意识培养相关的制度有运行管理制度、研修制度、评价制度、督导制度等。公民意识的培养不仅要在课堂内进行,还需要在课外搞大量的实践活动;不仅需要专职的任课教师,还需要相关科目任课教师的配合;不仅需要学校提供人力、财力、物力的支持,还需要社会各界和相关部门的协调和配合,等等,这些都离不开合理有效的运行管理制度。在校内应该形成常规的公民意识教育日常行政管理体系,在校外应该建立健全全社会各部门协调配合、齐抓共管的制度和局面。同时,由于公民意识的培养应该是与时俱进的,知识的更迭与观念的改变应该与时代和社会同步,因此,教师作为实施公民意识培养的主力军,建立教师研修通道,以制度形式定期或不定期地参与学术活动和相关进修活动是十分必要的。中小学开展公民意识培养活动,首先要提高教师的公民意识和素养。教学效果是需要检验和评价的,教学活动的进行也是需要督导的,这也是中小学生公民意识培养活动有序进行的保障。但就目前来看,无论是运行管理制度、还是研修、评价和督导制度均不完善,例如,评价制度没有超出德育评价体系的藩篱,走形式、走过场现象较为普遍,缺乏应有的弹性评价机制。教师研修渠道不畅,缺乏专职的任课教师,教师观念和教学理念得不到及时更新。督导制度也不够完善,仅局限在本地区或部分学校之间,等等。

例如,平桥区委、区教体局虽然制订和出台了一些方案和文件,要求各校给予配合和支持,但实际落实情况却良莠不齐,有的学校在资金配置、人员配置及其他方面的支持力度都比较大,便于公民意识教育实践活动的开展,还有的学校只是被动地接受这项任务,虽然也配备了相应的资金和人员,但在组织学生参与实践活动和发动教师参与教学交流方面都比较消极、被动,这就给公民意识教育活动带来很大的不便,即使教师有较强的教学热

---

① 黄晓婷:《中小学公民教育政策变迁与展望》,社会科学文献出版社2013年版,第190页。

② 高兆明:《制度公正论》,上海文艺出版社2001年版,第27页。

情,但仅凭一己之力难以开展活动,这也是导致有些教师不大愿意上"公民常识"这门课的原因之一。同时,平桥区许多中小学尚未针对学生建立起科学的、常规性的评价机制,公民意识教育资源的优化效果未能得到充分检验。虽然个别学校(区实验小学、明港镇中心学校等)尝试性地进行了对学生接受"公民常识"课的教学效果检验,特别是明港镇中心学校采取了较为新颖的综合活动方式考查学生的公民素养,但这些仅仅是个别现象,绝大多数学校几乎没有相关的评价方式,更不用说建立评价机制了。调查中还发现,由于传统应试教育的影响,许多学生和家长过多地关注考试成绩和升学率,也影响和制约了参与课程学习和实践活动的主动性和积极性。虽然家长们都普遍认为应该全面提高学生的综合能力,而公民意识教育在他们看来也是一种较好的途径,但是,当公民意识教育与应对其他考试科目相冲突时,家长们就会毫不犹豫地选择后者,因为在他们看来,"公民意识教育是长期进行的,考试不是常有的,也是至关重要的",这种情况在乡镇和农村地区表现尤为明显。学生虽然对这门课程怀有很大的学习热情,但在面临考试之时,依然选择将考试放到第一位。这与我们当前整体的教育评价制度有关,教师、学生和家长在面对考试这个指挥棒之时,表现出强烈的无助感和无力感。

(三)公民意识培养的社会文化氛围尚不浓郁

社会文化氛围对公民意识的产生和形成起着潜移默化的影响。适宜的社会文化氛围在个体公民意识形成过程中发挥着积极和正向的作用,反之,则会对公民意识的形成产生消极和负面的影响。政治文化是阿尔蒙德公民文化理论中的一个基础性的核心概念。按照社会成员对政治体系、政治输入输出以及成员自身的政治认知和态度的不同,阿尔蒙德将政治文化划分为村落地域型、臣民依附型和积极参与型三种类型,与此相对应的是三种不同的成员角色:"村落地域型政治文化(parochial political culture)的标志是人们对自己属地的认同感强于国家的认同感,缺乏公民权意识,在认知上既没有意愿也没有能力参与政治;臣民依附型政治文化(subject political culture)的特征则表现为,公民认为自己对政府产生影响的能力有限,易于服从并对政治参与比较消极;积极参与型政治文化(participant political culture)是指公民对政治有密切的关注并有广泛的参与意愿和认知。"①参与型政治文化对于公民意识的形成是十分有利的。由于"参政的公民是指那些对政治有所

---

① [美]加布里埃尔·A·阿尔蒙德,西德尼·维巴:《公民文化——五个国家的政治态度和民主制》,徐湘林等译,东方出版社2008年版,第4页。

了解并感到自己能够积极参与的人。"①公民个人的主观能力与其政治行为之间是存在某种联系的。个人越是在主观上自认为能有效地影响政治活动,那么在实际政治参与中就会表现得较为积极,更加关注政治,认为公民有义务参与本地区的政治事务,更希望通过积极地参与来对政治系统施以影响,对政治系统的政策措施也更为支持,在政治取向上更坚持同民主政治系统相契合的价值。因此,参与型政治文化氛围下培养的公民大多是积极的公民,也是较为民主的、自信的、忠诚的公民。我国经历了两千余年的封建社会,专制主义的思想遗留较深,臣民心理和文化依然存在,自主精神和独立人格意识缺乏,公民意识生成和发育的环境先天不足,参与型政治文化的氛围尚未形成。王沪宁指出,"目前中国政治文化的总体性特征为:第一,政治敏锐性高,表现为中国政治文化中强烈的'恋国情绪';第二,政治认同低,虽然政治意识高,但对政治体系和政价值系统的认同不高,这是因为这两者本身就处在变化之中;第三,政治知识差,政治知识指对政治权力、政治体制、政治规范、政治功能等的认识。由于政治文化本身始终处在转变之中,严格的、科学的政治知识正在孕育,导致政治知识差可以想象;第四,政治感情淡薄,即公民对政治体制或政治权威的归属感、眷恋感淡薄。"②这种政治文化在一定程度上抑制了公民意识的生成。

社会中的一些不良影响和负面因素也在一定程度上消解了公民意识培养的效果。例如,教师教导学生要遵守交通规则,但在现实社会中,这种行为却会受到一些人的嘲讽,认为是呆板、不知变通的表现。学生遇到摔倒在地的老人究竟是扶还是不扶? 在现实生活中却令人难以抉择。公民意识教育要培养学生的正义意识,学生也懂得应该尊老爱幼,可许多活生生的事实和案例却让人们不敢轻易有所举动。应试教育的负面影响对中小学生公民意识的培养也是十分不利的。学校作为育人之所,不仅要传授学生科学文化知识,而且要关注学生人文素养的提升。但是受当前应试教育的影响,广大中小学生的课业负担和升学压力较大,许多学生摄于这种压力,基本上很少从事与学业无直接关系的事情。教师和家长虽然在主观上也愿意将孩子培养成全面发展的人才,却往往在残酷的现实面前无能为力,将公民意识的培养放置到较低的地位。在应试教育的圈隅之中,中小学生公民意识的培养显得有些"举步维艰",改变这种状况非一日之功,需要社会各方的共同努力和推进。

---

① [美]加布里埃尔·阿尔蒙德,小 G.宾厄姆·鲍威尔:《比较政治学:体系、过程和政策》,曹沛霖,郑世平,公婷,等译,上海译文出版社 1987 年版,第 42 页。

② 王沪宁:《王沪宁集》,黑龙江教育出版社 1989 年版,第 145～146 页。

中小学生公民意识的养成也不可避免地受到所在学校、地区、国家的文化氛围的影响。如果生活在一个社会风气良好、文明程度较高的文化氛围之中,学生的公民意识自然也会受到熏染和提升,反之,只会降低。因此,在中小学生公民意识培养和教育的过程中,一定要自觉利用文化资源的正面的、积极的影响,避免其负面的、消极的影响,以促进中小学生公民意识的顺利形成。

(四)社会支持系统尚未建立,资源整合缺乏平台

"社会支持是一个非常复杂的概念,它既包含环境因素,又包含个体内在的认知因素,直接反映了个体与他人之间的相互作用。"[①]中小学生公民意识的培养是一个系统的工程,需要得到学校、家长和社会多方面的支持,就现有的状况来看,社会支持力度不够,良好社会氛围没有形成,资源整合平台尚未建立,致使公民意识培养和教育的效果大打折扣。"公民意识教育"是培养和指导学生参与社会公共生活、参与公共问题决策的一门实践性很强的课程,中小学生公民意识教育活动的开展是需要包括教师、家长、社会相关人士等在内提供各方面的支持和帮助的,但令人遗憾的是,由于缺乏校外实训场所,缺乏来自社会各方的支持,中小学生公民意识培养的实践活动无法充分展开,而一些便于操作、简单易行的实践活动未能真正深入公共生活之中,与传统的德育活动模式较为接近,造成部分学校公民意识培养的实效性较差,学生原本对这门课怀有较大的兴趣,但囿于客观因素的限制,实践活动的展开往往不很充分,学生参与的积极性逐渐降低,影响了公民意识培养目标的实现。社会支持系统的建立是一个较为复杂的过程,其中涉及与中小学生公民意识培养有关的各种机构和组织,仅凭一己之力或一方良好的意愿是难以完成的,其建立要依靠政府行政力量和主导作用的发挥,统一对各个机构和组织中拥有的可供调配的资源进行协调,并最终以制度化的方式固定下来,这个过程是较为漫长的。从现有条件来看,借助网络信息化平台,实现中小学生公民意识培养资源的有效共享是较易实现的,也是可能达到的,这对改善目前教学经验交流不畅,实现各校之间、地区之间教学资源的有效互享,将起到积极的推动作用。

(五)资源配置不均且与现实需求不符

教育资源的分配不均也是困扰中小学生公民意识培养的一大问题。无论是经济发达地区还是相对落后地区,无论是城市学校还是农村学校,对于

---

① 易进:《儿童社会支持系统——一个重要的研究课题》,《心理发展与教育》1999 年第 2 期,第 58 页。

公民意识培养的实施效果都是期盼的,对于教育资源的需求都是强烈的,但由于地域和城乡经济发展带来的差异,公民意识教育资源呈现出分配不均的态势,影响和制约了公民意识培养的实施和效果。经济较为发达地区的中小学校,基础设施建设较完备,教育经费和师资力量较充足,社会文化氛围和公民素质较高,这就为公民意识教育实践奠定了良好的基础,有利于教学活动和实践项目的顺利开展。与经济发达地区相比,经济较为落后地区的中小学校,基础设施较为活动,教育经费投入不足,师资力量较为薄弱,文化氛围不浓,学校虽然也响应了实施公民意识教育的号召,在实际中也按照要求开展了相应的一些教育活动,但在具体实施过程中却受到诸多限制。例如,教师自身知识储备较少,教学素质偏低,能力有限,加之获得的培训和指导机会较少,在公民意识教育教学活动中就不能充分发挥主观能动性对客观存在的教育资源加以很好地利用和优化,甚至将教材作为唯一的优化对象,教学方式较为单一。学生家长素质也影响着公民意识教育的实施。受传统观念的影响,许多学生家长认为考取高分数是衡量学生学习成绩好坏的唯一标准,虽然他们也十分关注子女的前途和发展,奈何自身素质不高,又忙于生计,对学生公民意识的养成和行为习惯的锻炼所能提供的帮助较少。通过对信阳市平桥区乡镇中小学实地考察以及对一些教师和学生的访谈得知,乡镇中小学办学环境和教学设施相对较为简陋,可供开发和利用的公民意识教育资源较少,一些学校还是主要以课堂教学为主,公民常识课程实践活动开展较少。下面是与某乡镇中学初中一年级教师的对话:

问:请问您认为贵校在开展公民常识课程教学过程中,有哪些有利条件? 哪些不利条件?

W老师:我觉得和市区学校相比,我们的不利条件要更多些,你看我们学校的教学设施比较陈旧、教学环境不太好,交通不便利,这些都是不利条件。

问:那也会存在一些有利的条件吧?

W老师:可能自然环境、农村建设情况,这些算有利条件吧,我们组织学生参与了"我为新农村建设做贡献""庆'六一关爱留守儿童"算是结合当地实际情况举行的活动吧。

问:请问学生的家长们对开展公民意识教育的态度如何?

W老师:大部分还是比较支持的,毕竟素质教育喊了这么多年了,虽然他们不太明白公民意识教育是什么,但大家也都知道这样的活动是有利于学生素质的提高的。但是,家长文化水平不高,对孩子这方面的教育和帮助不大。也有的个别家长不赞同、不理解,但这是极少数的。

问:请问您之前是教什么课的?

W老师:我是教语文的,据我了解,几乎所有的老师之前都是教语文课的,还都是班主任。可能是因为当班主任更有利于组织学生开展活动吧。

问:请问您在从事公民常识课教学中感到吃力吗?

W老师:实话实说,我确实感到吃力,我在上课过程中,特别是涉及法律知识这块,感到很吃力,对教材还没有吃透。很多实践活动走的也是德育的老路子,不知道怎么去开展。

……

在与学生的访谈中,我们也了解到,很多学生非常喜欢上《公民常识》课,原因在于,一是课程内容比较新颖有趣又很实用,教学多以参与活动为主,大家的积极性比较高,二是这门课不是考试课,学生不大担心考试成绩给自己带来的影响,流露出了非常强烈的求知欲。

因此,经济发展程度不同、学生生活环境不同、教师知识结构和能力素质不同、教育资源状况不同,必然导致各学校在公民意识培养中的教育资源优化上存在巨大差异,也必然影响公民意识培养的实效性。

二、内在影响因素分析

中小学生公民意识培养中存在问题的内在影响因素较多,在此主要分析培养过程中的两个主体:教师和学生。任何一种教育活动过程中都会涉及教育者和受教育者,二者都是具有主体性的人,在"教"与"学"的活动中分别充当着教育的主体和学习的主体,均对教育的效果产生着能动性作用。

(一)教师缺乏必要的理念和技能

教师是实施中小学生公民意识培养的主导性力量。教师作为课程的实际执行者,其对公民意识相关知识和技能的掌握和熟练应用情况,直接影响着公民意识培养的效果。

1.教师的公民知识不够扎实,教学技能较为欠缺

教师是课程的具体实施者,中小学生公民意识培养作为一种全新的教育模式,对教师也提出了更高的要求。"教师的职责现在已经越来越少地传递知识,而越来越多地激励思考;除了他的正式职能以外,他将越来越成为

一位顾问,一位交换意见的参与者,一位帮助发现矛盾论点而不是拿出现成真理的人。"①公民意识是培养学生健全独立人格的一种教育,要求教育者在教学过程中能创设一种民主、和谐和宽松的教育氛围,启发和引导受教育者主动地对周围生活的世界和一些公共问题进行思考,积极投入公共生活之中,参与对公共事务问题的解决,培养他们的独立思考和解决问题的能力。中小学生公民意识培养活动的顺利开展,要求教师首先必须具备一定的公民意识,只有教师自身具备了公民意识,才能在教学实践过程中不断转变教学理念,适时把握教学契机,传授给学生正确的公民知识,引导学生形成积极的情感和坚定的意志,有意识地引导他们主动参与公共生活,激发他们参与的热情和意愿并以行动体现出来。但目前,教师队伍的发展水平和整体素质尚不能满足中小学生公民意识培养的现实需要。例如,在一项针对四川甘孜藏区中学教师公民观的调查中发现,"关于应该培养什么样的公民,老师们的回答不尽相同。回答最多的就是爱国,遵纪守法。其次为有民族自尊心、四有公民、基本文化修养;等等。其他的答案还有:维护国家主权和领土完整、有素质的民族新人、新一代社会主义接班人。一位老师直接根据公民定义确定公民教育就是培养知道自己权利和义务的人。对于公民教育的价值,老师们谈的都是理想性内容"②。不少教师对公民意识教育的某些核心概念和知识点存在模糊的认知,在对学生进行知识传授过程中,自然也不会做到讲解清楚、概念明了,只能凭自身的理解进行授课,这对中小学生公民意识的培养显得极为不利。例如,信阳市平桥区现从事公民常识课的教师由于缺乏系统的公民知识理论,得到的相关指导也较少,导致大部分教师的专业化程度较低。对于教师而言,他们几乎从未接受过公民意识教育,缺乏一定的理论基础和知识储备。现实中许多教师都是从语文、德育教研组中抽调过来的,虽然公民意识的培养与"品德与生活""品德与社会"等课程有一定的相关性,但教学理念和教学模式却有着很大的区别。公民意识教育主要是面向公共生活,依托校内外的各种实践活动展开的,公民知识储备不足、认识不到位和教育技能的缺乏,使一些教师对课程的知识目标、情感目标和能力目标把握得不是很准确,在具体教学过程中常常出现"捉襟见肘"的现象,还不足以完全胜任开展中小学生公民意识教育的任务。

以下是本人在进行访谈时,与信阳市平桥区一所小学公民常识校本课

①　联合国教科文组织文献:《学会生存——教育世界的今天和明天》,教育科学出版社 1996 年版,第 108 页。
②　郑富兴:《中学教师公民教育观的调查与分析》,《中小学生教师培训》2008 年第 12 期,第 58 页。

程实施的主管教育领导的对话：

　　问：我从区教体局那里了解到，贵校的公民常识校本课程实验得到了较好的效果，为其他学校开展课堂教学和实践活动提供了很好的样板和参照。那么，请问您在主抓这项工作的时候，认为当前遇到问题主要有哪些？

　　Y校长：我们学校开展的教学实践活动确实丰富多彩，效果也很好，这是大家都有目共睹的。老师们参与积极性非常高，也特别愿意将这门课讲得再生动些、让学生的收获更多些。但他们也有很多困惑，比如，这门课到底应该怎么开展？缺乏必要的指导。自己的知识和能力不够，会在教学中显得捉襟见肘。

　　问：那你们有没有采取一些措施改善这种状况呢？

　　Y校长：肯定有，我们经常会组织教师进行集体备课，教学观摩和优质课比赛，也鼓励教师多撰写教学反思和活动案例，参加全区统一比赛。

　　问：组织这些活动对提高和改善教师能力有什么影响？

　　Y校长：还是起到很好的效果，经验交流嘛，提高了他们的教学能力。但是，我们始终是处于摸索阶段，有些迷茫，内部的一些交流毕竟是有限的，究竟下一步怎么进行，还不太清楚。

　　……

　　而与另一位平桥区直某中学教师（该教师同时也是学校公民常识校本课程实验的教研组组长）的对话，也印证了在教学过程中存在较为类似的困难：

　　问：在您上公民常识课过程中，除了教材之外的补充材料主要来源是什么？

　　H老师：我上这门课，备课过程中可能根据需要去网络上寻找一些资料和信息，或者寻找一些相关的书籍。在讲公民的权利这一单元时，就特别需要去阅读一些法律方面的书籍，感觉这块知识特别缺乏。在上课过程中，我感觉公民常识课是一门综合性比较强的课，融合了政治学、法学等很多知识，我们老师需要恶补很多知识才行。和小学课本相比，初中课本理论性强了，上起来比较难。

　　……

中小学生公民意识培养的综合性和实践性较强,不仅需要教师具备较为丰富的基本理论、基本知识,还需要教师能灵活地组织教学,恰当地运用各种教学技巧,合理地组织课堂教学和开展实践活动。教无定法,中小学生公民意识的培养并无既定的模式,需要教师不断地在实践中总结经验,探索各种具体情境下的教学方法,并及时根据发展变化了的社会现实和学生的思想状况做出相应的调整和创新。迄今,中小学生公民意识培养和教育的完整体系尚未建立,对中小学生公民意识形成的特点和规律、培养和教育的主要内容等尚无定论,仍处于不断研究和探索之中。在教学方法方面,许多教师依然沿用传统的德育模式,缺乏辩论、研讨和反思等环节,导致公民意识的培养看似轰轰烈烈,学生兴趣盎然,实际上却因缺少对知识的深入理解,缺乏对技能的实际掌握而浅尝辄止。

2. 教师对现有资源的整合和优化能力较差

教师对现有资源的整合和优化能力较差,体现为资源识别能力和资源分析能力较弱,资源选择能力和资源应用能力不强等几方面。现实生活中蕴含着较为丰富的公民意识培养和教育的资源,但由于教师对资源的认识不足以及能力有限,导致整合和优化不充分、不到位。例如,教师在教学过程中没有树立较为全面和科学的资源观,一些教师甚至将教材当作唯一的教育资源,有些教师虽然意识到有其他教育资源的存在,但对这些资源的认识却较为模糊。对资源的功能定位不清晰,直接导致中小学生公民意识培养中大量的教育资源被忽视和浪费。例如,对传统文化中蕴含的公民意识教育资源的重视和挖掘程度不够,对国外中小学生公民意识教育资源更是缺乏了解,对于学生自身的知识储备、学习程度以及教学中生成的新的思想和观念了解不足,直接影响了教育的效果。在调查和走访中发现,当问及对教育资源的认识时,大多数人是处于较为迷茫的状态,不少教师不知道从哪里找到自己所需要的资源,更不知道如何去整合和优化这些资源。虽然他们也可能在实际教学过程中利用了一些资源,但缺乏宏观上的把握,也没有整体上的规划,对公民意识培养中的教育资源利用往往仅从某一单元、某一知识点出发来考虑,对现实存在的丰富的教育资源缺乏识别能力,认识上也较为肤浅。同时,相当多数教师对于哪些是德育资源,哪些是公民意识教育资源区分度不高,虽然德育与公民意识教育是有一定程度的相关性,但是二者的区别是极为显著的,前者以提高学生的思想道德品德和思想道德素质为主,后者以培养学生参与公共生活能力,塑造社会主义合格公民为目标,对二者资源属性的辨识度低,在进行教育资源选择之时,就会不可避免地陷入盲区和误区,影响教育活动目的的达成,这对中小学生公民意识的培养是十分不利的。

即使教师具备一定的资源识别和分析能力,能够从众多的资源中辨析出能服务于中小学生公民意识培养活动所需要的资源,但如果不具备相应的资源整合能力和资源应用能力,也将会使教育效果大打折扣。调查发现,信阳市平桥区许多参与公民意识教育实验的教师和相关教育部门的管理者,都是有着较为强烈的课程意识和优化意愿的,是非常希望能上好公民常识课的,在各项活动中也都表现出了非常高的热情和积极性,这对于较好地推进公民常识课堂教学和实践活动开展着实有益。但是,优化主体具备较强的优化意愿和较高的优化热情,并不代表优化效果就一定令人满意,这是因为优化主体的优化能力在起着较为关键的作用。在中小学生公民意识培养过程中,如果优化主体的优化能力较强,那么,他在面对现实中存在的较为丰富的资源之时就能驾轻就熟,运用得当,甚至当面临资源相对不足之时,依然能根据现有条件,充分挖掘、整合和优化资源,呈现最佳的教育效果。因此,是否具有较强的优化能力,成为连接教育资源、教学过程与教学效果的重要媒介。

随着社会的不断发展和学生认知能力的不断提高,如果仅按照既有思维定式和教学路径来实施教学,是难以突破和有所创新的,公民意识的培养和教育也将可能会出现停滞,甚至倒退的现象,这是我们不愿看到的,也是不希望出现的。因此,如何有效地提高教师的优化能力,成为当前亟须解决的重要问题。教师的资源优化能力的提高需要一个较为长期的过程。在课堂教学之外,组织学生参与公民意识教育实践活动对教师素质和优化能力提出了更高的要求,教师的资源优化能力较强,就能较好地动员家长、社区相关人员参与实践活动中,提供适当的指导和帮助,也能较好地整合和利用已有的自然资源、文化资源及信息资源,进一步深化学生的公民认知和活动体验。反之,教师虽然组织学生参与了一系列实践活动,其实仅仅是在走过场,徒有活动之形,而无实践之实,也产生不了令人满意的效果。

(二)学生自我教育的自觉性较低,素质和能力有待提高

学生的主观能动性是公民意识形成和发展的内在条件。公民意识的培养不仅需要教育者对受教育者的主动灌输和正确引导,也需要受教育者自身的理解内化和积极参与。受教育者是具有意识的、有感情、有个性的活生生的个体,他们接受来自外界的公民意识培养和教育必须要经过主体的认知、理解、接受和内化,逐渐成为自身思想体系中的一部分,通过不断地亲身实践,强化情绪和情感体验,才能真正从内心深处产生对公民身份和主体地位的自觉。正如美国学者理查德·乔治所说:"我们之所以接受某种道德原则,不是因为社会公认其正确和应当接受,而是因为我们确实了解了该原则

正确的真实内涵与现实依据。"①因此,教育者在培养学生公民意识的过程中,应避免过多地说教,尽量从被教育者的内心深处对他们进行引导和启发,通过情景模拟、角色扮演、价值澄清等多种方法启发学生进行自我教育的自觉性。一般而言,可将自我公民意识教育从自我认知能力、自我要求能力、自我践行能力和自我评价能力四个方面来进行分解。据调查,年级低,学生的自我践行能力较低,随着年级的逐渐升高,学生的自我认识能力和自我评价能力也随之升高,但从总体上看,中小学生的自我要求能力都不高,这也成了影响学生自我公民意识教育的主要因素。

中小学生公民意识的培养对学生的能力也是一个较大的挑战。这里涉及的学生能力主要是指独立思考问题的能力、发现问题和解决问题的能力、团体协作的能力、良好的交际和表达能力以及一定的创新精神等。受应试教育的影响,许多中小学生较为缺乏与公民意识教育所要求的素质和能力,导致他们不太适应公民意识教育这种新的教育模式,也限制了自身公民意识和参与能力的提高。

---

① [美]理查德·T.德·乔治:《经济伦理学》,李布译,北京大学出版社2002年(第五版),第33页。

第四章

中小学生公民意识培养的体系建构

中小学生公民意识培养的体系建构主要包括中小学生公民意识培养的指导思想,目标与内容,遵循的基本规律、原则与方法以及借鉴与继承等几方面。理论层面上的架构与设想将为实践层面的操作提供借鉴与指导。

第一节　中小学生公民意识培养的指导思想

各国开展和实施公民意识培养活动,都有其指导思想和价值取向。我国是社会主义制度的国家,现阶段的基本国情和特殊的国体、政体性质,决定了中小学生公民意识的培养要坚持以马克思主义为指导,以社会主义核心价值观为价值取向,以实现"中国梦"为精神动力。

一、以马克思主义为指导

马克思主义作为立党立国的指导思想,是党和人民团结一致,保证经济建设、政治建设、文化建设、社会建设和生态文明建设始终能沿着正确方向前进的思想武器。对我国而言,公民意识教育属于舶来品,在我国开展公民意识培养和教育活动,不应照搬照抄西方话语体系中的公民意识教育理念和实践经验,例如将自由、平等、博爱、人权等西方价值体系中流行的一些思想元素奉为圭臬,不加鉴别和分析就用来移植到我国的公民意识培养中来,将误入西方意识形态的泥沼之中,最终迷失方向。我国是社会主义国家,在我国开展中小学生公民意识培养和教育活动也应坚持社会主义的方向,坚持以马克思主义为指导。马克思主义,尤其是中国化的马克思主义,能为中小学生公民意识培养提供科学立场和思维方法,指导公民意识培养活动的有序进行。具体原因在于:第一,马列主义和中国化的马克思主义源于实践又反过来指导实践,体现了社会主义真理观和价值观的统一,是校准社会主义公民意识教育的价值标尺;第二,马列主义和中国化的马克思主义是指导社会主义科学发展的行动哲学,能够为开展公民意识教育提供正确、合理、适用的世界观和方法论;第三,马列主义和中国化的马克思主义是中国共产党的一切行动的理论指南和思想指导,具有鲜明意识形态色彩的公民意识教育活动是党的思想政治教育实践的内在命题,自然应以马列主义和中国化马克思主义为思想旗帜。①

同时,马克思恩格斯作为世界无产阶级的精神导师、马克思主义的创始人,他们的思想代表着马克思主义的原初形态和经典表述,在马克思和恩格斯的经典著作中,有关公民的思想"闪烁"在不同的层面和领域,渗透在众多其他的理论之中。马克思恩格斯公民思想研究始终是围绕"人"的政治、社会生活展开,涉及政治地位的确立、政治身份的获得等诸多方面,探讨国家与市民社会、自由、平等、公平、正义、民主、法制等重要问题。马克思和恩格斯有关公民的思想是在汲取前人智慧的基础上,在艰苦的理论创新和革命实践中形成的,马克思、恩格斯以及后来的马克思主义者经典著作中的公民思想充实了公民意识教育的思想理论宝库,对中小学生公民意识培养也具有指导意义。

二、以社会主义核心价值观为价值取向

开展中小学生公民意识教育,必须要坚持正确的价值取向。中小学生公民意识的培养不可能脱离价值取向的引导,否则将失去灵魂、原则和依据。在我国,公民意识教育要坚持以社会主义核心价值观为价值取向,这是由我国的国情和国家性质所决定的,体现着国家对于培养社会主义合格公民的教育目标和价值追求。

"社会主义核心价值观是社会主义核心价值体系的内核,体现社会主义核心价值体系的根本性质和基本特征,反映社会主义核心价值体系的丰富内涵和实践要求,是社会主义核心价值体系的高度凝练和集中表达。"②首先,"核心价值体系,是指在社会生活中居于主导地位的社会价值体系,它能

---

① 宇文利:《关于当前我国公民意识教育的几个问题》,《高校理论战线》2012 年第 2 期,第 78 页。

② 中共中央办公厅:《关于培育和践行社会主义核心价值观的意见》,《人民日报》2013 年 12 月 24 日第 1 版。

够有效地制约非核心、非主导的社会价值体系作用的发挥,能够保障社会经济制度、政治制度、文化制度的稳定和发展"①。社会主义核心价值体系"是当代中国的核心价值目标、价值取向和行为准则的总和。就其性质说,它既是社会主义意识形态的本质体现,也是中国特色社会主义理论体系的价值观表现"②。对中小学生开展公民意识培养活动,要坚持社会主义核心价值体系的指导,就是要坚持马克思主义的指导地位,将中国特色社会主义理论体系的科学内容融入公民意识教育之中,使马克思主义中国化最新成果深入人心。通过对中小学生开展理想信念教育,帮助他们牢固树立中国特色社会主义的共同理想,树立正确的世界观、人生观和价值观。通过对中小学生开展以爱国主义为核心的民族精神和以改革创新为核心的时代精神教育,帮助他们增强国家意识、民族意识,培养他们对国家的认同感和荣誉感。通过对中小学生开展以社会主义荣辱观为主要内容的教育,帮助他们知荣辱、明善恶,提高他们的道德修养。其次,社会主义核心价值观是社会主义核心价值体系的集中体现。社会主义核心价值观决定了中小学生公民意识培养的价值取向和基本内容。维持一个社会的正常运转,需要有一套能达成共识的价值观念,尤其是在人们的价值观繁多且庞杂的情况下,以正确的价值观引导人们的思想观念显得尤为重要。

党的十八大报告中明确指出,"倡导富强、民主、文明、和谐,倡导自由、平等、公正、法治,倡导爱国、敬业、诚信、友善,积极培育和践行社会主义核心价值观。"③其中,"富强、民主、文明、和谐是国家层面的价值目标,自由、平等、公正、法治是社会层面的价值取向,爱国、敬业、诚信、友善是公民个人层面的价值准则"④。社会主义核心价值观的价值取向是中小学生公民意识培养和教育的逻辑起点。同时,社会主义核心价值观与公民意识的培养和教育在内容上也实现了有效对接。为了便于理解,可将社会主义核心价值观分解为公民与国家关系维度、公民与社会关系维度、公民与公民关系维度三个层次。在公民与国家关系维度上,富强、民主、文明、和谐的社会主义现代

---

① 吴潜涛:《准确理解社会主义核心价值体系的科学内涵》,《人民日报》2007 年 2 月 12 日第 9 版。

② 杨芳、梅荣改:《论中国特色社会主义理论体系与社会主义核心价值体系的内在关系》,《思想理论教育导刊》2011 年第 10 期,第 39 页。

③ 胡锦涛:《坚定不移沿着中国特色社会主义道路前进为全面建成小康社会而奋斗——在中国共产党第十八次全国代表大会上的报告》,《人民日报》2012 年 11 月 18 日第 1 版。

④ 中共中央办公厅:《关于培育和践行社会主义核心价值观的意见》,《人民日报》2013 年 12 月 24 日第 2 版。

化国家的建立和目标的实现,需要公民强化身份认同意识,以权责一致的主体身份积极参与到公共生活和公共事务中。因此,个体身份意识的具备既是公民意识教育的目标,也是社会主义核心价值观对现代公民参与公共生活的必然要求。在公民与社会关系维度上,自由、平等、公正、法治既是社会发展目标的价值追求,也是公民意识教育的题中应有之义。在公民与公民关系维度上,爱国、敬业、诚信、友善既是公民个人道德品质的展现,也是和谐友善社会氛围营造的基础。

三、以实现"中国梦"为精神动力

"中国梦"是民族复兴之梦、国家富强之梦,是全体中国人民追求幸福之梦。"中国梦"是中小学生公民意识培养的精神动力。"中国梦"体现了全体公民实现国家富强和民族振兴的理想追求,同时也反映了公民的国家身份认同。公民意识教育首先是身份意识教育,公民的身份是由国家宪法和法律自动赋予的,公民对自己身份的认同,反映了公民对国家的制度和文化等方面的认同。公民对国家的认同是公民积极参与国家政治、经济、文化活动,参与公共生活和公共事务的逻辑前提。"中国梦"也是公民主体意识觉醒的具体表现,"中国梦"不是虚幻的、遥不可及的,它的铸造为中小学生具备公民意识到实现公民行为提供了连接纽带和现实机遇。围绕着实现"中国梦"的伟大构想,个体公民必须要成为权责一致的践行主体,不仅要在个体生活空间内履行相应的义务,努力学习并掌握报效祖国的知识和本领,还要在公共生活空间内积极行使参与公共事务的权利,努力扮演并认真践行积极公民应有的角色和身份定位。通过发挥"中国梦"的精神动力作用,将"中国梦"融入中小学生公民意识教育之中,使二者实行有效对接,将中小学生个体的现实追求和国家的伟大复兴很好地结合在一起,不断让学生明白作为当代中国公民应有的责任感和使命感,增强对国家和民族的认同感,树立起民族自尊心和自信心,自觉承担起对国家应尽的义务和责任,成为主体意识觉醒,独立人格健全,有责任、有担当的现代公民。

第二节　中小学生公民意识培养的目标与内容

教育目标是"培养人的总目标","关系到把受教育者培养成为什么样的社会角色和具有什么样素质的根本性质问题"①。中小学生公民意识培养的总体目标是社会主义合格公民,培养的具体目标和主要内容是紧紧围绕公民意识的核心要素"公民身份、公民权利、公民义务、公民参与"及其衍生意识展开的。

一、中小学生公民意识培养的总体目标

中小学生公民意识培养的总体目标是社会主义合格公民。"合格公民"不是自动赋予的,换言之,拥有公民身份的人,不一定就能成为合格公民。不同的历史时期,对"合格公民"的表述和要求也是不同的。例如,亚里士多德认为合格公民是积极参与城邦政治生活的人,西塞罗认为合格公民是负有责任的公民,自由主义者认为合格公民是积极参与公共事务的公民。希特也指出,合格公民必须包含四个方面的内容:其一,合格公民必须有助于其周围的公民同胞;其二,合格公民必须参与政治公共事务;其三,合格公民必须诚实正直;其四,合格公民必须遵守法律。②

我们是社会主义国家,我国的国家性质决定了合格公民首先是具有中华人民共和国国籍、坚持党的领导的、认同和拥护社会主义制度的、积极投身于社会主义现代化建设的公民。合格公民与好公民、有用的公民是有区别的。合格公民"关注的是个体参与公共生活基本的规范要求和行为品质,是种底线性的要求"③,公民意识教育体现的是现代民主国家对个体公民的普遍的、最基本的要求,是对公民做人的"底线性"要求,而非"先进性"要求。"好公民"不仅认为个体公民的言行应符合公共生活的底线要求,还要符合更高意义上的道德水准的要求,"好公民"本质上是对公民伦理层面即对善的追求。而"善"是指"一种目的导向和价值要求,是人们所向往的那类性质,它不仅仅限于一般的物质层面对人产生需要的价值,而且更多指向精神价值层面,它所涉及的是个体与自我、个体与他人、个体与社会中展现出来的价值关系"④。培养合格公民不是公民意识教育的终极目标,"合格公民"只是公民意识教育的原始起点,最终目的是使公民成长为对社会有用的、积

① 顾远明:《教育大辞典》(增订合编本·上),上海教育出版社 1998 年版,第 765 页。

② Heater, Derek. Citizenship: The Civic Ideal in World History, Politics and Education. London and New York: Longman, 1990, p. 198.

③ 陈庆超:《"好人"抑或"合格公民"——当代公民教育的首要目标之辩》,《道德与文明》2013 年第 6 期,第 90 页。

④ 陈庆超:《"好人"抑或"合格公民"——当代公民教育的首要目标之辩》,《道德与文明》2013 年第 6 期,第 90 页。

极的权责主体。培养社会主义合格公民,就是培养具有独立人格、公民美德、理性和参与精神的公民。公民人格是"公民对自身权利和义务统一体的认知自觉,其中凸显了公民主体对自己作为社会人身份的意识自觉。"①公民人格的核心要素主要体现在三个方面:一是独立自主,这是公民人格的基础。二是公民理性与公共生活的判断力,这是公民人格的前提条件。三是社会关怀,这是公民人格的基本向度。② 康德指出,独立自主"这个权利使一个公民生活在社会中并继续生活下去,并不是由于别人的专横意志,而是由于他本人的权利以及作为这个共同体成员的权利。因此,一个公民的人格的所有权,除他自己而外,别人是不能代表的。"③换言之,公民的人格具有"自我性"和"自主性",别人的意志和思想是不能替代我的意志和思想。公民的人格独立是公民摆脱异己力量束缚,成为具有尊严的主体存在,对自己的身份和地位有清晰的认识和理性的判断,以自我抉择和自我负责的态度参与到各种公共事务和私人事务中,使自己的独立自主精神得以彰显。

合格的公民也是具备美德的公民。万俊人指出,公民美德是"社会公民个体在参与社会公共生活的实践过程中,所应当具备的社会公共伦理品质或实际展示出来的卓越的、具有公共示范意义的社会美德。"④在此,公民美德是指向公共生活的,与私人美德即私德相对应。罗尔斯认为,"道德的人有两个特点:第一是有能力获得(也被看作获得)一种关于他们的(由一个合理生活计划表达的)善的观念;第二是有能力获得(也被看作获得)一种正义感,一种在正常情况下有效地应用和实行——至少是在一个较小程度上——正义原则的欲望。"⑤"善"与"正义感",这两种能力是公民所应具备的最基本的道德能力,在罗尔斯看来,在政治共同体中生活,公共理性和政治德性是公民所必备的基本素质,由此衍生而来的自由、宽容、理性等美德也是维持合理、有序的公共生活所必须的。公民意识培养的目标不应仅是合格之公民,也应包含友爱之公民。如果每个公民在社会公共生活中都能超越对个体一己私利的狭隘关注,转而发现和寻求公共生活中达成的普遍

---

① 刘铁芳:《公共生活与公民教育:学校公民教育的哲学探究》,教育科学出版社2013年版,第70页。

② 刘铁芳:《公共生活与公民教育:学校公民教育的哲学探究》,教育科学出版社2013年版,第69页。

③ [德]康德:《法的形而上学原理》,沈叔平译,商务印书馆1991年版,第140-141页。

④ 万俊人:《公民美德与政治文明》,《光明日报》2007年6月19日第11版。

⑤ [美]约翰·罗尔斯:《正义论》,何怀宏等译,中国社会科学出版社1988年版,第507页。

共识，并以实际行动落实对这种共识的信奉和遵循，维持公共秩序，促进公共利益的实现，那么，良善的生活将可能实现，社会整体目标的增进将有望尽快达成。"德性作为一种恒定的精神品质，它创造和维持一种良善的有意义的生活行动，使得我们的生活向着更为高尚（nobleness）的可能生活敞开了自身，使我们的生活行动具有审美的和价值的实现（fulfillment），德性同时为我们创造一种审慎生活的取向，它使得那些平庸、无望、媚俗、低级的行动远离我们，在生活的任何情景中，我们有勇气面对我们生活的困难和障碍，而坚持美好生活的理想，创造我们在具体处境中的良善生活。"①

理性和参与精神同样也是合格公民所应具有的，英格尔斯相信"人能够对社会的弊端进行改造和有效的干预"②。这种"改造"和"干预"是通过参与实现的。理性作为参与的一个基本前提，是"实现公共生活的正当秩序的必要条件，是治理社会生活使其走向更好的基础"③。通过公民意识的培养和公共生活的具体实践，公民获得了一定的理性精神和能力，便于在参与政治生活和公共生活中做出正确的抉择和判断。对于中小学生而言，具备一定的公民知识储备和掌握一定的技能是远远不够的，这仅仅是进入政治生活和公共生活的前提，还需要自觉提升主体意识，准确定位自己的公民角色和身份，形成独立思考能力和理性分析能力，逐步提高自身的道德修养，养成良好的行为习惯，形成正确的公民价值观，以主人翁的身份积极参与到各种公共事务中来，为国家和区域的发展献言献策。

二、中小学生公民意识培养的具体目标

中小学生公民意识培养的总体目标是社会主义合格公民，但是，"合格"的标准是什么？"合格"与否是否有较为清晰的界定？这在理论上尚待深入研究，在实践中也难以把握。因此，在中小学生公民意识培养的总体目标的指导下，制定并设计出相应的具体目标是必要的，更便于在实际层面的操作。

（一）纵向培养目标

王东虓教授指出，我国社会主义合格公民需要具备"热爱祖国、遵守法

① 金生鈜：《规训与教化》，教育科学出版社2004年版，第267页。
② ［美］英格尔斯：《人的现代化：心理·思想·态度·行为》，殷陆君编译，四川人民出版社1985年版，第27页。
③ 金生鈜：《规训与教化》，教育科学出版社2004年版，第38页。

律、行使权利和履行义务四个条件。"①在此,结合公民意识的核心概念要素、中小学生的身心发展特征以及现实生活状况,将中小学生公民意识培养的具体目标分解为:明确公民身份、正确行使公民权利、积极履行公民义务和主动参与公共生活等几个方面。这也是中小学生公民意识的纵向培养目标。

1. 明确公民身份,强化公民认同

培养中小学生的公民意识,首先,要帮助他们明确自身的公民身份,强化公民认同。"身份在规范和功能上与地位、角色相通,在心理归属和情感上与认同相连。"②公民身份是现代民族国家中其社会成员的基本身份,这种基本身份是基于"公民——共同体"的关系框架中产生和形成的,这种关系在现代社会突出表现为公民与国家之间的关系。公民身份理论经由自由主义传统、共和主义传统以及全球化时代超越民族国家视野的多元理论的不断发展,逐渐丰富和充实起来。但是,无论公民身份理论如何发展,其核心始终是围绕"权利"和"义务"来谈的,换言之,公民身份是权利与责任的统一体。公民的身份认同主要是"公民对于自身的公民权利和公民义务的认知与自觉",即"享有所属国法律赋予的权利""认可并履行所属国法律规定的义务"③。此外,还要培养中小学生对国家的认同和对民族的认同。由于公民身份理论的核心是个体与国家的关系,公民身份形成的前提条件是对"国家"概念的认可,因此,形成对国家的认同是中小学生公民身份认同的首要目标。"为了维护国家的统一,国家认同必须高于族群认同,国家认同也必须高于地域认同,国家认同同样必须高于宗教信仰的认同。"④"公民的国家认同集中表现为公民对其所属国的归属感,认为自己是所属国的一员,认同所属国的标志、制度以及宪法和法律等。"⑤具体到我们国家,也就是要培养中小学生认同中华人民共和国的国家标志(例如中国的国名、国旗、国徽、国歌、国庆日等)、认同社会主义制度、拥护中国的宪法和法律。由于中国公民

---

① 王东虓:《把握公民意识教育的主要内涵》,《人民日报》2009 年 6 月 10 日第 6 版。

② [美]彼得·雷森伯格:《西方公民身份传统——从柏拉图至卢梭》,郭台辉译,吉林出版集团有限责任公司 2009 年版,第 10 页。

③ 郑州大学公民教育研究中心、信阳市平桥区公民教育实践研究项目组:《公民常识读本》(小学试用版),人民出版社 2011 年版,第 9 页。

④ 刘丹:《全球化时代的认同问题与公民教育研究:基于公民身份的视角》,北京师范大学出版社 2013 年版,第 8 页。

⑤ 郑州大学公民教育研究中心、信阳市平桥区公民教育实践研究项目组:《公民常识读本》(初中试用版),人民出版社 2011 年版,第 7 页。

是中国各族人民共同的身份,培养公民的民族认同关系到能否增强民族凝聚力,共同致力于社会主义现代化国家的建设之中的重要问题。培养中小学生的民族认同,首先要培养他们对中华民族的认同,其次也要帮助他们形成对本民族的认同,了解并尊重其他民族的民族特性和风俗习惯,增强民族之间的友好交流。

2. 正确行使公民权利,自觉履行公民义务

"正确行使公民权利,自觉履行公民义务"是中小学生公民意识培养的又一重要目标。公民的权利和义务是公民身份的"一体两面",二者之间没有逻辑上的先后关系,也不存在现实中的主次关系,当某人声称拥有某项权利之时,也同时意味着他须承担某种义务,这是因为,任何一种权利的实现是以某项义务的履行为前提的,虽然个体公民并不一定是这项义务履行的主体。例如,公民有享受公共福利及安享和平的权利,就必须承担纳税和服兵役的义务。"公民权利体现的是公民的一种自主性,即公民对特定价值的自主要求,是公民所享有的为社会法律或制度所承认的利益、要求、资格和权能等。因此,公民权利本质上是人的主体价值和主体性人格的社会存在形式,是公民个人维护自己的尊严、自由和利益的道德资格和制度手段。"① 公民义务意识是公民对自己应尽义务在认知上的确认和在实践中的履行。只履行义务不享有权利的只能是处于受"奴役"的状态,而只享有权利不去履行义务的,属于处"特权"地位,二者都是处于"扭曲"的状态,不是真正意义上的公民。"公民教育的目标是培养受教育者的权责意识,使其具备思考个人与家庭、集体、社会、国家乃至世界关系的能力,培养公民参与公共事务的积极态度、实践能力和价值观念,使其在实践中成为权责主体的有效公民。"②如果在中小学生公民意识的培养过程中,单纯地强调个体公民对于义务的履行,而忽视对权利的认知和行使,那么,这种教育是空洞的,也是苍白无力的。公民享有的权利是其积极履行义务的前提,而对义务的履行又是其权利正确行使的保障。具体而言,在"公民权利"目标维度方面,教育者应帮助中小学生公民了解宪法和法律赋予公民的基本权利,知晓儿童(或未成年人)拥有的生存权、发展权、受保护权和参与权,培养他们正确履行公民权利的能力。在"公民义务"目标维度方面,教育者应帮助中小学生了解我国宪法规定的公民基本义务的具体内容,明确履行义务的具体规定和要求,并提高他们自觉履行义务的能力。

---

① 寇东亮:《公民意识视域中"以人为本"的内涵》,载《公民意识研究》,郑州大学出版社 2008 年版,第 236 页。

② 蓝维等:《公民教育:理论、历史与实践探索》,人民出版社 2007 年版,第 41 页。

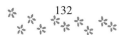

3. 树立平等和民主理念,提高法律和公德素养

"平等"与"民主"是人类所追求的基本价值目标,科恩认为,自由、平等、博爱是与民主密切相关的。自由是实现民主的条件,平等是民主合理性的关键,博爱是任何民主存在的前提。其中,平等是最接近民主的理论核心的。如果不允许或不承认成员享有基本平等,所有人平等参与管理的精神就会荡然无存。① 能否平等地进行参与是衡量一个社会民主程度是否发达的重要标志。列宁认为,民主意味着在形式上承认公民是一律平等的。公民在参与政治事务和公共事务、表达政见、提出建议等方面享有同等的资格和机会,这是民主政治发展的前提和基础。如果公民不能平等地参与民主管理和决策,那实际上就剥夺了他们自我发展和完善的机会,也不利于民主的充分发展。"平等在民主中处于核心地位,因此我们总是为公正而寻求平等。不公平的获利损害平等;由遗传或民族背景而产生的不公正的肤色或种姓障碍经常损害平等待遇。因此我们要努力——公正地——去消除种种不平。"②"民主是政治共同体内部个人参与集体活动的一种规则,是政治合作的一种形式。"③民主作为一种理念,是公民主体性的深刻体现,同时,"民主是一种文化、一种精神,这种精神主要是指民主本身内含平等、自由、协商、妥协以及合作的精神及取向。"作为观念形态的民主"是可以被认识、被传播,被信仰的,体现了行为主体的自主精神,表达了行为主体的意愿。"④培养中小学生平等、民主意识,帮助他们树立平等、民主的理念,是公民意识教育追求的应然价值。具体而言,在"平等意识"的目标维度方面,教育者应引导中小学生懂得平等的内涵和意义,了解平等涉及公民地位的平等、权利义务方面的平等以及人格的平等,并以实际行动实现对平等的主张和追求。在"民主意识"的目标维度方面,教育者要着重帮助中小学生树立主人翁意识和正确的民主理念,培养他们关心国家事务、社会事务和公共事务的兴趣和积极性,引导他们懂得应正确行使参与权,依法有序进行参与,自觉提高民主参与的知识和技能。

民主政治的有效运转必须要在法律的框架内进行,这是保证民主健康发展的基本前提。"法律不仅从原则上确认了民主政治中公民政治权利的

---

① ［美］科恩:《论民主》,聂崇信,朱秀贤译,商务印书馆 2007 年版,第 278-279 页。

② ［美］科恩:《论民主》,聂崇信,朱秀贤译,商务印书馆 2007 年版,第 3 页。

③ 王晶:《民主——共同体成员政治合作的形式》,《河北经贸大学学报(综合版)》2011 年第 3 期,第 87 页。

④ 王晶:《民主——共同体成员政治合作的形式》,《河北经贸大学学报(综合版)》2011 年第 3 期,第 86 页。

原则和内容,而且以具体法规规定了这些权利的实施办法,使民主政治具有特定规范的可操作的政治活动方式。"①"法律是社会中合理分配权力、合理限制权力的一种工具。"②在"法律意识"的目标维度方面,培养中小学生的法律意识,提升他们的法律素养,首先要帮助中小学生确立"法律至上"的原则和理念,中小学生只有确信宪法和法律是判断和衡量主体行为的依据和准绳时,才能在现实生活中做到以法律为归依,从而产生学法、用法、守法、维法、护法的行为。其次,教育者应让中小学生明白在法治社会中,全体公民应该严格依法办事,依法享有一定的权利并履行一定的义务,法无明文规定不可为,否则要承担相应的法律后果。最后,在实际生活中,以培养中小学生成为遵守法律、捍卫法律、维护社会安定有序的合格公民为最终目标。公德意识体现了公民对社会公共生活中的道德准则的遵守及维护意识。公德意识和观念的形成及行为的养成是一个长期的过程,对中小学生而言,更是一个循序渐进、反复教导的过程。在"公德意识"的目标维度方面,培养中小学生公德意识及素养,教育者要帮助他们认识和了解为维护社会正常生活和交往应遵守哪些最起码的道德准则和规范,积极引导学生参加家庭、学校和社会的实践活动,在活动中提高他们的道德水准,感受和体验讲公德带来的积极心理体验,最终强化他们的公德意识,树立维护公德的责任感,形成讲公德的文明行为习惯。

4. 主动参与社会实践,积极投入公共生活

一方面,公民通过参与不断塑造着公共生活,促进民主政治的有序发展;另一方面,参与本身又是公民对自身权利行使和义务履行的实现,公民通过参与可以不断地提高自身的民主参与技能,可以说,参与使公民成了真正的公民。"学生参与民主生活既可以作为自身的目的,又可以作为实现成人民主生活的手段,在这样的参与中所学到的不是将来要应用的一组信息,而是技能和实际的程序、真正的生活的式样和民主的式样。"③中小学生作为准公民,在其能力所允许的范围内参与各种社会实践和公共生活,可以提高习得一些参与的技巧、能力,积累一定的认知和经验,从而有助于提升他们的主体意识、民主意识、法律意识等,培养起正义、宽容的政治品格,提高他们对公共事务的参与意愿,为将来更好地参与政治生活和处理公共事务奠定良好的基础。

---

① 王浦劬:《政治学基础》,北京大学出版社 2006 年版,第 333 页。

② [美]博登海默:《法理学——法律哲学与法律方法》,邓正来译,中国政法大学出版社 1999 年版,第 409 页。

③ [英]诺丁斯:《教育哲学》,许立新译,北京师范大学出版社 2008 年版,第 39 页。

对中小学生而言,受自身认知水平和能力所限,他们能参与的一些社会实践和公共生活也是有限的。中小学生可参与的一些公共生活和社会实践活动诸如:在家庭中参与民主决策,在校内参与班级民主生活、学生社团建设和管理,在校外参与一些社区民主生活以及公益活动等。从"公民参与"的目标维度来看,教育者要帮助中小学生理解在家庭、学校和社会生活中,参与哪些活动是有意义的,哪些参与行为是正确的,如何在家庭、学校和社会生活中通过参与增长知识和能力,最终才能成为家庭、学校和社会中的合格公民。总之,引导中小学生积极进行参与社会实践和公共生活的目的在于从小培养起他们对公共生活的关心、培育他们的公共精神、提高他们的参与能力,帮助他们以主人翁的心态有序参与到公共事务的管理上来,为成为未来的合格公民做准备。

（二）横向培养目标

从横向上来看,依据布卢姆的《教育目标分类学》可将公民意识培养的目标划分为认知领域、情感领域和行为领域,也有的学者将培养目标分为认知、情感、意识、行为四个方面,在此,结合中小学生公民意识的形成过程和机理,将中小学生公民意识培养的横向目标定位为培养具有公民认知、富有公民情感、具备公民意志和体现公民行为的知行统一的公民。"知识"与"能力"是中小学生进行实践的基础,"情感"与"意志"是中小学生进行实践的指导,"行为"是中小学生具备公民意识的最终体现。中小学生的公民意识培养必须要对学生进行知识、能力、情感、意志和行为全方位的培养。公民认知是指"公民可以而且应当了解的有关政治、法律等方面的知识、技能","公民认知的核心内容,首先是与公民角色相关的知识"[1]。公民能力或曰公民技能,是公民资质的重要组成部分,是公民参与公共生活所需要的技术、技巧和能力的综合。公民是否具备技能以及公民掌握技能的程度如何,直接决定了公民参与的效能。公民作为国家政治生活和公共生活的主体,若要想有效地行使自己的权利并履行自己的义务,必须有能力并负责任地参与到公共事务中来,这就要求公民不仅需要具备相关的知识,对公民生活、公民与国家的关系、政府的运作等有相当程度的了解,还需要发展和具备相应的能力,二者缺一不可,否则,"知"与"行"是相互剥离、无法转化的。公民情感是公民基于认知的基础上产生的主观情绪和情感体验,涉及主体较为丰富的心理活动。公民意志是横向结构体系中居于较稳定的意志性因素。情感和意志上的目标达成也是非常重要的,情感和意志是学生获取公民知

---

[1] 李萍:《论中国公民认知的特点及改进》,《湖南科技大学学报（社会科学版）》2005 年第 1 期,第 45 页。

识之后,转化和提升为公民行为的重要动力。公民行为是公民重要的存在方式,公民行为又可以根据主体意愿分为主动的公民行为和被动的公民行为,前者也可以称为是"积极公民",后者被称为"消极公民"。主动的公民行为,更符合公民的本质。公民积累了一定的认知,还需要具备一定的能力,才能转化为现实行为。例如,通过公民意识教育,培养中小学生对国家政治生活、社会生活的准则和各种规范的了解,熟悉现代社会公民应具备的政治、法律、道德等相关知识,等等,属于公民认知维度的目标范畴;培养中小学生对于国家和民族的认同感和归属感,进而增进自身的身份认同,属于公民情感维度的目标范畴;培养中小学生正确的权利、义务观,坚定他们正确行使权利和积极履行义务的意志和信念等,属于公民意志维度的目标范畴;培养中小学生基本的理性能力和实践能力,养成良好的行为习惯,积极参与公共生活,属于公民行为维度的目标范畴。为了能够对具体目标进行更为直观地理解和把握,本书将在第五章课程目标设置方面,纵向和横向两个方向结合起来对中小学生公民意识的培养目标进行较为详细的分解和说明。

三、中小学生公民意识培养目标的特性

中小学生公民意识培养的总体目标和具体目标体现了以下特性。

(一)方向性与基础性

在我国,中小学生公民意识的培养目标必须要充分体现社会主义的性质和发展方向,使教育服务于党的基本路线、方针和政策,服从于社会主义民主政治的发展和和谐社会的构建,这就要求教育者在引导中小学生公民意识形成的过程中,必须始终坚持正确的政治立场和坚定的政治方向,积极培养他们对社会主义制度的拥护和支持,牢固树立他们为社会主义事业努力奋斗的决心和勇气。中小学生公民意识培养的方向性在整个教育活动过程中发挥着导向和统领作用,只有坚持培养目标的正确的方向,才能引导受教育者形成良好的公民意识并产生正确的公民行为。

中小学生公民意识培养的目标也应具有基础性特征。中小学生公民意识培养目标的基础性要求体现在:将对中小学生的基本要求与对成年公民的较高标准要求区分开来;将对中小学生的现实性要求与未来发展的引导性要求区分开来。由于中小学生还不是完全意义上的公民,仅仅是"准公民",对他们的公民意识和公民行为方面的要求不可能完全按照成年公民的要求而进行,必须要兼顾到他们的身心特征和认知状况。例如,在培养目标上,就应该侧重于帮助他们形成基本的公民认知,习得一些基本的公民技能,初步掌握和了解一些概念和知识,从培养良好的生活习惯入手实施行为能力训练,从参与家庭、班级事务出发培养参与意识,等等,使他们具备成为

未来合格公民的基本素质。总之,中小学生公民意识的培养目标一定要切合学生的实际,过高或过低的目标都会影响教育的效果。

(二)系统性与层次性

中小学生公民意识培养目标必须要坚持系统性和层次性的统一。首先,要运用科学和系统的方法来建立起中小学生公民意识培养的目标体系。从目标体系本身的结构来看,中小学生公民意识培养的目标系统是由多个子目标集合而成的;从目标构成的阶段来看,中小学生公民意识的培养目标可以划分为远期目标、中期目标和近期目标;按照目标的重要程度来划分,可将中小学生公民意识的培养目标划分为主要目标和次要目标;等等。但无论何种划分方法,中小学生公民意识的培养目标是由总目标到具体目标所构成的较为复杂的体系,各具体目标之间也是相互衔接并连贯统一于中小学生公民意识培养的总体目标之中的。这就要求教育者要树立从整体出发的系统观念,在总体目标的引领下,科学有序地将各阶段的具体目标和内容进行合理安排,让受教育者在特定的阶段、适当的环境中养成相应的公民意识和行为习惯。同时,公民意识培养内容具有广泛性,涉及公民身份的认知、权利义务关系的了解、政治生活和公共生活各种规则的熟悉、参与技能的训练、科学文化素养的提升以及公德的具备,等等,如此庞杂的内容如何能分阶段、分步骤地融会贯通于整个中小学生公民意识培养的全过程,必须要在系统的培养目标的指引下才能得以有序地排列、组合,才能让学生在最佳的年龄阶段,接受最适宜的教育,并避免内容上的重复和遗漏。

中小学生公民意识培养对象的身心发展水平不同和认知状况不同决定了中小学生公民意识的培养目标必须体现出层次性。教育者针对不同年龄阶段的学生,所传授的知识、所要求具备的技能和形成的公民意识各有不同。一般而言,这种“不同”是有阶段性的,体现了培养目标从低到高,培养内容从简单到复杂的演进过程,但各阶段的培养目标和内容并不是完全割裂开来的,它们之间是层层递进的关系,较低层次目标的实现为更高层次的目标的完成奠定基础。例如,小学低年级学生的公民意识应是感性的,公民行为多是简单易行的,随着年龄的增长和认知水平的提高,逐渐培养起较为理性的公民意识和情感,公民行为也趋向于复杂化了。因此,在强调中小学生公民意识培养目标系统性的同时,也要坚持层次性,在相应的教育理论和实践研究的基础上,逐步形成科学合理的目标分层递进体系。

(三)适切性与有限性

适切即适合、贴切之义。适切性一词是从英文“relevance”衍生而来,有观点认为,“适切性主要指某事物与其他相关因素的协调统一程度,是否针对、适应、切合某方面的需要。某事物的适切性主要有两部分构成,一是该事物与外部因素的适切性,二是事物自身内部的适切性。"①还有学者指出,适切性"是指某事物与其所处环境中诸多因素的相关程度,通常表现为适当、恰当或适合需要等方面的特征"②。中小学生公民意识培养目标要契合受教育者本身的实际情况及周围其他客观情况,在具体目标的制定方面要坚持从实际出发,综合考虑中小学生的身心发展状况、原有的认知水平以及当时社会的经济发展水平、民主政治发育程度等因素。

中小学生公民意识培养目标的"有限性"是指由于中小学生是一个特殊的群体,属于未成年人,还是一个受保护的群体,因此他们不享有完全意义上的权利,也不履行完全意义上的义务,同时,他们享有权利和履行义务的能力也是有限的。例如,在选举权和被选举权等权利的行使方面,虽然在《中华人民共和国宪法》规定,"中华人民共和国年满十八周岁的公民,不分民族、种族、性别、职业、家庭出身、宗教信仰、教育程度、财产状况、居住期限,都有选举权和被选举权",但因为中小学生是未成年人,对成年公民所享有权利和义务仅做认知上的了解和技能上的准备即可,当然也可以适当地参与班级、学校的民主管理活动,进行一些力所能及的参与。同样的问题也反映在公民义务的履行上,例如,《中华人民共和国宪法》第五十五条规定:"保卫祖国、抵抗侵略是中华人民共和国每一个公民的神圣职责。""依照法律服兵役和参加民兵组织是中华人民共和国公民的光荣义务。"教育者可以引导中小学生树立起对祖国的热爱之情,培养他们理解国家是公民生存之所,公民应当养成履行维护祖国统一和民族团结,维护国家安全、荣誉和利益等相关义务的自觉性,但现阶段就应努力学习,学知识、长本领,为将来更好地履行义务做好充足的准备。同时,还应告知学生,如果在不完全具备履行相关义务的能力条件下实施行动,可能会造成一些不必要的损失,产生一些无法预计的后果。因此,教育者在开展中小学生公民意识的培养活动之时,应从中小学生的现实情况出发,让学生知晓哪些权利和义务是现阶段可以享有和履行的,哪些权利和义务是他们成为成年人之后才可以行使和承担的,进而引导学生认识到他们在行使权利和履行义务之时应该把握适度的原则,不能超过必要的限度。

---

① 马其君:《课堂管理行为策略在农村小学新课程实施中的适切性研究》(硕士学位论文),四川师范大学,2007年版,第9页。

② 张铁道:《亚洲发展中国家普及教育中的课程问题研究》(博士学位论文),西北师范大学,1997年版,第71页。

四、中小学生公民意识培养的主要内容

公民意识培养的内容是十分丰富和广泛的,在选择中小学生公民意识培养的主要内容时,要紧紧围绕公民意识的构成要素、中小学生公民意识培养的总体目标和具体目标,结合中小学生的年龄特征、认知水平等,联系中小学生的生活实际来确定。与中小学生公民意识培养的具体目标一致,中小学生公民意识培养的主要内容依然是围绕"公民身份、公民权利、公民义务、公民参与"四个方面进行分解,但为了更详细地说明问题,将这四个核心层面的公民意识进行了适当衍生,例如,将公民身份意识拓展为国家意识与民族意识,将公民权利与义务意识的衍生意识民主法治意识、平等公正意识也包含进来,将道德层面的公德意识也囊括其中。其中,国家与民族意识可以理解为是国家层面的公民意识培养内容;权利与义务意识、民主与法治意识、平等与公正意识等可以理解为社会层面的公民意识培养内容;参与意识与道德意识可视为公民个人在道德领域和行为层面上具有公民意识的表现。

(一)公民身份意识

托马斯·亚诺斯基指出,"公民身份是个人在一民族国家中,在特定平等水平上,具有一定普遍性权利与义务的被动及主动的成员身份"[1],公民身份实质上是个体同国家之间关系的反映,个人因地缘或血缘关系获得一国国籍,具备了成为某国成员的公民身份,也因此享有受国家保护的权利并履行相应的义务,但个体虽然成为一国的公民,并不意味着个体天然地对所属国家产生了认同感和归属感,仍需要后天的培养。培养中小学生的公民身份意识体现在强化他们的国家意识和民族意识方面。

1. 国家意识

国家意识是指公民对祖国的热爱、认同、归属和维护国家独立统一、建设国家、为国奉献的意识[2]。培养中小学生的国家意识主要从三方面展开。

首先,要通过教育使学生们了解和掌握作为一国公民应具有的一定的与国家相关的知识,例如,在我国,成为中华人民共和国的公民,国籍如何获得,作为我国国家标志的象征物都有哪些,国家的领土范围是什么,我国的政治制度和根本大法是什么,是否了解我国的悠久历史和灿烂文化,等等。

①　[英]托马斯·亚诺斯基:《公民与文明社会》,柯雄译,辽宁教育出版社 2000 年版,第 11 页。

②　秦树理、王东虓、陈垠亭:《公民意识读本》,郑州大学出版社 2008 年版,第 23 页。

要让中小学生懂得国籍是公民获得一国身份的最起码标志,国家的领土和主权是神圣不可侵犯的,是国家赖以生存和发展的基础。社会主义制度是我国的根本制度,《中华人民共和国宪法》是我国的根本大法,正是有了稳定的政治制度、宪法和法律的保护,才保证了公民权利的充分实现。而我国的悠久历史和灿烂文化是全体中国人民的共同记忆和文化标识,文化深深地镌刻在公民的思想观念之中,流淌在公民的血液之中,成为增进公民国家认同的心理纽带。

其次,要培养中小学生对国家情感上的依恋与归属,使他们从内心接受和认同我们的国家,激发他们的爱国主义情怀和国家自豪感。

最后,爱国要体现和落实到具体的行动中来。公民也只有确认了自己的身份,并自觉将自我归属于国家之后,才会以一个主动参与者的姿态关心国家利益,进而对国家的发展担负起责任来。中小学生不仅需要在心理上和情感上对国家的认同和归属,同样需要在实际行动中寻找合理地奉献于国家的行为和方式。缺少情感的内在支撑,爱国无从谈起,但如若没有理性的引领,爱国必然陷于盲目。因此要教育中小学生在日常生活中,应自觉遵守我国宪法和法律的规定,捍卫国家主权和领土完整,关心国家大事,以合法、理智的方式去维护国家的尊严、荣誉和利益。

总之,在当代社会,任何公民都不可能游离于国家之外,国家能为公民提供维系自身发展的保障,公民也要努力增进国家认同,积极维护国家利益,为国家的繁荣和发展做出贡献。

2. 民族意识

加强民族意识教育,对于培养公民的民族情感,凝聚民族精神,促进民族团结,推动各民族共同发展和繁荣,最终实现中华民族的伟大复兴具有重要意义。民族认同与国家认同是相关的,在单一民族国家内,民族认同往往与国家认同相重叠,而在多民族国家,民族认同虽然往往先于国家认同而产生,是形成国家认同的前提和基础,但由于国家是各民族存在的载体,民族认同存在于国家认同的话语体系之中,以国家整体利益的实现为主旨的国家认同应高于民族认同。正如米勒指出的那样,"民族必须有祖国。这当然是产生重大困难的根源,我在考虑民族性政治时再回来讲这一点,但是这有助于解释为什么民族共同体必定(在渴望上,尽管还不是实际上)是一个政治共同体。我们已经知道民族是行动的群体;现在我们又知道他们渴望实施的行动必定包括占据地球的某一块表面。正是这个领土要素使得民族和国家结成亲密联系"①。

---

① [英]戴维·米勒:《论民族性》,刘曙辉译,译林出版社2010年版,第24-25页。

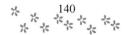

开展中小学生民族意识教育,强化他们的民族认同,首先应让他们了解到我国是有56个民族的大家庭,每个民族都有自己的形成过程和风俗习惯,经过历史上长期的融合,各民族已经自然地融合为一体,形成了中华民族。费孝通先生指出,在我国,"'民族'这个概念本身应包括三个层次的含义:第一层是中华民族的统一体;第二层是组成中华民族统一体的各个民族,即现在组成中华民族的56个民族;第三层是组成中华民族统一体的各个民族内部还有各具自身特点的部分,现在称作各种'人'"①。其次,要教育中小学生认识到,只有维护全国各民族的团结才有利于推动国家的发展和进步。中华民族是历史上各民族经过长期融合而形成的,中华民族的生存和发展是与国家紧密相连的,统一于中华人民共和国的国家体制之内,一旦国家这个载体消失了,中华民族自然也就失去了依附。正如吉登斯所言:"我用'民族'一词指的是存在于界划分明的领土内的一个集体,它从属于一个统一的行政管理,自反性地受到内部的国家机器和其他国家的机构的监控。……一个'民族'——就我此处运用这个概念的意义而言——只有当一个国家拥有达于其主权所宣称的领土全境的行政范围时,它才是存在的。"②第三,要强化中小学生的民族精神。民族精神是民族凝聚力的集中体现,也是维系中华民族生存和发展的精神动力。在我国,由于民族认同首先体现为对中华民族的认同,培养中小学生的民族精神,就是要使他们形成以爱国主义为核心,团结统一、爱好和平、勤劳勇敢、自强不息的心理品质和思想信念,热爱祖国、努力学习,为推动中华民族的伟大复兴奉献力量。最后,培养中小学生民族意识,强化民族认同教育,也要勇于同破坏民族团结的言行做斗争。

（二）权利、义务意识及其衍生意识

权利意识与义务意识是公民意识的核心层面意识,由核心层面意识衍生而来的意识有诸多种,在此选取和中小学生学习生活密切相关的、对他们未来参与公共生活有重要影响的几种意识,例如民主意识、法律意识、平等意识、公正意识等作为培养的内容加以介绍。因诸种意识在第二章已有提及,在此就不再泛泛而谈,仅结合中小学生的实际状况加以具体分析。

1. 权利意识与义务意识

公民既然是权利与义务的统一体,公民意识的培养也必然包括权利意

---

①　费孝通:《边区民族社会经济发展思考》,《北京大学学报(哲学社会科学版)》1993年第1期,第12页。

②　Anthony Giddens," The Nation State and Violence ", Berkeley and Los Angeles: *University Calif Press*,1984,p.116.

识与义务意识两个方面。如果仅重视对中小学生权利意识的培养而忽视义务意识的教育，那么就会造成只享有权利而不履行义务的局面出现，公民的责任感普遍缺失；如果仅注重于对中小学生义务意识的强化而忽略对权利意识的树立，那么臣民意识和奴性心理又会再次抬头，社会将可能会出现整体的倒退。有学者指出，"大部分的中国人在理解法的时候根本想不到权利，灿烂的古代文明并未提供给他们打开奥秘的钥匙，相反，以沉重的义务枷锁扼杀了权利观念萌生的可能性；长时间的闭关自守也使他们无法得知，世上除了义务之外，还有别的更重要的东西存在于法律之中。"①因此，权利意识与义务意识的培养必须同时进行，如若对二者进行割裂或发生失衡，公民意识的培养也将失去其本真的意义。例如，在集体主义话语系统中，原有的中小学生德育课程往往着重宣传"毫不利己专门利人"等思想和观念，忽视了对公民权利进行启发和教育，在塑造了一批"听话""顺从"的学生的同时，却培养不出来适应现代社会发展所需要的人才。因此，开展中小学生公民意识培养和教育活动，仍要将内容定位在权利意识和义务意识上来，同时在教育过程中要避免出现矫枉过正的情形，无论是权利意识极强、义务意识极淡薄还是义务意识极强、权利意识极薄弱，都无法使中小学生完整地理解和体会权利与义务的正确关系，这也是中小学生公民意识培养的关键所在。

培养中小学的权利意识，首先要让学生逐步认识到作为中华人民共和国公民享有的权利。了解《中华人民共和国宪法》及相关法律赋予公民基本的权利，认识到每一位公民都平等地享有宪法和法律赋予的政治权利和政治自由、人身、社会经济以及文化教育等方面的权利。公民享有的政治权利和自由包括选举权和被选举权、监督权（批判权、建议权、申诉权、控告权及检举权）、政治自由（言论、出版、集会、游行及示威自由）；公民享有的人身自由与其他自由权包括人身自由不受侵犯（身体不受侵犯和行动自由不受限制）、人格尊严不受侵犯（姓名权、肖像权不受侵犯，名誉权、荣誉权不受侵犯及隐私权不受侵犯）、住宅不受侵犯（不受非法进入和非法搜查、查封）、通信自由和通信秘密受法律保护、宗教信仰自由（自主决定宗教信仰、不因是否信仰宗教而遭受歧视及宗教活动自由）；公民享有的社会经济权利包括财产权（合法的私有财产不受侵犯、财产受侵犯获得补偿）、劳动权（劳动就业和取得劳动报酬的权利）、休息权（获得必要的休息、享受娱乐休闲）、社会保障权（基本生活有保障、特定人群获得物质帮助的权利）；公民享有文化教育的权利包括文化权利（进行科学研究、进行文学创作及参加文化活动）、受教育

---

① 梁治平等：《新波斯人信札——变化中的法观念》，北京，中国法制出版社2000年版，第125页。

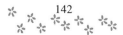

权(均等地享有受教育机会并获得享有保障的权利)。

其次,要让中小学生了解作为未成年人享有哪些特殊的权利。《中华人民共和国未成年人保护法》规定:"未成年人享有生存权、发展权、受保护权、参与权等权利,国家根据未成年人身心发展特点给予特殊、优先保护,保障未成年人的合法权益不受侵犯。"未成年人享有生存权包括生命权(生活受珍爱和保护、生命安全受重视)和健康权(健康安全有保障的权利);未成年人的发展权是指他们有权获得国家和社会提供的相关条件以促进自身全面、健康发展,主要包括接受义务教育、德智体全面发展的权利以及培养良好的兴趣、爱好、发展特长的权利等;未成年人的受保护权包括受家庭保护的权利(受家庭监护和人格尊严受尊重的权利)、受学校保护的权利(受教育权、接受安全教育、学校和生活环境受保障的权利)、受社会保护的权利(身心不受伤害、无人抚养时受救助的权利、免费或优惠享受公共文化体育设施的权利以及智力成果和荣誉权不受侵犯的权利)、受司法保护的权利(相关民事权益受保障、司法程序中受区别对待);未成年人享有的参与权主要涉及参与家庭议事、参与学校事务、参与社会事务三方面。

无论是作为中华人民共和国公民所享有的权利,还是作为未成年人所享有的权利,对这些权利的认知和了解仅仅是中小学生具备权利意识的基础,权利的主张和维护是要体现在实际行动中的,当自身的合法权益受到侵害之时,应懂得通过合法的途径去维护,并在此过程中还应尊重他人的正当权益。权利的认知、主张和维护是中小学生权利意识培养的三个层次,树立对权利的认知,主要通过学校教育来完成,而权利的主张和维护则需要通过大量的实践活动和观察体验得以进行,这个过程是漫长的,将伴随公民的一生。

在培养中小学生义务意识之时,要让学生明白人是生活在社会之中的,不可能只享有权利不履行义务,因此必然要履行和承担对他人、社会、国家的义务和责任。卢梭在著名的《社会契约论》中指出:"一个公民能对国家提供的各种服务,只要主权者一提出要求,他就应当立刻照办;但主权者绝对不能对臣民施加对共同体没有用处的约束,它甚至连想都不敢想,因为按照理性的法则,没有理由的事,就不能做;按照自然的法则,同样是不能做的。"①上述卢梭关于"义务"的观点是基于当时公民与国家订立契约的基础上产生的,当代谈及公民义务更多的是从国家宪法和法律规定的角度而言的,虽然法律的强制性使公民在义务的履行上可能会带有一定的强迫性,而非完全出于自愿,但这种意义上对义务的履行只能被视为是消极的。培养

---

① ［法］卢梭:《社会契约论》,李平沤译,商务印书馆 2012 年版,第 35 页。

中小学生的义务意识,是建立于权利义务相统一的认识基础上的,因此,他们产生和形成的义务意识应是主动的、积极的。中小学生义务意识的培养主要从两个层面实施,首先是公民对国家的义务层面,主要涉及维护国家统一和全国各民族团结;保守国家秘密(防止国家秘密泄露、无意间得知国家秘密不外传),维护祖国的安全、荣誉和利益;依法纳税(当通过自己的努力获得收入时,应自觉如实办理纳税申报并按时缴纳税款),维护国家税收(主动索要发票并抵制避税等行为)。其次在公民对自身的义务层面,主要涉及树立自我保护意识;珍惜受教育的权利和机会,自觉接受义务教育,珍惜时间,好好学习;参加力所能及的劳动,树立热爱劳动的观念,自觉、认真地参加劳动,懂得珍惜他人的劳动成果,并在劳动中不断提高自己的技能,等等。这里需要指出的是,"受教育"和"劳动"既是公民的基本权利,也是公民的基本义务,中小学生应从多角度、全方位对其进行理解。以上涉及的中小学生义务意识培养的内容是依据他们的身心发展状况而设置的,作为一国公民,按照《中华人民共和国宪法》规定,还应履行计划生育的义务、依照法律服兵役和参加民兵组织的义务等。同时,中小学生应明白作为一名未成年人,他们的知识和能力是处于不断增长和提高之中的,当前接受的知识性教育和技能性训练就是为了将来能够更好地享有权利和履行义务。

2. 平等意识与民主意识

平等首先"是一种原则、一种信条、一种信念、一种信仰、一种宗教"①。同时,"平等是一项神圣的法律,一项先于其他一切法律的法律,一项派生其他法律的法律"②。平等意识是指对公民之间地位平等、权利义务对等及人格平等的看法和认识,涉及公民对平等的认知、主张和追求。培养中小学生的平等意识首先要从对平等的了解和认知着手,这主要体现在公民的地位平等、权利和义务的平等以及人格平等三方面。公民的地位平等实质上是人与人之间关系的一种反映,公民是国家的主人,公民的主体地位是平等的,即所谓的资格平等。正如恩格斯认为:"一切人,或至少是一个国家的一切公民,或一个社会的一切成员,都应当有平等的政治地位和社会地位。"③公民权利和义务平等是指公民在法律面前一律平等,公民平等地享有宪法和法律规定的各项权利和义务。"虽然人与人在体力和智力上不相等,但由于公约和权利的保证,他们人人都是平等的。"④在马克思看来,真正的平等

---

① [法]皮埃尔·勒鲁:《论平等》,王允道译,商务印书馆2012年版,第21页。
② [法]皮埃尔·勒鲁:《论平等》,王允道译,商务印书馆2012年版,第247页。
③ 《马克思恩格斯选集》第3卷,人民出版社1995年版,第448页。
④ [法]卢梭:《社会契约论》,李平沤译,商务印书馆2012年版,第28页。

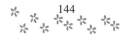

是既享有权利,同时也履行义务,强调权利和义务的统一性,他提议,"不用'为了所有人的平等权利'代之以'为了所有人的平等权利和平等义务'"①。而在法律的适用方面,任何人也都不得僭越法律的特权,一切违反宪法和法律的行为都予以追究。公民的人格平等是指虽然人与人之间会有生理上的区别及成长上的差异,但公民的人格是平等的,是需要受到尊重的。其次,在平等的主张和维护方面,中小学生应懂得平等不仅仅是以一种观念形态存留于头脑之中,还体现为对自身享有的基本权利的维护和基本义务的履行,当个人的合法权益受到侵害之时,应运用法律武器并通过合法途径来实现对自身权益的维护。而在日常生活和交往中,还应懂得要平等待人,维护自己与他人的人格和尊严。最后,在对平等的追求方面,通过行使参与经济、政治、文化、社会事务中享有的基本权利,积极投身于公共事务、参与公共决策、表达利益诉求,培养起中小学生对平等追求的信念。

"民主意识就是人民当家做主的意识,就是人民依法管理国家事务和社会事务、管理经济和文化事业的自觉愿望和要求。"②公民的民主意识的强弱直接影响到一国民主政治发展的局面。民主意识的养成,既离不开民主制度的健全,也离不开公民进行民主参与的实践。理性的民主意识是民主政治制度良性运转的必要前提。民主意识也是权利意识的衍生,这是因为,依据宪法和法律规定,公民平等地享有同等的政治、经济、社会、文化等方面的权利,民主意识是公民依法行使自身的权利并进行有序政治参与的体现。培养中小学生的民主意识要从以下三方面进行:首先是树立国家和公共事务我有责意识,涉及"国家兴亡我有责"意识(关心国事、关心国家建设和发展的意识,从现在做起、从自我做起,为国家尽责意识)和社会公共事务我有责意识(主动关心社会公共事务的意识、主动为社会公共事务尽责的意识);其次是正确参与、理性表达的意识,涉及正确行使参与权意识(负责任地行使参与权意识、依法有序参与意识)和民主决策意识(平等协商意识及少数服从多数意识);最后是民主监督意识,涉及通过正确途径获取和了解信息的意识(通过公开、合理的渠道了解国家政务信息及和公民生活相关的信息)和正确行使监督权的意识(正确提出意见和建议的意识、正确行使申诉、控告或检举权的意识)。中小学生民主意识的培养要与他们的日常生活联系起来,从班级自治和学校民主管理着手,增长他们的民主参与方面的知识和技能。

---

① 《马克思恩格斯选集》第 4 卷,人民出版社 1995 年版,第 409 页。

② 秦树理、王东虓、陈垠亭:《公民意识读本》,郑州大学出版社 2008 年版,第 62 页。

3. 法律意识与公德意识

公民法律意识是作为独立主体的社会成员在实践中所形成的关于法和法律现象的心态、观念、知识和思想体系的总称①。依法治国,建设社会主义法治国家需要公民的法律意识作为内在精神支撑。法律意识同样也是权利意识的衍生,正确的权利意识是法治实现的精神保证。从理论上说,公民法律意识由法律认知、法律情感、法律理念以及守法、维法、护法等行为构成,中小学生法律意识的培养也应从这几方面进行。首先,在法律认知层面,中小学生要对我国现行法律制度的基本内容进行了解,懂得《中华人民共和国宪法》是我国的根本大法,宪法规定了国家的根本制度和根本任务,明确了公民的基本权利和义务,也是制定其他法律的依据和准绳。具备一定的法律认知是中小学生依法行使权利和履行义务的前提。其次,在法律情感层面,要培养中小学生对于法律规则和制度的认同感,从情感上接受、认可法律。再次,在法律理念层面上,要帮助中小学生树立法律至上的理念,这种理念是建立在对法律理性认知和情感认同的基础上的,是以实现民主、平等、自由等为价值皈依的理想和信念,也是促使公民在行为上积极守法、努力维法、护法的内在动力。如果公民没有建立起对法律权威的普遍认同和信仰,即便存在健全的法律制度,也会被束之高阁,流于形式。正如卢梭指出:"法律既不镌刻在大理石上,也不镌刻在铜表上,而是铭刻在公民们的心里。"②只有当公民从内心真正认同法律权威,树立起理性的法律意识之时,才会从内心真正接受和遵守法律,"如果一个规则体系要用暴力强加于什么人,那就必须有足够的成员自愿接受它;没有他们的自愿合作,这种创制的权威,法律和政府的强制权力就不能建立起来"③。最后,在行为层面上,中小学生应依法行使,将法律作为自我约束的准则,并在实际行动中依法维护自身正当权益。

公德是与公共领域相对应而存在的,我国历史上公共领域较为逼仄,因而也尚未建立起如同私德一般完善的道德准则,随着社会的不断发展,公共生活和公共领域越来越成为公民需要面对的主要空间,"公共性"成了公民的基本属性。实质上,公德体现的是对他者权利的一种认同、尊重和维护。公民的公德意识是衡量一国文明程度的重要标志。2001 年中共中央颁布了

---

① 李蕊,孙玉芝:《公民法律意识——法治之精神力量》,《法学论坛》2000 年第 2 期,第 24 页。

② [法]卢梭:《社会契约论》,李平沤译,商务印书馆 2012 年版,第 61 页。

③ [英]哈特:《法律的概念》,张文显等译,中国大百科全书出版社 1996 年版,第 196 页。

《公民道德建设实施纲要》，其中明确指出，"社会公德是全体公民在社会交往和公共生活中应该遵循的行为准则，涵盖了人与人、人与社会、人与自然之间的关系。"并且要在全社会大力倡导"爱国守法、明礼诚信、团结友善、勤俭自强、敬业奉献"的基本道德规范。公德意识是公德行为产生的前提，牢固的公德意识是形成良好公德行为的基础，公德意识最终要通过公民的具体行为表现出来。按照正确处理"人与人、人与社会、人与自然"关系的逻辑顺序，培养中小学生公德意识主要从公共交往公德意识、公共场所公德意识以及人类环境公德意识着手。首先，在公众交往公德意识方面，要教育中小学生在与人交往的过程中，形成人际交往的良好品德，例如待人要文明礼貌、尊老爱幼、助人为乐、诚实守信等，此外还应具备为人正直的意识，坚持维护正义，尊重他人并与人为善；在公共场所公德意识方面，应教导中小学生自觉爱护公物，主动遵守和维护公共秩序，树立起爱护公共财物的意识；在人类环境公德意识方面，应培养中小学生环境保护意识、节约资源的意识（节约自然资源意识和节约使用再生资源意识）以及珍爱生命意识（爱惜动物生命的意识、爱惜花草树木的意识）等。康德认为，自律是道德的唯一准则，中小学生公德意识和公德行为的养成要经历从他律到自律的过程，最终使得主体良好行为习惯是由主体自觉自愿而发出的，而非凭借外部的各种规范和权威。

（三）参与意识

"参与可以唤醒公民的权利意识和民主意识，可以培养公民的公共合作精神，可以增进公众的政治认同，可以使公民学会适应公共生活，提高参与的技巧，积累参与的经验，发展参与的能力。因此，公民的参与既是一种政治价值，也是一种政治美德。"①公民参与可以被视为是公民试图影响公共政策和公共生活的一种活动。社会主义民主政治制度的建设，需要公民的积极、有效地参与。参与意识是指公民主动参与政治生活和公共生活的心理意愿和行为倾向，体现了公民追求自我管理、自我服务、自我发展的特性，也是"积极公民"身份的表征。参与意识和行为是公民享有权利和履行义务相统一的外在体现，参与既是公民的权利，又是公民必须履行的义务。亚里士多德认为，人天生是一种政治动物，参与城邦政治生活是人的本性。公民参与并不等同于政治参与，政治参与是指"公民依据法律所赋予的权利和手段，采取一定的方式和途径，自觉自愿地介入国家政治社会生活，从而影响

---

① 俞可平：《公民参与的几个理论问题》，《学习时报》2006 年 12 月 18 日第 5 版。

政府政治决策的政治行为"①。"除了政治生活外,公民参与还包括公共的文化生活、经济生活和社会生活。"②公民有效参与的最终实现是需要借助一定的知识和能力的,例如,公民在与他人进行民主协商之时,需要具备良好的沟通技能和表达能力,公民参与不仅能使公民自身不断地提高知识和技能,而且由于最终决策是亲身参与的结果,因而也就为政策的执行奠定了良好的心理基础,培养了对政治共同体的归属感。

　　培养中小学生的参与意识是为他们将来成长为社会主义合格公民做准备。中小学生公民参与意识的培养要从他们日常生活入手,由于受年龄等诸多因素限制,中小学生能够参与的民主管理和公共生活是有限的,主要涉及一些与他们自身相关的家庭民主决策、班级和学校民主管理以及一些社会公益事业和公共活动。但"任何参与,即使是参与最小的公共职务也是有益的"③。通过亲身参与,可以将中小学生逐渐培养成正确行使权利并履行义务,拥有一定参与公共生活基本常识和技能的合格公民。例如,儿童在家庭中的参与可以分为三个维度:①交流与决策参与,主要指交流的开放度和交流的话题;②融合与合作,主要是对家务活动的分配或者是参与共同的活动;③控制与自主,主要是家长试图平衡照料和控制以及儿童不断追求自主和获得认可的过程④。在学校生活中,教育者要充分考虑不同年龄阶段学生的身心发展特点、认知图式和行为特征,充分利用学校生活中蕴藏着的丰富的公共生活资源,尽可能地给学生提供更多的参与机会,引导他们积极关注身边的公共事务和公共生活。对中小学生而言,班级生活是他们经常感受和参与到的生活,班级生活不仅仅是学生学习和活动的场所,也为他们将来进入社会公共生活提供了预演空间。教师在班级公共生活中应着重培养中小学生以平等、协商的方式处理与每位同学息息相关的公共事务,合理解决矛盾冲突,力求在平等、民主、宽松的氛围下,激发学生们对权利和义务意识的合理认知,锻炼他们独立思考和解决问题的能力。在社会生活中,虽然中小学生能够参与的社会公共事务是有限的,但在力所能及地参与一些志愿服务、慈善活动、社区管理与服务活动的过程中也能逐渐提高自身的参与意识和参与能力。

① 马振清:《中国公民政治社会化问题研究》,黑龙江人民出版社 2002 年版,第 139 页。

② 俞可平:《公民参与的几个理论问题》,《学习时报》2006 年 12 月 18 日第 5 版。

③ 〔英〕约翰·密尔:《代议制政府》,汪瑄译,商务印书馆 1984 年版,第 55 页。

④ 史秋琴:《儿童参与与公民意识》,上海文化出版社 2007 年版,第 48 页。

第三节　中小学生公民意识培养应遵循的规律、原则与方法

中小学生公民意识培养要遵循一定的规律、原则和方法，这是中小学生公民意识培养和教育活动的具体实施依据。

一、中小学生公民意识培养应遵循的规律

辩证唯物主义认为，事物的发展不是杂乱无章的，而是有其内在发展规律的。"规律就是关系……本质的关系或本质之间的关系。"[①]"规律和本质是表示人对现象、对世界等等的认识深化的同一类（同一序列的）概念，或者说得更确切些，是同等程度的概念。"[②]规律即为事物内部的、本质的、必然的联系，客观性、必然性和重复有效性构成了规律的基本特征。"人们思想的形成和发展规律主要有三个要点：一是人们的思想是在客观外界条件和主观内部要素相互作用的过程中形成和发展的；二是人们的思想是通过社会实践得以实现和不断丰富的；三是人们思想形成和发展是一个复杂曲折的过程。"[③]中小学生公民意识的培养也是有规律可循的，中小学生公民意识的培养要富有成效，必须要遵循相应的规律。

（一）遵循认知发展的规律

"探讨意识的发展，最重要的一条是不可忘记意识属于人类，它是人类的一个重要方面，它的发展离不开人类的发展。一句话，要把意识的发展放在人类的发展之中去考察。"[④]在《爱弥儿》一书中，卢梭反复强调"要按照你的学生的年龄去对待他"[⑤]。中小学生公民意识的培养并非随意的、盲目的活动，必须根据中小学生身心发展的特点和认知状况，遵循"认知—情感—意志—行为"的教育过程，围绕实现中小学生公民意识培养的目标要求，开展和实施教育活动。小学阶段是形成公民意识的基础阶段，也是公民意识

---

① 《列宁全集》（第38卷），人民出版社1986年版，第161页。

② 《列宁全集》（第38卷），人民出版社1986年版，第159页。

③ 戴钢书：《思想政治教育统计研究方法论》，人民出版社2005年版，第38页。

④ 韩民青：《意识论》，广西人民出版社1988年版，第420页。

⑤ ［法］卢梭：《爱弥儿》，李平沤译，商务印书馆2009年版，第92页。

和行为能力养成的重要时期。在小学阶段，"儿童在道德认知方面有较大的发展，他们逐渐理解社会的道德规范，根据行为是实际效果或用这个规范来评价别人的行为与思想。并由自己对他人的评价，以及别人对自己的评价逐渐转向自己对自己行为的道德评价。"①小学生尤其是小学低年级学生，虽然在教师的引导下，获得了一定的对公民知识的认知，但由于缺乏丰富的实践所赋予的亲身体验和真实感受，必然会弱化个体对公民意识相关内容的理解和认同，仅停留在较为浅显和感性的阶段。同时，他们在教师的指导下，知道哪些行为是正确的、符合规范的，哪些是不恰当的，不应提倡的，但表现在具体的行为习惯上，却带有依附性、盲从性和不稳定性的特点，需要及时矫正和加以引导。基于此，应依据小学生的认知发展水平和生活经验，以深入浅出的道理，趣味盎然的活动，来激发他们学习的热情和参与的积极性，侧重行为规范训练和体验式教育。例如，以培养小学生的参与意识为例，小学中、低年级的学生，可以对他们进行清理小广告、慈善捐助等系列活动；对于高年级的学生，可以开展"我为农村发展提建议"等活动。

初中生的年龄大致在十一二岁到十四五岁，这一阶段的学生随着身心迅速发展，自我意识也开始形成和发展，公民意识逐渐成形。初中阶段，学生在认知方面，其思维"向着更为抽象、概括和注重逻辑的方向发展，他们的学习较儿童具有更强的迁移能力"②。较之小学阶段的学生，初中阶段学生对公民意识和行为的认识水平有了较大提高，教育者应侧重对他们进行较深层次的公民认识和理解教育，并进一步注重养成训练对知识的巩固作用。在公民知识的教育方面，因初中生的逻辑思维能力逐渐发展，生活经验逐渐丰富，较之小学生，教师可以对他们进行更多的概念性的讲解和原理式的教育。在实践活动的开展方面，教师应侧重于引导、激励学生参加一些社团活动和公益活动，在实践中不断深化对公民知识的理解，提高参与的技能，并通过反复练习、不断巩固公民意识，形成较为稳定的、一贯的公民行为。"个体社会化是指个体适应社会的要求，在与社会的交互作用过程中，通过学习与内化社会文化而胜任社会所期待、承担的角色，并相应地发展自己的个性的过程。"③个体通过参与实践和真实体验来使自身的公民角色得以验证，从而帮助其完成了公民意识内化的过程，同时，这个过程也伴随着个体对公民意识和行为的理性思考和判断，正是这种理性的认识最终引导公民意识不断地完善和成熟。

---

① 叶澜：《教育概论》，人民教育出版社1991年版，第267页。
② 叶澜：《教育概论》，人民教育出版社1991年版，第273页。
③ 鲁洁：《教育社会学》，人民教育出版社1990年版，第597页。

总之,个体认知发展规律是中小学生公民意识培养必须遵循的首要的规律。"儿童青少年身心的发展在正常的条件下总是具有一定的方向性和先后顺序,而且是不可逆,也不可逾越的。"①教育者应在教育过程中遵循认知发展的规律,按照中小学生公民意识培养的目标和要求科学施教,通过相关知识的传授和行为习惯的养成,逐渐培养中小学生良好的公民意识和行为习惯。

(二)遵循双向互动的规律

　　中小学生公民意识培养应遵循双向互动的规律,即教育者的主导作用与受教育者的主体作用辩证统一的规律。中小学生公民意识的培养是教育者和受教育者之间相互影响、相互作用的双向活动过程。一方面,在中小学生公民意识的培养过程中,教育者相对于受教育者而言,是教育活动的主导者,是中小学生公民意识培养目标、要求和内容的具体实施者和组织者,也是受教育者进行自我公民意识教育的引导者和激发者。另一方面,受教育者即中小学生并非是完全被动的接受者,他们对知识的理解、意识的生成、情感的认同、意志的坚定以及行为的体现,是自身发挥主观能动性的过程,体现了主体性。他们能够能动地影响教育活动的进行,与教育者产生良好的互动。因此,在中小学生公民意识培养过程中,教育者的主导作用和受教育者的主体作用不是割裂开来的,是相互影响、相辅相成的关系。教育者主导作用的最终实现离不开受教育者主体作用充分发挥,如果受教育者不能充分发挥主体作用,公民意识培养的最终目标也必然无法达到预期的效果。同时,受教育者主体作用的体现也离不开教育者主导作用的引领,如果教育者主导作用缺失了,整个中小学生公民意识培养和教育活动将陷于杂乱无章的境地,因此,在中小学生公民意识培养的过程中,必须要遵循教育者和受教育者双向互动的规律。

　　中小学生公民意识的培养是以满足受教育者的需要,促进受教育者公民意识和公民行为的形成为宗旨的,开展中小学生公民意识培养活动,在强调发挥教育者主导作用的同时,必须重视激发受教育者的主体作用,最大限度地调动受教育者的主观能动性,经过自身的理解、接受,自觉将外在的知识和行为规范内化为自身思想意识体系的一部分,并形成情感上的认同。在参与社会实践的过程中,通过调动公民认知、转换公民情感、增强公民信念,自觉克服思想上的错误倾向,最终实现知行统一,将公民意识外化为行为习惯。无论是受教育者将外在的知识和规范转换为自身思想意识,还是

---

　　①　孙义农:《初中生心理辅导》,浙江大学出版社2002年版,第12页。

这种思想意识转化为个人的行为习惯的过程,都是其主体性充分发挥的过程。同时,教育者要注意发挥自己的主导作用,采取有效行动对受教育者施加外部控制教育,加深其认识,激励其情感,增强其信念,锻炼其意志,训练其行为,促使受教育者形成与公民意识相一致和适应的行为习惯,并积极引导受教育者对自身的公民意识状况进行分析和评价,对自身的公民行为进行训练和调节,最终实现由知到行的转化。

(三)遵循他律与自律相统一的规律

他律是指由自身之外的力量进行强制约束,即法律法规、规章制度等外部环境的纪律约束。而自律强调的是"不受他人支配,而是自己支配自己"①。"它并不要求人们掌握单一的客观道德真理体系,而只是要求自由运用人的理智。"②如果说处于他律阶段的行为表现是源自于一种外在于主体的"异己"力量,而处于自律阶段的行为表现则是建立在个体内在的自我要求之上的。中小学生公民意识的形成遵循着从自律到他律的发展规律,他律是公民意识形成的第一阶段,这一阶段中小学生公民行为的表现以服从为主要特征。他律尤其适用于低年级学生,因为学生的年龄越小,心智发育越不成熟,他们往往根据他人的价值标准做出相应判断,认为那些来自父母、老师的要求是"神圣不可侵犯"的,应该服从权威并遵守。概括而言,他律阶段的中小学生公民意识和公民行为有如下表现:他们的公民认知是相对肤浅的,行为以模仿和顺从为主,较少源自于内心的觉悟和信念。往往仅从行为所产生的结果来进行判断,对行为所产生的意义以及植根于意识深处的动机思索不深,知行脱节现象也较为常见,且行为的随意性和盲目性较为突出,等等。在他律阶段,自律并非是完全不存在的,起着协作性作用。

随着个体身心发展的成熟,公民知识和生活实践日益增多,公民意识和公民行为的内控力不断增强,自律水平也越高,逐渐能按照内化为自身思想意识体系中的观念和规范对行为进行自我约束和自我调整。处于自律阶段的公民意识和公民行为有如下特点:公民认知愈来愈深刻,公民情感和公民信念对公民行为的影响作用越来越明显,个体的公民行为逐渐倾向于自觉性和主动性,随意性和盲目性日益减少,公民认知与公民行为日益一致,且行为的自控力得以增强。要实现从他律到自律的过渡,必须要把外在的行为规范内化为主体自身的意识时,才有可能实现,但也不意味着忽视他律的

---

① [英]约翰·格雷:《自由主义》,曹海军等译,吉林人民出版社2005年版,第84页。

② [英]约翰·格雷:《自由主义》,曹海军等译,吉林人民出版社2005年版,第85页。

约束,只有自律和他律的并行不悖,才能收到更好的效果。

他律和自律贯穿于整个中小学生公民意识培养的始终,二者是同时存在、相辅相成的关系,中小学生公民意识形成的过程是从他律阶段量的积累到自律阶段的质的突破的发生、发展过程。在中小学生公民意识培养过程中,遵循自律与他律相统一规律,就应着重于通过公民意识的知识启蒙和实践训练,引导和启发学生们的情感共鸣和心理自觉,发挥他们的主体性和积极性,让他们自觉参与到公民意识实践活动中,强化公民的认知,同时,也要注意发挥外在的各种规范对他们的约束作用,提高自我公民意识水平,增强自我选择、自我评判的能力,最终实现由他律到自律的积累和突变。

(四)遵循价值理解与行为矫正相一致的规律

心理学研究表明,行为不具有先天性,是通过后天学习习得的。个体行为的表现取决于其对周围事物的认知、对行为本身所具有的价值的理解。哲学意义上的价值是指客体对于主体的有用性,人们对外界客观事物的认知和对主客体之间价值关系的判断,是相互联系、相互影响的,主体的认知程度在对客体的功能和价值属性的选择上产生一定的影响,同时,客体对主体的功能和价值也影响着主体的认知、需求和实践。一般意义上,主体对客体的认知愈发全面和清晰,其行为体现就愈加准确和深刻,其价值理解与行为表现就愈发一致,但在现实生活中,由于受诸多因素的影响,二者也会发生错位。在中小学生公民意识培养过程中,绝大多数学生其言行不一或行为失范现象的产生,是源于对公民认知的不清晰以及由此产生的情绪、情感上的困扰和思维上的混乱。例如,由于学生缺乏较为理性的公民认知,在面对较为复杂的情形时,往往造成行为的失范或失当,但他们却意识不到自身不适当的行为可能带来的不良后果。公民行为的失范主要是指个体的选择与社会规范相背离或偏离,这种现象在中小学生群体中体现较为突出,例如,无视公民行为规范或有意抗拒等,都是公民行为失范的体现。公民行为的失当主要有行为不足、行为过度和不适当行为三种。行为不足是指个体所期望的行为很少发生或从不发生;行为过度是指某一类行为发生过多,例如学生总是不遵守公共生活中的规则;行为不适当是指期望的行为在不适宜的情境下产生,但在适宜的条件下却不发生[1]。造成中小学生公民行为的失范或失当的原因的多方面的,除受个体公民认知和价值理解偏差的影响,还会受社会不良风气及不良导向的影响,等等,由于学生原有的公民认知基础较为薄弱,未形成较为稳定的心理态度和情感倾向,加之外界不良因素的

---

[1] 吕静:《儿童行为矫正手册》,浙江教育出版社1992年版,第9~10页。

诱导和刺激,就会经受不住考验,产生行为失范或失当的行为。当这种情况出现时,教育者就需要对中小学生的不良行为进行矫正,"行为矫正的目的不仅要巩固发展正常行为,而且更重要的是要矫正一些不正常行为。"①行为矫正的方法一般适用于年龄较低阶段的中小学生,年龄越小,进行干预越早,行为的矫正就越及时,对中小学生公民行为的矫正,主要通过澄清学生的模糊认知、消除错误的观念、建立对公民意识的必要性认识和积极的情感体验,坚定信念,实现对行为规范的遵从等方面着手进行。

(五)遵循协调控制律

中小学生公民意识的培养要遵循协调控制律即教育者要努力协调来自各方面的自觉影响和自发影响,实现相互之间的协调和统一。中小学生公民意识的培养不是封闭孤立的,而是处于一个立体和开放的环境中的,在中小学生公民意识形成的过程中,受教育者不仅会受到来自不同教育主体的自觉影响(包括直接的和间接的影响),例如学校教师、家长及其他社会成员或群体的影响,还会受到来自不同教育环境的自发影响。一方面,不同教育主体由于其对公民意识认知水平的不同,或者所代表的立场不同,所施加的影响自然各异,可能会出现一些不协调,甚至出现对立或冲突的局面,这自然会抵消公民意识教育的成果。当然,在某些情况下,不同教育主体对受教育者施加的影响也可能会一致,或相互强化或相互补充,但在当前的现实状况下,这种情形并不多见。另一方面,由于受教育者是处于一个相对较为开放的环境中的,他们既会受到来自学校教育的影响,也会受到来自家庭、社会等各方面教育的影响,其中,这些影响既有积极的、正面的因素,也会有消极的、负面的因素,这些因素都会自发地对中小学生的公民意识产生影响,一旦这些影响未能形成正向的合力,就会使受教育者处于较为混沌的、不知所措的境地中,最终必然会削弱公民意识教育的成效。

因此,要增强中小学生公民意识培养的实效性,教育者就应遵循协调控制律,使各种影响因素形成合力、发挥正向作用,实现协调自觉影响与控制自发影响的辩证统一。教育者(针对中小学生而言,主要是指教师)要积极协调各种不同教育主体对中小学生施加的不同影响,努力使各种正向影响形成合力,及时纠正负向影响并将这种影响降到最低程度。同时,囿于各种环境因素影响的复杂性,教育者在开展公民意识培养活动的过程中,要注意引导并强化环境中的有利因素的影响,抑制或消除环境中的不利因素影响,使来自环境的自发影响与各教育主体的自觉影响协调一致起来,使之发

---

① 吕静:《儿童行为矫正手册》,浙江教育出版社 1992 年版,第 8 页。

同向作用,形成良好的教育氛围,推动中小学生公民意识的形成与发展。

以上这些规律往往是共同支配、综合作用于中小学生公民意识培养的整个过程的,要使中小学生公民意识培养和教育活动取得更好的实效,就要自觉认识、充分利用好这些规律,以更好地促进中小学生良好公民意识和正确公民行为的生成和巩固。

二、中小学生公民意识培养的基本原则

原则规范着人们的行为,是人们实施具体实践活动的准则和尺度。中小学生公民意识的培养并不是随心所欲进行的,必须依据一定的原则来实施。

(一)循序渐进的原则

公民意识的形成本身是较为复杂的,是理性因素和非理性因素综合作用的结果。"人的思想在形成发展过程中,横向上要受到外部社会生活的各种事物和内部个体心理的各种因素的综合影响;纵向上会有一个或多个由量变到质变的阶段和渐次发展过程。"[①]由于受社会氛围、成长环境、朋辈群体及主体自身思想状况和心理活动等因素的影响,使得中小学生公民意识的形成、发展和变化不是直线上升的,而是曲折起伏的。正是由于中小学生公民意识的形成与发展不是一蹴而就的,需要经历不同的阶段和过程,教育者就应根据公民意识发展的内在规律和学生的身心发展状况,循序渐进地开展公民意识的培养活动,促进中小学生公民意识的良性生长,使其由自发阶段逐渐过渡到自觉阶段。

中小学生公民意识培养坚持循序渐进的原则具体体现为教育目标、教育内容和教育方法的选择和确立上。中小学生处于不同的年龄阶段、不同的认知层次水平,对公民知识的理解程度、对公民情感的倾向把握、对公民意志的坚定与否以及对实践活动的关注和参与等均有不同。例如,小学阶段主要侧重于公民常识的传授与日常行为的养成训练,初中阶段则逐渐深入地启发他们通过对社会现实的观察和自身的亲身参与来加深对公民知识和概念的理解,提升他们的公民技能,引导他们探究问题及事物产生的缘由,并在参与实践活动中理解行为所具有的意义与价值。

同时,由于学生自身的思想状况和认知水平以及周围的社会环境和氛围是处于一个变化的发展过程的,教育者要及时根据变化发展了主客观实际情况,及时调整教育目标和内容,改变教学方法和策略,并通过反复地教

---

① 张耀灿,陈万柏:《思想政治教育学原理》,高等教育出版社 2006 年版,第 163页。

育、实践、感染和熏陶,促进中小学生公民意识的最终形成与巩固。此外,中小学生公民意识的培养还应当具有持续性,课堂不是教育的终点,实践也并非教育的归宿,中小学生公民意识的形成是一个长期的过程,要在日常生活中不断地积累加以巩固。

(二)知行统一的原则

"是生活就是教育,是好生活就是好教育"①,公民意识无法"脱身"于生活实践。抽离于生活之外形成的公民意识是虚假的,也是不牢固的。理性的公民认知不可能仅仅依靠书本而获得,必须要在实践中加以验证,而公民情感的体验、公民意志的培养也同样需要在实践中进行。

中小学生公民意识的培养须坚持知行统一的原则,在参与实践和体验生活的过程中,自觉学习公民知识,不断参与公民实践,深化公民认知,树立良好的公民意识。夸美纽斯认为:"德行是由经常做正当的事情学来的。"②公民意识的产生和形成是按照知、情、意、行的发展顺序进行的,"行"是检验"知""情""意"的标尺也是其归属,只有将中小学生有关公民意识的认知、情感、信念等都集中体现为良好的行为习惯时,公民意识培养的真正目的才得以实现和完成。中小学生公民意识培养要实现认知与行为的具体的和历史的统一,必须要注重实践环节,实践是连接认知与行为的桥梁和纽带,离开了实践,就不能获得对公民知识的正确认知,因此,教育者在开展中小学生公民意识培养活动的过程中,应积极引导学生参与社会实践,在实践中加深他们对理论知识的理解和情感上的认同,使中小学生的公民意识既有科学的理论基础,又有牢固的生活基础,并遵循实践—认识—再实践—再认识的过程,最终促使公民行为转化为日常习惯并固定下来。从心理机制上看,习惯是一种自我需要,人们一旦养成了某种习惯,就会成为主体的内在需要,因而,在一定时期内,习惯也具有相对的稳定性,即"习惯成自然"。良好的行为习惯一旦养成,表现在日常生活中的公民行为就会"不虑而行",不断推动着公民意识的强化。

(三)影响一致的原则

苏霍姆林斯基指出:"有许多力量参与人的教育过程,其中,第一是家庭,而家庭中最细致和最有才干的雕塑家是母亲;第二是教师个人,他有精神财富、智慧、知识、能力、爱好和生活经验、有智力、审美和创造等方面的需要,有自己的兴趣和志向,第三是对每个人产生强大教育影响的集体(儿童

---

① 陶行知:《中国教育改造》,东方出版社1996年版,第143页。
② [捷]夸美纽斯:《大教学论》,傅任敢译,教育科学出版社1999年版,第167页。

集体、少年集体、青年集体);第四是每个受教育者个人(自我教育);第五是受教育者在智力、美感,道德等类珍宝的世界中的精神生活——我指的是书籍;第六是完全未料想到的雕塑家(你的学生在街上结交的少年;来作客一周而使小孩子一生都酷爱无线电工程或星球世界幻想的亲属或熟人)。"[①]"如果这些起教育作用的雕塑家始终行动得像一个组织得很好的交响乐队一样,那么,教育的利剑和长矛往往为之交锋和折断的许多问题就会非常容易地得到解决。然而,每个雕塑家都有自己的性格、风格和长处(有时也有短处)。有时,一个雕塑家对另一个雕塑家的技艺和创作爱持批判态度,不仅力图用刀子在未加工的大理石上精心雕刻,而且总想对另一个巧匠刚刚做好了的地方乱加修补。"[②]上述这段话说明,个体在接受教育的过程中是会受到诸多教育力量的影响的,但这些影响可能会形成正向的合力,共同促进个体的成长,但也有可能形成负向的合力,影响教育的效果。基于此,中小学生公民意识的培养必须坚持影响一致的原则,即来自各方的教育力量必须要协调一致,按照公民意识培养的目标和要求,步调一致地对中小学生开展相应的教育。

对中小学生公民意识培养产生主要影响的教育力量主要来自学校、家庭和社会三方面,中小学公民意识的形成和发展,不仅仅是学校的责任,还需要来自家庭和社会的各种教育力量的配合,是在三方共同施以教育影响的作用下得以实现的。由于中小学生身心发展和认知水平的特点,造成他们极易受到来自外部环境的影响,容易效仿周围人的言行举止,因此,来自学校、家庭和社会的教育力量必须协调一致,系统地对中小学生施加统一的影响,避免消极、负面的因素对他们产生不良影响,影响和制约他们公民意识的生成。

在中小学生公民意识培养的过程中,要想保持来自学校、家庭和社会的教育力量影响的一致性,首先要使三方在中小学生公民意识培养目标和培养内容方面保持一致性,在培养方法上及时沟通,相互配合。鉴于中小学生公民意识的培养基本上是在家庭、学校中进行的,因而要特别强调这二者的协调配合,以便形成最大的教育合力。学校是公民意识培养最直接的、最主要的途径,学校中的各部门、各任课教师首先应在学生公民意识的培养问题上应统一思想,达成一致。同时,学校要定时和家长进行沟通,让家长及时

---

①　[苏]苏霍姆林斯基:《给教师的一百条建议》,周等译,天津:天津人民出版社1981年版,第128页。

②　[苏]苏霍姆林斯基:《给教师的一百条建议》,周等译,天津:天津人民出版社1981年版,第129页。

了解学校公民意识培养的目标、要求和内容,并为家长提供一些理论上和方法上的指导,让家庭公民意识教育与学校公民意识教育保持同步。家长应主动将孩子在家庭生活中的一些表现及时向任课教师或班主任反馈。家长之间或家庭成员之间对中小学生公民意识和公民行为的要求也应一致,避免出现因要求不一致、相互矛盾而使中小学生无从适应的情形,"有些家庭的生活方式、家长之间的关系以及家长对社会义务的态度,会把学校在儿童身上培养的一切善良、美好和积极的东西都加以破坏,以致全部抵销。"①这将势必影响中小学公民意识的生成和良好行为习惯的养成。此外,来自社会力量的影响也应与学校、家庭方面的影响相一致,坚持以正面引导为主,形成相互协调和配合的局面,共同推进中小学生公民意识培养的顺利实施。

(四)因地制宜的原则

由于地域不同、经济发展水平不同、文化氛围不同,必然会使中小学公民意识培养的具体状况呈现差异。开展中小学生公民意识培养和教育活动要充分考虑到本地区、本学校的实际情况,坚持因地制宜、突出特色的原则。地域不同、文化氛围不同,中小学生公民意识培养中可资利用的教育资源就不相同;学校的性质、规模、办学理念和办学水平不同,体现在中小学生公民意识培养中的教育理念和实施方法也就不同;教师的能力、素质及学生家长的受教育水平不同,对实施中小学生公民意识培养和教育活动的意义及价值理解就不同,采取的培养方式和教育手段也就各异;学生所在社区环境不同,周围可供开发和利用的教育资源就不相同;等等。因此,不同地域、不同学校、不同教育实施主体在开展中小学生公民意识培养过程中,所面临的具体情况是千差万别,各具特色的,因此,中小学生公民意识培养应尽可能地从实际出发,坚持因地制宜的原则,具体问题具体分析,不强求千篇一律,应扬长避短,突出特色。例如,教师在具体开展公民意识培养的过程中,要善于从本地区的自然景观、人文景观、文化传统、风俗习惯等现有的特色资源中筛选出适合公民意识培养和教育的资源要素纳入教学活动,这样既充分利用了现有资源,又突出了地方特色。同时,也应结合自身的实际情况,摸索出最适合本地学生的教学方法,因材施教,最大效度地调动学生养成公民意识和行为习惯的积极性,运用有限的资源取得最好的效果。对于相对落后地区,更要因地制宜地开发、整合和优化中小学生公民意识培养中的教育资源,不要因为财力、物力、人力方面资源的缺乏或不足而自怨自艾、裹足不前,要在对现实资源状况进行摸底、了解、分析之后,树立正确的资源整合和

---

① [苏]苏霍姆林斯基:《和青年校长的谈话》,赵玮等译,上海教育出版社1983年版,第187页。

优化意识,整合和优化一切可以利用的资源服务于中小学生公民意识的培养和教育中来。总之,中小学生公民意识培养没有固定的模式,不应千篇一律,盲目照抄照搬,而应从实际出发,因地制宜,发挥地域优势,体现地方特色。

三、中小学生公民意识培养方法的创新

方法是人们为了达到一定的目的而采取的方式和手段。毛泽东指出,"我们不但要提出任务,而且要解决完成任务的方法问题。我们的任务是过河,但是没有桥或没有船就不能过。不能解决桥或船的问题,过河就是一句空话。不解决方法问题,任务也只是瞎说一顿。"[①]

(一)依托公共生活,面向生活世界

生活是教育的出发点和归宿,教育是不能脱离学生的真实生活环境和生活经验而孤立存在的。"教育过程首先是一个精神成长的过程,然后才成为科学获知过程的一部分"[②],如果教育脱离了生活,则将发生本末倒置,教育就仅仅蜕变为一种训练和操作,而"训练是一种心灵隔离的活动,教育则是人与人精神相契合,文化得以传递的过程"[③]。中小学生公民意识的培养是一个长期的过程,必须要融入生活实际,只有在社会生活中,各种价值关系才会变得鲜活和灵动,如果单纯地过分强调理论知识教育,就会遮蔽了主体的生活世界和生命体验,使公民认知难以转化为个体的价值认同。因此,中小学生公民意识培养要从生活实际出发,建立在学生生活经验的基础之上,引导学生不断探索、体验和感悟在生活中生成的真实的公民意识和有效的公民行为。

"教育面向生活世界,并不是回到现实生活本身,而是强调教育培养的人具有批判与反思现实社会生活的意识与能力。"[④]"所谓生活世界指的是我们每个人在经常性的生活和工作中受逐渐形成的既定的生活方式、行为方式和思维方式所支配的自在自发世界,它是由衣食住行、饮食男女、婚丧嫁娶、礼尚往来等人的日常生活所构成的世界。这一生活世界具有本源性,是

---

① 《毛泽东选集》第 1 卷,人民出版社 1991 年版,第 139 页。

② [德]雅斯贝尔斯:《什么是教育》,邹进译,生活·读书·新知三联书店 1991 年版,第 30 页。

③ [德]雅斯贝尔斯:《什么是教育》,邹进译,生活·读书·新知三联书店 1991 年版,第 2 页。

④ 舒志定:《教育面向生活世界的理论旨趣》,《教育理论与实践》2007 年第 6 期,第 4 页。

人类一切有意义的活动的发源处,是一切人的生命、生活、组织、社会的存在基础。"①长期以来,我们的教育大多是在课堂上进行的,学生对社会的关注较少,缺乏对权利和义务的正确认知,缺少参与班级、学校、社会公共生活的实践经验,只注重书本知识,不关注现实生活,公民意识薄弱,大都是在扮演"消极公民"的角色。中小学公民意识的培养主要以教学内容生活化、活动设计生活化、教学方法生动化为特征,这种做法突破了传统课堂教学模式,让学生直面社会现实问题,重新关注生活世界,引导他们多接触社会、关注公共问题、研究解决方案,使理论知识与实践活动很好地结合起来,提高了他们的公民意识和参与能力。人是在现实社会中生活的,个体的公民意识和行为能力也是在现实生活中生成和培养起来的,公民意识教育依托公共生活中产生和出现的一些问题,将视角从书本转向生活,跳出了传统应试教育的窠臼,展示了一种全新的教育模式,调动了中小学生学习的积极性。任何一种教育,必须要回归生活世界,面向生活世界,才会闪现出教育的光辉,显示出强大的生命力。

(二)注重启蒙引导,重在参与体验

主体的价值实践和切身体验是其公民意识形成的内在根基。在中小学公民意识的培养活动中,衍生出了一种新型的师生关系和学习方式。由于公民意识培养和教育活动的开展,对于教师和学生来说都是较为陌生的,处于边学习、边总结、边进行的开放和生成的状态之中,因此,教师不再是高高在上的知识的权威者,学生也不再是被动接受的顺从者,双方是一种平等性的、探究型的学习关系,教师是"平等者中的首席"②,是对学生引导型、启蒙式、体验式教学,学生是自主型、参与型、主动型学习。通过让学生参与公共生活、解决公共事务问题,潜移默化地强化了对公民角色的认知和体验,提升了公民的行为能力,提高了逻辑思维能力、表达能力、合作能力,培养了正义感、同情心、责任心等多方面素养。"体验是生命在活动过程中产生的内在感受、主观经验和深刻情感,生命通过体验感知自我,认知他人,解读生活;生命通过体验获得意义,升华情感,净化灵魂。所以,人的体验在人的生命存在、人的自我生命的升华、人的精神的解放中具有十分重要的意义。"③通过参与体验公民身份的真正内涵,是实践活动开展的真正价值。公民意识的增强和公民参与能力的提升是一个较为漫长的过程,不是单纯依靠课

---

① 刘济良:《生命教育论》,中国社会科学出版社 2004 年版,第 266 页。

② [加]大卫·杰弗里·史密斯:《全球化与后现代教育学》,郭洋生译,教育科学出版社 2000 年版,第 238 页。

③ 刘济良:《生命教育论》,中国社会科学出版社 2004 年版,第 274 页。

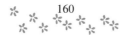

堂知识的灌输就能见效的,更多地要依赖于实践活动的开展,使学生在参与中不断强化认知、提升能力。校内实践活动的开展主要是以班级和校园的民主管理和公共生活为主,校外实践活动的开展主要是围绕社区中存在的公共问题进行的,小到爱护环境,大到参与举行听证活动,各个层面的实践活动均有所涉及。同时,为了进一步拓展中小学生参与实践活动的空间,教育者还可以有意识、有计划地创设一些贴近学生生活实际的教育情境,让学生在这些情境中训练习得的公民知识和技能,促进他们公民意识的内化和良好行为习惯的养成。这种"注重引导、重在参与","学中做、做中学"的教学方法激发了广大中小学生的学习兴趣和积极性,收到了良好的教学效果。例如,在对信阳市平桥区某中学校长的访谈中,他讲道,原本以为初中生对公民常识课的学习热情不及小学生那么高,加上初中生面临中考的压力,学习这门课的精力没那么集中,没想到的是,开展公民常识课以来,学校的升学率不仅没有受到影响,反而极大地激发了学生的学习兴趣,并在一定程度上缓解了学生的学习压力,受到学生的普遍欢迎。此外,还应有计划地建设一批质量较高、稳定性较强、便于参与的实践基地,作为开展实践活动的依托,并将实践活动纳入教学计划之中,采取科学的考评方式,将考评结果纳入学分管理体系中,推动中小学生公民意识培养实践活动的常态化发展。

(三)启发主体觉悟,重视自我教育

中小学生公民意识的培养自始至终是围绕学生进行的。在中小学生公民意识的培养过程中,只有通过引导中小学生积极进行自我教育,启发他们的主体觉悟,公民意识的培养才能收到预期的效果。自我教育的方法表现了主体的自觉性与能动性。来自学校、家庭和社会各种力量的教育是培养中小学生公民意识的外因,外因只有通过内因即主体本身才能起到作用。离开了受教育者主体自身的内部活动,一切教育都会最终流于形式。"教育虽然存在一种外部施加影响的过程,但是其主题却应是促进、改善受教育者主体自我建构、自我改建的实践活动的过程。"①例如,在学校教育的过程中,教师的主导作用并不是万能的,教师对学生的引导和启发是需要经过学生进行独立思考和接受认同之后才能转化为他们认知图式的一部分,同时,教师制定教学目标和教学内容等也必须要考虑到学生的实际情况,因此,中小学生公民意识培养必须要充分调动学生的积极兴和主动性。

中小学生能否有效地进行自我教育是衡量公民意识培养成效的重要标

---

① 鲁洁:《教育:人之自我建构的实践活动》,《教育研究》1998 年第 9 期,第 17 页。

志。"促进自我教育的教育才是真正的教育。"①中小学生公民意识的培养是一种主体性教育,学生对知识的理解、现象的思考、语言的表述及行动的实践都是主动的,都是需要主体亲身经历和感受的,在这一过程中,中小学生"不仅留心观察周围世界,而且留心观察自己本身,不仅努力认识周围的事物和现象,而且努力认识自己的内心世界,把他的精神力量用到使自己本身变得更好、更完美的时候,他才能成为一个真正的人。这就要在精神生活的所有领域内进行自我教育"②。中小学阶段是开展自我公民意识教育的最佳时期,这是因为"开始来认识自己、进行自我教育。应该从童年和少年早期,从七岁至十岁、十一岁时期就开始教一个人学会自我管理,学会一定的本领,如果需要的话,学会'强迫自己'。如果错过这一时期,以后会不可避免地出现改造的问题"③。

在中小学生公民意识培养过程中,教师引导学生发挥主体作用,开展自我教育的方法主要有:引导他们通过自我反省、自我反思等提高自我公民意识水平的途径,提高公民认知和理性思考能力,通过帮助他们进行自我约束、自我控制等培养他们正确的公民行为和习惯。同时,中小学生可以在公民意识培养的具体目标和教学内容指引下,通过诸如观察法、模仿法、实践法、内省法等深化对所学知识和技能的理解,及时排除来自外界的不良干扰,纠正思想层面和行为层面出现的错误倾向和苗头,并制定相应的自我评估方案,自主检查自身公民意识和公民行为的状况,在分析原因的基础上,适时调整既有的自我公民意识教育方案,促进自身公民意识的不断提升和良好行为习惯的最终形成。

第四节　中小学生公民意识培养的继承与借鉴

中小学生公民意识的培养应立足于中华民族的优秀传统文化,重视从传统文化中汲取公民意识教育资源,同时也要吸收和借鉴国外公民意识培

---

① [苏]苏霍姆林斯基:《少年的教育和自我教育》,姜励群译,北京出版社1984年版,第100页。

② [苏]苏霍姆林斯基:《少年的教育和自我教育》,姜励群译,北京出版社1984年版,第97页。

③ [苏]苏霍姆林斯基:《少年的教育和自我教育》,姜励群译,北京出版社1984年版,第100页。

养的先进经验。

一、中小学生公民意识培养应继承中华民族的优秀传统文化

中国的历史上虽然缺乏公民意识教育的传统,但是传统文化中的一些思想精华仍值得我们去继承和学习,正如希尔斯所言:"传统不应该仅仅被看作是障碍或不可避免的状况。抛弃传统应该看成是新事业的一种代价,保留传统则应算作是新事业的一种收益,传统应当被当作是有价值生活的必要构成部分。"①任何一国公民意识培养活动的开展必定要将其置于特殊的历史背景之下进行宏观考虑,并与本国的文化特色和历史传承相结合。

(一)"义以为上"的整体主义价值取向

"义以为上"(《论语·阳货》)的整体主义价值取向,不仅是个人道德原则的反映,也是个人责任意识的体现。"君子义以为质,得义则重,失义由轻,由义为荣,背义为辱。轻重荣辱惟义与否。"(《陆九渊·与郭邦逸》)"义以为上"的思想强调国家整体利益要高于个人利益,主张"义公天下之利"(《张载·正蒙·大义》),超越了个人的一己私利,注重对国家整体利益的维护,这种整体主义的价值观反映了个体对国家的认同和维护,也是个人对国家责任意识的高度体现和概括,例如"先天下之忧而忧,后天下之乐而乐"(《范仲淹·岳阳楼记》)、"天下兴亡,匹夫有责"(《顾炎武·日知录·正始》),当然,传统文化语境下,依附于特定人伦关系和宗法关系之下的个人是绝非独立的"原子式"个体,而这种"义以为上"的整体主义价值取向,强调个人对国家和民族利益的绝对服从,实际上也是一种缺乏独立人格意识的、浓厚"忠君"思想的体现。虽然与中小学生公民意识培养所倡导的加强国家认同教育、提倡公民对国家的责任意识有着本质的区别,但是,它在维护祖国统一和独立,促进民族繁荣和进步方面的积极作用是不可小觑的。公民意识的培养强调公民权利与公民义务的一致与统一,公民在为国家的兴旺发达做出贡献的同时,国家也会为保障公民权利的实现提供必要的条件,这与传统文化中一味强调对国家尽责、效忠君主的思想是截然不同的。开展中小学生公民意识培养和教育活动,就要努力吸收和借鉴古代传统文化的思想精髓,对广大学生开展爱国主义传统教育,同时也要帮助他们树立正确的公民与国家关系观,强化身份认同和责任意识教育。

(二)"仁者爱人"的友善待人思想

"仁爱"的思想是儒家思想的核心。孔子认为:"己所不欲,勿施于人"

---

① ［美］希尔斯:《论传统》,傅铿等译,上海人民出版社1991年版,第440页。

(《论语·颜渊》),"夫仁者,已欲立而立人,已欲达而达人。能近取譬,可谓仁之方也已"(《论语·雍也》)。孟子认为:"仁,人心也"(《孟子·尽心下》),"仁者爱人,礼者敬人。爱人者,人恒爱之;敬人者,人恒敬之"(《孟子·离娄下》),强调"与人为善"(《孟子·公孔丑上》)。"仁爱"思想植根于宗法血缘关系,主张"爱有等差","爱人"首先爱自己的亲人,按照亲疏远近,实现"亲亲而仁民,仁民而爱物"(《孟子·尽心上》)。"仁爱"的思想讲求人与人之间的友好相处和互相关爱,主张摒弃一己私利,设身处地为他人着想,是友善待人的交往原则的体现,更是良好品德的一种彰显。人与人之间的相处要相互体谅、相互帮助、相互友爱,我们的社会才会和谐、安定、团结,从而才能凝聚整体力量,推动社会整体进步。公民意识教育是培养社会主义合格公民的教育,也是培育友善之公民的教育。友善之公民是具有较高的公民品德,讲求平等待人、宽厚待人、超越一己私利、心怀悲悯之心的公民。受应试教育的羁绊,我们当前的学校教育正在培养一批"精致的利己主义者",他们虽然是体制内培育的所谓"精英",但却是过多地关注一己私利,过分地沉溺于自己的世界中,而不抬头关注周遭的世界,缺乏参与公共生活的热情,缺少对"正当和善"的追求,这种功利化的思想和行为,不利于公民之间的良善关系的改进,也无益于整体社会目标的增进。当前开展的公民意识培养和教育活动就是试图扭转这种局面的尝试和努力,借鉴"仁爱"的思想资源,运用到中小学生公民意识培养的内容之中,传授给他们一种良善的生活方式,在处理个体之间关系层面上,学会平等、友善待人,在个体与社会关系层面上,学会置身于社会宏观背景之下获得个体人格的充分发育,追求"正当"和"善"的目标,实现个体社会身份和公民德性的双重升华。

(三)"约之以礼"的处世行为准则

在中国古代文化传统中,"约之以礼"的思想不仅是作为规范人与人之间和谐相处的道德要求,也是维持社会公共秩序的行为准则。例如,孔子提出了"约之以礼"(《论语·颜渊》),"不学礼,无以立"(《论语·季氏》),"与人恭而有礼"(《论语·颜渊》)等思想,荀子则指出,"国无礼则不正。礼之所以正国也,譬之犹衡之于轻重也,犹绳墨之于曲直也,犹规矩之于方圆也。"(《荀子·王霸》)《左传》更进一步明确了"礼"的重要性,曰:"礼,经国家,定社稷,序民人,利后嗣者也。"(《左传·隐公十一年》)一方面,"礼"是作为人们立身处世的基本道德要求,另一方面,"礼"也是维持国家政治系统有序运行的重要工具。"约之以礼"的道德要求和处世准则,丰富了中小学生公民意识培养的内容。公民意识的培养强调个体在公共生活方面不仅要遵守公德,还要遵守秩序,即既要具有公德意识,也要具备和规则意识。公共生活是现代公民生活的主要领域和活动空间,"礼"是公共生活的内在逻辑要求,为公民的交往活动提供了依据和参照,是公民具有自我道德约束和理性参与意识的关照和体现,也反映了公民个体对社会公民身份的自觉意识。如果说中国古代缺少公共空间存在的话,那么,古代文化传统中统治者所提倡的"礼"是以维持统治秩序需要而制定的,当然,其道德约束力也蕴含其中,这种意义上的"礼"与公民意识教育所倡导的"礼"还是有所区别的,但其社会功能和价值引导作用却是值得肯定的。

(四)"诚实守信"的人际交往规范

"诚者,天地之道也。"(《礼记·中庸》)"诚信"在古代传统文化中具有深厚的思想渊源,被视为"立身之本"加以提倡并广为流传。"诚"强调的是表里如一,"信"强调的是言行一致。孔子认为,"人而无信,不知其可也"(《论语·为政》),"与朋友交,言而有信"(《论语·学而》)。孟子认为"有诸己之谓信"(《孟子·尽心下》)。墨子指出,"言必信,行必果,使言行之合,犹合符节也,无言而不能行也。"(《墨子·兼爱下》)"诚信"作为一种人与人交往的道德规范,也是合格公民的道德品质和伦理要求。首先,"诚信"是公民对自身的一种基本要求,要求"对内诚于己",思想、言行要保持一致。其次,"诚信"是公民与他人交往的一种行为规范,要求"对外不欺人",诚实待人,信守承诺。公民不仅具有"私人"的身份,还具有"公人"的身份,这就要求个体公民无论是在私人生活领域还是公共生活领域,都要恪守诚信的道德底线和伦理要求,努力避免社会不良风气的影响和侵蚀,坚持从自身做起,努力规范自己的言行,做一个诚实守信的合格公民。以诚信作为自己的立身处世之道,实质上也是公民责任意识具备的一种体现,是公民个体对自己主体身份的自觉确认和努力作为。在中小学生公民意识培养中加强诚信道德教育,着重在于培养其诚信道德品质,养成自觉遵守诚信道德规范的行为习惯。

无论是"以义为上"的整体主义价值取向、"仁者爱人"的友善待人思想,还是"约之以礼"的处世行为准则、"诚实守信"的人际交往规范,都蕴含着较为丰富的公民意识培养和教育的思想资源,为提升公民的道德品质和规范公民的行为准则提供了非常有益的借鉴和思考,为此,要深入挖掘、认真提炼其有指导价值和实践意义的思想内容,运用到公民意识的培养之中,丰富中小学生公民意识培养的课程内容。

二、中小学生公民意识培养应借鉴国外先进经验

与我国相比,发达国家开展公民意识培养活动的时间较长,在课程设置和实施教学方面积累了相对丰富的经验。在立足我国国情,坚持以马克思主义为指导,以社会主义核心价值观为价值取向的前提下,学习国外公民意

识培养和教育活动的先进经验,为创造我国公民意识培养的特色模式提供了借鉴和参考。在此,主要介绍英国、美国、法国、日本和新加坡等国中小学生公民意识培养的实施概况。英、美、法三国是典型意义上的西方国家,日本、新加坡是深受中国儒家文化影响的东方国家代表,对这些国家公民意识教育的特色和经验进行介绍,有助于较为全面地把握世界范围内公民意识培养的基本情况。

(一)设立公民意识培养的课程标准,开发公民意识培养的课程体系

国外许多国家在开展公民意识培养活动之时,大都设立了较为科学的课程标准和课程体系。例如,美国早在 1790 年就开设了"公民科"(Civics),1991 年颁布了《公民教育大纲》,1994 年 12 月颁布了从幼儿园到 12 年级的《〈公民学与政府〉全国课程标准》(the National Standards for Civics and Government),明确提出美国公民教育的主要内容[①],由于美国政治体制的分权性特点,《〈公民学与政府〉全国课程标准》并非一般意义上的课程大纲,只是设定了一些基本学术标准供各地参考。各地还纷纷出台了一系列的文件法案,出版了一些相配套的学习手册和课程资料。法国早在 1882 年就开设过公民教育的相关课程,之后经历了被取消的过程,于 1985 年以教育部的名义再次恢复了公民教育课程,并颁布了较为详细的课程指引和课程方案,规定各地要设立专门机构负责相关事宜,之后,逐渐落实和渗透到中学各阶段。值得一提的是,法国为了协调全国范围内的公民教育工作,成立了专门的"教育高级委员会",统一组织和调配社会力量参与公民教育的实施,为推动公民教育的顺利开展提供了保障。英国的公民教育起步较晚,1998 年,由"资格和课程局"(Qualification and Curriculum Authority)提交了《科瑞克报告》(The Crick Report),就开展公民教育的必要性、内容、目的、方法及具体流程做了较为说明和规划。2002 年公民教育课进入了英国国民教育体系,开始成了一门在中小学实施的法定基础课程。日本的公民教育也是通过进入国家教育体系实施的,小学以社会和生活科为主,初中以社会科为主,高中以公民课为主,其各个不同历史阶段的公民意识培养总是服务于国家战略发展目标的。新加坡实施公民意识培养的成效较为显著,以儒家文化和公民教育的相互融合为主要特色,也为我国开展中小学生公民意识教育提供了示范和参照。新加坡于 20 世纪 60 年代开始实施公民教育,以培养学生爱国意识和责任观念为主要目标,并由专门的委员会颁布了公民教育课程教学大纲,对各个阶段、各类学校实施公民教育的教材、内容、课时等都有较为

---

① 秦树理:《国外公民教育概览》,郑州大学出版社 2004 年版,第 7 页。

明确的安排。并于 1990 年由教育部课程发展署成立了《好公民》教材编写组,对小学阶段的公民教育教材进行重新修订,中学阶段的教材为《公民教科书》(共 4 册,每学年一册),一、二年级侧重培养学生的品德和修养,三、四年级侧重公民意识和能力培养。每个阶段都有相应的教师指导手册、视听材料及活动方案,较为全面地规划了从小学到中学的公民教育培养的目标、内容和考查方式。

(二)以强化身份认同,提高参与能力为核心的课程教学内容

各国中小学生公民意识培养的侧重点虽然各有不同,各具特色,但强化公民身份认同、提高参与能力的教育主旨是一致的。

例如,美国在强调品格教育和法制教育的同时,比较侧重于对中小学生开展公民责任意识教育,着重培养他们获得参与民主生活的相关知识和必备技能。"什么样的性格特点对民主公民身份非常重要呢? 可能最重要的是个人的责任和文明。"[①]"责任与文明这两种美德结合在一起,形成了比简单组合意义更大的内涵,即公民意识。"[②]英国公民意识教育具有很强的阶段性和连续性,5~16 岁的在校学生都要接受以培养"好公民"为目标的教育,以培育社会道德责任感和民主参与技能为主。权利意识、义务意识的教育以及合格社会成员知识和技能训练也是英国中小学生公民意识的培养内容。法国以"公民资格"教育为主要内容贯穿整个小学、初中、高中教育阶段。小学阶段四、五年级以公民身份认同和国家认同为基本教育内容,初中一年级围绕对权利和义务的认知展开教学,初中二、三年级围绕培育正确的民主社会价值观展开教学,初中四年级以世界公民维度进行公民资格教育。在高中阶段,有关公民资格的教育渗透到各科学习之中,并在高一、高二、高三分别制定不同的主题开展相关教育。日本的公民教育强调在维护国家利益和服务国家战略发展的角度开展相对应的知识、能力及公民身份教育。新加坡的公民教育主要围绕"五大价值观"展开,分别是"国家至上,社会为先;家庭为根,社会为本;社会关怀,尊重个人;协商共识,避免冲突;种族和谐,宗教宽容"[③]。以强化国家意识教育,带动公民身份认同和心理认同,并形成较为稳定的价值取向。在注重传授公民知识教育和参与技能教育的同时,也十分强调公民的道德教育,体现了浓厚的儒家文化传统。小学 1~6 年

---

① [美]沃尔特·C.帕克:《美国小学社会与公民教育》,谢竹艳译,江苏教育出版社 2006 年版,第 89 页。

② [美]沃尔特·C.帕克:《美国小学社会与公民教育》,谢竹艳译,江苏教育出版社 2006 年版,第 89 页。

③ 唐鹏:《新加坡的公民道德建设》,民族出版社 2010 年版,第 36~37 页。

级分别围绕"个人""家庭""学校""邻居""国家"和"世界"展开。中学阶段的教育围绕"培养良好品德、发扬个人潜力、促进人际关系、评定家庭生活的重要性、发扬社区精神、加强对文化和宗教的认识、培养献身国家建设的精神"①展开,以形成身份认同和爱国意识,提高道德判断力和参与技能,树立正确的责任意识为基本目标。

(三)注重探究式学习方法,依托社区开展实践活动

各国实施公民意识培养和教育的方式和手段较多,概括起来,课堂教学主要以批判式学习方法为主,课外实践活动主要依托社区来开展。例如,在美国,为了培养学生独立思考和参与决策的能力,教师在课堂上主要侧重启发式、探究式教学,引导学生对社会公共问题进行分析、思考、做出判断和选择,在这个过程中,帮助学生学会收集和处理各种信息,获取参与民主生活的相关知识和技能。社区服务学习也是美国公民教育的特色课程。服务学习涉及面较广,涵盖了志愿者服务、社区项目计划论证以及各种职业实习性质的活动。这种学习旨在通过组织学生参与社区服务,强化对课堂知识的深层理解,培养负责任的公民。"在学校的公民学习和社区及世界的公民实践之间架构桥梁的方法之一就是通过社区服务活动。"②在英国,教师在课堂上主要通过设置有争议性的问题,调动学生的积极性,引发大家思考和讨论,最终帮助学生树立正确的价值观并做出正确的行为选择。英国公民教育的课外实践活动形式多样,例如,组织学生募捐,举办模拟选举活动,围绕"难民""大屠杀纪念日""可持续发展"等问题举行活动,这些活动相当一部分是在社区组织和开展的。日本的社区教育较为全面,为了提高教学效果,十分注重改善社区教育条件,并建设了许多设施齐全的"公民馆",方便公民教育活动开展。新加坡的公民教育课堂活动是依托麦卡锡"四段教学模式"(激发学生学习动机、形成相关知识性概念、通过实践加以巩固、总结反思并进一步内化)展开的。课外实践主要以榜样式、阐释式、规劝式、环境式、体验式五种辅导活动为主。

---

① 秦树理:《国外公民教育概览》,郑州大学出版社 2005 年版,第 120 页。
② [美]沃尔特·C.帕克:《美国小学社会与公民教育》,谢竹艳译,江苏教育出版社 2006 年版,第 79 页。

第五章

中小学生公民意识培养的路径创新

中小学生公民意识培养的路径创新主要从教育资源优化的角度入手，从中小学生公民意识培养的相关政策和制度的完善、校内及校外中小学生公民意识培养的路径创新三方面来整体推进。

第一节　完善中小学生公民意识培养的
相关政策和制度

中小学生公民意识培养的相关政策和制度的完善是有序开展中小学生公民意识培养的前提。加强公民意识教育，尤其是开展中小学生公民意识培养活动，离不开政府的扶持和引导，离不开政策的支持和保障。换言之，政府的支持与否是影响中小学生公民意识培养成败的关键性因素。当前，我国中小学生公民意识培养还处于初始阶段，还未实现制度化、规范化，亟须政府力量的介入，并发挥主导作用。政府政策层面的支持、保障机制的建立和监督机制的健全，将有力地推进我国中小学生公民意识培养和教育活动的开展。

一、发挥政府主导作用，强化政策支持

政府的支持和重视是开展中小学生公民意识培养活动的前提。中小学生公民意识的培养能否持续、有效地进行，必须要获得政府的支持，充分发挥政府的主导作用，坚持正确的价值取向。同时，中小学生公民意识的培养还需要政府从宏观上进行政策规划和总体引领。政策具有权威性和强制力

的特点,是推进公民意识培养和教育活动的重要指引。从全国范围内来看,虽然在一些已出台的政策和文件中,"闪现"了公民意识培养和教育的踪影,但总体上呈"零星分布"的趋势,不够系统和完善。而各地开展的中小学生公民意识培养活动多是在当地政府的主导下进行,例如,自 2005 年起在江苏省 13 个较大城市、400 多所中小学开展的公民意识培养活动以及 2006 年以来云南省 101 所中小学实施的公民意识教育实践等,都是在政府的主导下进行的。2012 年内蒙古教育厅为了全面推进公民意识教育,特制定了《内蒙古自治区小学公民意识教育实施方案》《内蒙古自治区初中公民素养教育实施方案》《内蒙古自治区高中合格公民教育实施方案》。信阳市平桥区教体局自 2009 年 8 月开始,出台了《关于认真做好〈公民常识〉校本课程实验工作的通知》《平桥区〈公民常识〉校本课程×年×学期教学活动安排》并制定了公民常识课量化考核实施细则等,对公民常识课程实验的总体进程、教学安排、教案制定、教学活动、实践活动、教学评估等方面做出了详细而具体的规定。但是,由于中小学生公民意识教育并未建立从中央到地方各级政府统一的规划和部署,在国家教育行政层面上也未制定相应较为完整的政策予以保障,使得针对中小学生公民意识的培养仅仅限于各地的尝试,难以在全国范围内开展。

中小学生公民意识的培养活动要想顺利推进,与其相关的政策必须保持相对的稳定,在公民文化氛围相对缺失的环境下,我国有关公民意识培养方面的政策出现了缺位,虽然在一些文件中略有提及,但均不够完善。政策是"国家或政党为实现一定历史时期的路线而制定的行动准则"[1],教育政策是"一个政党或国家为实现一定时期的教育任务而制定的行为准则"[2]。公民意识培养的政策是"政府、执政党或其他社会公共权威部门,在一定历史时期,为开展公民教育、养成公民基本价值观、传授公民知识与技能、培养社会合格公民所制定的行动准则"[3]。中小学生公民意识培养的相关政策的制定和完善,是为了明确公民意识培养的方向、目标,统一思想认识,协调各方行动,使公民意识培养活动有序地开展起来。中小学生公民意识培养的相关政策要科学、全面、具体,既要包含公民意识培养的总体目标和基本任务,也要涉及公民意识培养的课程设置和考核评估,还要体现公民意识培养的实施途径和实施策略。有效的实施途径和实施策略是中小学生公民意识培

---

① 《现代汉语词典》(第 6 版),商务印书馆 2012 年版,第 1664 页。

② 袁振国:《教育政策学》,江苏教育出版社 1996 年版,第 115 页。

③ 黄晓婷:《中小学公民教育政策变迁与展望》,社会科学文献出版社 2013 年版,第 1 页。

养顺利推进的基础,也是政策由"文本"到"现实"的桥梁,如果实施途径不畅通,再完美的政策也形同虚设。中小学生公民意识培养既涉及培养的理念、目标和内容,也涉及培养的方式、途径、保障、监督及评估等,这些都需要在政策中有较为完整地体现和说明,尤其在涉及经费、人事、场地等问题上需要协调好和理顺各种关系,公民意识培养活动才会顺利进行。中小学生公民意识培养的政策(或方案)主要来自三个层面:国家层面对教育政策的宏观调控,例如在宪法及相关法律、党代会报告和教育发展规划等方面制定与公民意识培养与实施相关的政策,涉及宏观层面的指导性政策、公民意识培养的基本政策以及公民意识培养活动开展的具体政策等,国家层面的此类政策决定了公民意识培养的价值取向、总体规划和实施策略;地方政府要制订与中小学生公民意识培养活动相关的、较为详细的地方性政策和法规予以推行,以便于在本地区顺利推行公民意识教育,这一层面的政策是对国家层面政策的支持和配合,必须与国家层面的政策相吻合;学校层面要具体制订在本校实施中小学生公民意识培养的具体行动规划和实施方案,保证本校公民意识培养活动保质保量完成。各个不同层次的中小学生公民意识培养的方针、政策、方案要一以贯之,保持稳定性和连续性,这些政策相互之间的协调和配合有助于共同推进中小学生公民意识培养的有序进行。

二、建立科学的课程体系,纳入国民教育序列

中小学生公民意识培养要走上规范化的发展轨道,必须要纳入国民教育体系,进入中小学课堂教学,落实到学校教学大纲和课程内容中。当前,世界上许多国家将公民意识教育作为独立课程来设置,制定了较为完备的课程标准,并设有专业的教育评估机构施以指导和监督,进入了正规的国民教育体系之中,成为学校教育的重要组成部分,如美国、英国、法国等。我国目前许多地方开展的公民意识教育活动,大多数是依托德育平台推行的,缺乏独立的课程安排和设置,以实践活动带动公民素养的提升,不失为一个好的途径,但是,缺少课堂知识的传授,学生将无法建构起对知识的基本认知,实践活动的开展很可能达不到预期的效果。

国民教育是国家为民众提供的教育。"国民教育亦称公共教育,国家为本国国民(或公民)实施的学校教育。一般为国家规定的每个公民必须接受的基础教育,即小学和初中教育,有的国家还包括幼儿教育和高等教育。"①"国民教育体系一般指正规学校教育体系,至少部分地由国家进行资助和监督,并由国家为该国的所有适龄儿童提供完全的普及教育。如果一系列的

---

① 顾明远:《教育大辞典》,上海人民出版社 1998 年版,第 526 页。

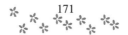

教育机构能够满足国家对正规教育的主要需求,并且通过一个整合而协调的网络来实现这个目的,那么这些教育机构便构成了国民教育体系。"①课程是教育的核心。课程的纵向结构一般包括教学计划(课程计划)、教学大纲(课程标准)和教科书②。开设针对中小学生的独立公民意识培养课程,建立完善的公民意识培养的课程体系,并将其纳入国民教育体系之中,这是开展中小学生公民意识培养的最有效和最基本途径。课堂教学是教学活动中最有效率的环节。设置独立的公民意识教育科目,纳入国民教育体系之中,坚持中小学生公民意识的培养由国家统一进行组织管理和行政监督,建立科学的中小学生公民意识培养的课程体系,对课时、学时等进行科学规划,使学生能系统地学习和掌握相关基础知识,参与实践活动训练,从而达到很好的效果。国家教育行政部门应从总体上规划中小学公民意识培养的目标、内容,选择适合我国国情的公民意识培养模式,制订科学完整的公民意识培养的课程标准、人才培养方案和教育评价政策,编写全国统一的中小学公民意识培养的教材和相关教学参考书,并成立专门的机构,负责指导和监督各地中小学校开展公民意识培养的活动。

三、健全保障和监督机制,完善评价考核体系

健全中小学生意识培养的保障和监督机制,完善相应的评价考核体系,才能推动中小学生公民意识培养的稳定发展。《现代汉语词典》中对"机制"的定义是:"泛指一个工作系统的组织或部分之间相互作用的过程和方式。"③从本质上讲,机制是人们为了达到共同的目标,按照一定的计划,以组织机构为依托,在充分整合和利用各种资源的基础上,以科学的理念来指导实践,形成行之有效的系统化、制度化的工作方法。机制和制度是有区别的,"制度是要求大家共同遵守的办事规程或行动准则"④;机制是由各种制度之间的有机组合和协调运转构成的。中小学生公民意识的培养机制是指中小学生公民意识培养中的各部分要素按照科学的工作原理,以规章和制度形式确立下来并在实践中证明有效的工作方式和方法。

(一)相关保障和监督机制的健全

科学、合理、有效的保障机制和监督机制有助于中小学生公民意识培养

---

① [英]安迪·格林:《教育与国家形成:英、法、美教育体系起源之比较》,王春华译,教育科学出版社 2004 年版,第 335 页。

② 丛立新:《课程论问题》,教育科学出版社 2000 年版,第 205 页。

③ 《现代汉语词典》(第 6 版),商务印书馆 2012 年版,第 597 页。

④ 《现代汉语词典》(第 6 版),商务印书馆 2012 年版,第 1678 页。

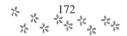

的顺利实施。具体而言,中小学生公民意识培养的保障机制包括人员、资金、制度等方面的保障,人员保障是中小学生公民意识培养保障机制的核心,中小学生公民意识培养工作必须依托高素质的人才队伍作为支撑。资金保障是中小学生公民意识培养保障机制的基础,是公民意识培养活动能充分开展的物质性条件。制度保障是中小学生公民意识培养保障机制的关键,从我国政府出台的相关法律和法规出发,制定符合中小学生实际情况的各项规章制度,对涉及公民意识培养中的各种人力、物力、财力等资源进行重新分配和有机组合,实现规范化和系统化的管理,能推动和促进中小学生公民意识培养活动的有机运行。监督机制是教育督导部门或人员依据相应的教育方针政策、法律法规对开展中小学生公民培养和教育活动的实际情况进行监督、检查、评估和指导。中小学生公民意识培养是否规范、科学、有效,需要上级教育督导部门对下一级教育行政部门、所辖学校及相关职能部门进行定期或不定期的指导、检查和考核,这是中小学生公民意识培养落实到位的有效保障。

培养中小学生公民意识必须要建立和健全相关的保障和监督机制,充分挖掘和整合各级各类资源,使之整体功能效益发挥最大化,以学生为本,在实践中不断创新工作方法、拓宽培养途径,实现机构设置与制度建设的有机协调,推动中小学生公民意识培养活动的顺利开展。例如,深圳市南山区为了保证中小学公民养成教育实验的顺利推进,筹划成立了"实验区"领导小组、专家咨询小组、实施工作和课题研究小组。领导小组成员由区委、区政府的相关职能部门领导组成,一年召开两次联席会议,对中小学生养成教育工作实施全面部署。专家咨询顾问小组由相关领域的知名学者组成,每年召开一次常规咨询会,并开展公民养成教育系列讲座,承担对德育教师和相关领导的培训工作。实施工作小组主要由区教育局相关负责人和部分学校领导组成,负责全区范围内的公民养成教育情况调研和专题研讨工作。课题研究小组负责召开常规性的教育实验研讨会并发布信息、及时交流。除了建立健全组织机制外,还确保落实公民养成教育专项经费,保证教师队伍培训、课题研究项目进行和养成教育活动的实施开展。同时,公民养成教育实验区工作小组对各学校养成教育的课题项目进行阶段性评估和督导,对在实际工作中有突出贡献的单位和个人(含家长、社会相关人士),予以物质奖励和精神鼓励。为提高师资力量,建立了定期培训、交流和研讨制度,保证全区德育课教师和相关人员每学期培训课时不少于30学时。

在信阳市平桥区政府的统一领导下,成立了公民常识课程实验工作领导小组。组长由区分管教育主要领导担任,副组长由区教体局局长担任,成员由区教体局分管基础教育的副局长和各学校校长担任。公民常识课程实验工作领导小组下设办公室,区教体局设有专门的办公地点,教体局基础股负责人担任办公室主任,并另抽调5人专门协调日常工作。各学校设立相应的公民常识课程实验工作领导小组,组长由校长担任,分管政教或德育工作的副校长主抓具体工作,调配得力教师担任公民常识课教师。各学校建立起较为完备的实验工作档案,包括集体备课、教学方案、教学心得、教学反思、讲课比赛、调查问卷、学生活动等文本资料和影响资料,以备工作组验收、检查、核实。各学校鼓励参与公民常识课教学的教师不断总结教学体验和心得体会,撰写相关的教育教学论文和研究报告,参加区公民常识实验工作领导小组和郑州大学公民教育中心定期举办的教育教学优秀论文评比活动(活动分设一、二、三等奖,奖金分别为5000元、3000元、1000元)。各学校将公民常识课教学实效纳入教师绩效工资考核系列中,激发教师参与公民常识课教学的积极性,并从公用经费中抽取部分资金作为公民常识课专项活动经费,小学各校3000~5000元,初中各校不得低于10 000元,为各校开展公民意识培养活动提供了财力支持。

从区委到各校相对完整的组织运行机制建立后,为了保证各项工作顺利、有序地开展,区教体局自2009年8月开始,还出台了一系列文件,制定了更为详细的实施方案。例如,《关于认真做好公民常识校本课程实验工作的通知》中指出,全区从2010年秋季开始在部分小学五六年级和初中一二年级进行公民常识校本课程实验。首次参与实验的12所学校要以校本课程的形式,每周安排两节课时,用于公民常识课教学,并列入学校课程表。每学期制定的《平桥区公民常识校本课程×年×学期教学活动安排》对集体备课、教案编写、设计公民教育实践活动方案、组织开展教学观摩活动等做出相关规定。组织成立中心备课组,定期开展集体备课活动,以片区为单位分别组织小学、初中备课活动,片区内指定某校具体负责本片区的备课活动,每一个片区指定专门负责人,并对集体备课做了详细要求。片区责任人要组织好教研活动,安排专人做好文字和音像资料记录。学期结束之时,集体备课活动的所有资料一律交到区公民常识教育办公室存档。按文件规定,一般一学期要组织4次集体备课活动,由区公民常识教育办公室负责检查集体备课具体开展情况,并在学期结束后进行评比、总结和表彰。在《公民常识》教案编写方面也制定了详细计划。规定教案的编写要按照《公民常识读本》(小学试用版和中学试用版)单元的章和节课时内容安排进行编写,各校分别负责编写1~2单元教案,并将纸质文档和电子文档上报区公民常识教育办公室,由区公民常识教育办公室对各学校上报的教案进行评比,选出优质教案结集出版并在全区范围内交流。此外,还对公民常识教育实践活动方案的设计、分工等情况做出说明,指出公民常识教育实践活动方案的设计目的在于帮助学生更好地理解和感知教材内容,实现认知、情感、意识、行为的统一。各学校负责设计某单元 2～3 个实践活动方案,方案的设计要符合学生的认知特点和教学需求。公民常识教育实践活动方案由各乡镇中心学校、区直学校分管公民常识教育的领导负责组织教师具体实施。每学期各学校要安排两个以上活动内容的实践方案演练,在学期结束之时,将公民常识教育实践活动方案开展和实施情况(含纸质、电子和音像资料)上报区公民常识教育办公室。文件还规定一学期大致安排 4 次教学观摩活动,便于公民常识课教师之间进行相互学习和经验交流。

(二)完善评价和考核体系

科学化的考核和评估方式是衡量和评价中小学生公民意识教育质量的重要手段。中小学生公民意识培养的评价和考核体系是指针对教学任务、教学过程、教学氛围、教学效果等方面的评价和考核。课程教学评价是实施教育活动的必要环节,建立和完善课程评价机制将有助于教学质量的提高。中小学生公民意识教育课程评价机制的建立,对于教师而言,可以不断地进行自我总结和反思,提高教学过程调控能力,改进教学手段,提高教学质量。对于学生而言,可以促使他们不断完善自己的知识结构,适时进行自我教育。对于教育管理者而言,公民意识教育课程评价机制是他们观测教学过程和教学效果的主要依据,为进一步优化课程设置和评价标准提供科学依据。以信阳市平桥区为例,为了较为全面地检验公民常识课教学实施情况,区公民常识教育办公室制定了区中小学公民常识教育质量评估量化记分表,对一级指标、二级指标和具体考核办法做出说明。考核以学年为单位进行,考评满分为 200 分,各项对最高得分要封顶,不另行加分,设集体一、二、三等奖。一等奖的考评总分应大于 150 分,二等奖的考评总分应大于 120分,三等奖的考评总分应大于 100 分,奖金分别为 3000 元、2000 元、1000 元,并为集体获奖单位颁发奖牌。详见表 5-1。

表 5-1　平桥区公民常识课程教育质量评估量化表

一级指标	二级指标	考评办法
教育环境 (20分)	1. 有永久性的公民常识教育标语牌(10分)	实地考察
	2. 有固定的公民常识教育活动宣传展示橱窗(10分)	实地考察

续表5-1

一级指标	二级指标	考评办法
教师配置 (20分)	3.有一名校级领导负责学校公民常识教育工作(3分)	依报表并考查
	4.每个年级有一名专职公民课教师(6分)	依报表并考查
	5.公民课教师平均每三个班不少于1人(6分)	依报表并考查
	6.公民课教师年龄50岁以下(5分)	依报表并考查
课堂教学 (60分)	7.按区教体局统一规定的年级和课时开设公民常识课(5分)	查看课表
	8.公民常识课时安排,科学合理,列入学校、班级课程表(5分)	核查课程表
	9.按课程表安排上公民常识课(包括活动)(5分)	依课程表现场考查
	10.公民常识课堂教学备课符合常规要求。课时安排符合该课程学期教学活动安排(10分)	查看备课材料
	11.公民常识教学活动的开展依照常识读本单元章节课时内容安排及活动建议进行(10分)	查看档案材料,并现场核实
	12.定期开展区、校公民常识课堂教学观摩及听课、评课活动(每次有方案、评比和总结)(10分)	查看档案材料,并现场核实
	13.将公民常识课程纳入学校常规教学检查以及考评和奖惩(有方案、细则、记录,汇总登记,每学期不少于1次)(10分)	查看档案材料,并现场核实
	14.学校建立有公民意识教育管理制度,各种档案材料健全(5分)	核查档案材料

续表 5-1

一级指标	二级指标	考评办法
	15.积极参加区教体局组织的各项公民教育活动并获奖(20分)	查看获奖证书。集体每次计3分;学生每2人次记1分(每项10分封顶)
	16.总结并形成本校公民常识课堂教学的新模式(6分)	对照提供的材料;进行课堂教学考查
	17.通过营造校内民主生活给学校带来生机和活力(有具体内容和表现)(8分)	对照提供的材料进行考查(含问卷调查)
	18.学生公民素养明显提高(有典型事例)(6分)	对照提供的材料进行考查(含问卷调查)
教育效果(100分)	19.公民意识教育与传统思想教育相结合并赋予时代特征(有具体案例)(10分)	对照提供的材料进行考查
	20.学生公民教育实践活动的开展对社区产生积极影响(有具体案例)(10分)	对照学校整理的材料进行考查
	21.全区统一编印的教师教学参考用书《公民常识教案选编》《公民意识教育实践活动方案选编》,每入选1篇计1分	核查原件
	22.全区统一征集的《公民意识教育活动优秀图片集》,每入选1幅计1分	核查原件
	23.全区统一进行的公民意识教育论文评选获奖。一等奖每篇计5分,二等奖每篇计3分,三等奖每篇计2分	核查原件
	24.在公开出版的报刊发表相关文章每篇计5分	核查原件

第二节　学校公民意识培养的路径创新

　　学校是中小学生公民意识培养的主要渠道。在学校内实施的针对中小学生公民意识的培养，是有计划、有目的、有组织的，是根据中小学生公民意识培养的目标和内容，采取科学的方法，集中数年时间对受教育者实施的系统、正规的训练，以使他们最终形成良好的公民意识和正确的公民行为。

　　《辞海》中将"资源"理解为："资财的来源，一般指天然的财源。"①在《现代汉语词典》中，"资源"被解释为"生产资料或生活资料的天然来源"②，《中国资源科学百科全书·资源科学》将资源解释为：既包括作为人类生存与发展的物质基础的自然资源，又包括与开发和利用自然资源密切相关的人力资源、科技资源与教育等社会资源。资源本身具有多种属性③。归纳起来，从汉语词典的解释和语言习惯来看，资源的本义是指事物的来源，是事物发展的基础性条件，具有不可或缺性。中小学生公民意识培养中的教育资源所涵盖的内容是较为广泛的，那些有可能进入中小学生公民意识教育领域的、蕴含公民意识教育价值的、有利于中小学生公民意识培育的教育资源都应包含在内。在中小学生公民意识培养中，教师资源、课程资源和教法资源是三位一体的，共同存在于教育教学活动的整个过程，是整个培养活动围绕的核心，居于公民意识教育核心层面的这三种资源之间的整合、优化、融合程度，直接决定了公民意识培养的最终效果，因此，校内中小学生公民意识培养的路径创新主要是从对课程资源、教师资源和教法（教学方法）资源的优化着手的。

一、优化课程资源，开发公民意识教育课程体系

　　中小学生公民意识培养的顺利开展，需要有持续的、有实效性的教育体系为支撑，尤其是需要有务实的、科学的课程来承担。课程资源是中小学公民意识培养中的基础性、素材性资源。被誉为"现代课程理论之父"的泰勒

---

① 《辞海》（中），上海辞书出版社1979年版，第3289页。
② 《现代汉语词典》（第6版），商务印书馆2012年版，第1721页。
③ 周光强：《新课程教师课程资源开发和整合能力培养与训练》，人民教育出版社2004年版，第17页。

在其著作《课程与教学的基本原理》一书中认为,"课程即学校为了达到其教育目的而设计并指导的学生的所有的学习。"①钟启泉在其著作《现代课程论》中认为,"课程是旨在遵照教育目的指导学生的学习活动,由学校有计划、有组织地编制的教育内容。"②关于课程资源,学者们提出了一些不同的看法,如范兆雄在其著作《课程资源概论》中指出,"课程资源(curriculum resource)是指供给课程活动,满足课程活动需要的一切。它包括构成课程目标、内容的来源和保障课程活动进行的设备和材料,即所谓'素材性课程资源和条件性课程资源'。"③1991 年江山野编译的《简明国际教育百科全书·课程》中将课程资源分为目标资源、教学活动资源、组织教学活动资源、制定评价方案资源等几类④。实际上,课程资源与课程是既有区别的又有联系的,"课程资源中包含了人类认识的元素,如认识对象、经验、智慧等","课程资源具有各种课程要素的某些特性,但他们不是课程要素,不是课程的某一部分的直接来源"⑤。

概括起来,广义上的课程资源是指形成课程的要素来源。换言之,就是在课程的设计、实施、评价等整个环节中可资利用的一切资源。狭义的课程资源仅指形成课程的直接因素来源⑥。在这些直接因素来源中,教材资源居于核心地位。广义上的中小学生公民意识培养中的课程资源是指那些进入学校教育情境中的、形成课程的各种因素来源。狭义上的中小学生公民意识培养中的课程资源在此主要指教材资源。

(一)依托优质教材,设置独立课程

开设独立的中小学生公民意识教育课程,首先要编制和开发课程的系列教材,并制定课程标准、教学大纲、实施方案及考核评价方式。在开设独立的公民意识教育课程时,必须要在理论上和实践上关注几个关键性问题:首先,正确把握和区分公民意识教育与德育的区别和联系,切忌将二者混为一谈。德育着重于公民思想道德素质的提高,公民意识教育虽然也注重培养公民良好的德行,但主要还是围绕公民权利意识和公民义务意识展开教

①　[美]拉尔夫·泰勒:《课程与教学的基本原理》,施良方译,人民教育出版社1994 年版,第 35 页。

②　钟启泉:《现代课程论》,上海教育出版社 1989 年版,第 177 页。

③　范兆雄:《课程资源概论》,中国社会科学出版社 2002 年版,第 3 页。

④　江山野:《简明国际教育百科全书·课程》,教育科学出版社 1995 年版,第 112 ~ 115 页。

⑤　范兆雄:《课程资源概论》,中国社会科学出版社 2002 年版,第 12 页。

⑥　吴刚平:《课程资源的开发与利用》,《全球教育展望》2001 年第 8 期,第 24 页。

育的,其目的是培育合格明达的公民。其次,区别于传统意义上的教育,公民意识教育是以参与式、体验式为主要实践形式的教育,这一特性决定了公民意识教育必须要将课堂教育与社会实践相结合。再次,结合中小学生的身心特点及认知规律,在中小学开展公民意识教育必须要与学生的日常学习生活相结合,同养成教育相结合,引导他们积极参与校内外的各种公共活动,养成自主参与的行为习惯,因为正是"在公共生活的实践里,人获得了公民性。"①最后,开设独立的公民意识教育课程,必然要涉及对教育效果的考核和评价问题。由于公民意识教育具有很强的实践性,这决定了对公民意识培养和教育效果的考核,不能完全按照传统应试教育的考核方式来进行,而应以考查教学过程为主,建立弹性评价机制。

开发优质的教材是设置中小学生公民意识教育课程的前提和基础。教材是"有关讲授内容的材料,如书籍、讲义、图片、讲授提纲等"②。由于教材是经过专家的认真研究、充分论证,并组织人员编写的,之后经过试验而形成的较为适合学生学习的材料,具有知识体系的系统性和内容安排的逻辑性等突出特征,因此,教材是教师进行教学的主要依据,是"学生系统地、高效地、有秩序地获取知识的主要工具,也是培养其思想道德水平和思维能力的重要工具,并且还是进一步获取知识和提高自身思维能力的基础"③。教材是学生学习的主要工具,有利于学生较为完整地、准确地掌握某些基本概念、原理和规范。

当前,在我们国家,以知识传授为主要教学活动方式的教育背景下,教材扮演着"教师如何教""学生如何学"的重要工具和参照标准,加之,公民意识教育在我国刚刚兴起,发展历史较短,如何保证教学活动的顺利进行和教学质量的高标准完成,必须依托优质的课程资源。目前,在我国,可供参考的中小学生公民意识教学使用教材主要有:2005 年由北京大学出版社组织编写的《新公民读本》,2010 年由江苏省教育厅关工委编著的《做个好公民》(小学生本)、《做个好公民》(中学生本),2011 年由郑州大学公民教育研究中心和信阳市平桥区公民教育实践研究项目组编写的《公民常识读本》(小学试用版)和《公民常识读本》(初中试用版),2012 年由徐向东、陈晖主编的北京师范大学亚太实验学校使用的校本教材《小公民读本》等等。以信阳市平桥区开发的《公民常识读本》(小学试用版)和《公民常识读本》(初中试用版)为例,在编写教材的过程中,为了使教材更具科学性和规范性,先由郑州

---

① 金生鈜:《规训与教化》,教育科学出版社 2004 年版,第 123 页。
② 《现代汉语词典》(第 6 版),商务印书馆 2012 年版,第 655 页。
③ 李嘉瑶:《教材学概要》,西北工业大学出版社 1989 年版,第 22 页。

大学和平桥区公民教育实践研究项目组组织人员编写了《公民常识读本》（小学版）、《公民常识读本》（初中版）试验本，后邀请北京大学、首都师范大学、华东师范大学等数十位专家莅临郑州进行专题研讨，并汇总广大教师在实际教学过程中对教材问题的反馈，于2011年9月在对试验本教材重新修订的基础上又出版了《公民常识读本》（小学试用版）和《公民常识读本》（初中试用版）。《公民常识读本》教材每册共分五个单元，分别围绕"我是中国公民""公民权利""公民义务""公民意识"和"公民行为"展开，课本编排体例规范、语言简单明了，插图举例适当，既包含知识点介绍，也设置有"读一读""想一想"环节，留给教师较大的发挥空间，是教师教学的主要依据。但无论是信阳市平桥区还是全国其他地方开发的教材，虽然为当地开展公民意识培养和教育活动提供了凭借和依托，较好地推动了中小学生公民意识课程体系建设，但是也存在着些许问题。例如，由于缺乏相应的课程标准和配套指导用书，教师难免会因不能全面、准确地"吃透"教材，而在一定程度上影响了教育效果。调查中发现，平桥区在实施公民常识校本课程实验之时，许多教师就因缺乏相应的教学参考用书，在具体指导学生学习公民知识、参与社会实践的过程中，只能凭借自身的教学经验和设想来实施，常常有一种"无处附着"的感觉，会在很大程度上影响教学效果。

独立的公民意识教育课程开设，必须要借助发挥政府的作用，借助政府的力量。公民意识教育课要进入国民教育体系之中，必须要依托政府和教育主管部门组织和调配相应的人力、物力和财力等资源，开展先期调研，组织较大范围内的专家、学者、教师和教育管理者等人员组成教材编写队伍，对公民意识教育的课程标准、结构编排、教材内容及评价方式等进行详细说明和具体规划，开发出国家层面意义上的中小学生公民意识教育课程系列教材。同时，由于教材资源的完善不仅包括与教材本身相关的配套材料，还包括教师辅导用书、学生辅导用书等教育参考性和指导性的文本、音像资料等。因此，开发教材的相关配套资源也是十分重要的，教材及配套资源不完善，中小学生公民意识培养活动必然会落空。同时，设置中小学生公民意识教育课程也要解决好教材与教时的关系，为教育教学活动的开展提供必要的时间上的保证。例如，在信阳市平桥区一些已经实施和开展公民意识教育的中（初中）小学校大都是按照每周两个课时的标准安排教学活动的。

（二）依据教学目标，科学选择教学内容

泰勒指出，课程是围绕"确定教育目标、选择学习经验、组织学习经验、评价教学结果这四个方面"①展开的。中小学生公民意识培养的课程活动的实施是围绕:课程目标制定、课程内容选择、课程内容组织和考核评价四个方面进行的,见图5-1:

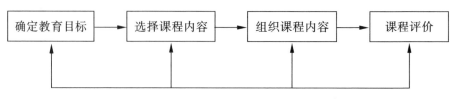

图5-1　泰勒原理:课程设计的内容和过程②

　　教育目标是"明确阐述希望通过教育过程使学生得以变化的方式,即学生改变其思维、感情和行动的方式。"③"目标不仅是课程编制和教学指导要达到的目的,而且是为了向评价技术的结构和用法提供详细的说明。"④教育目标为教师提供了方向和指引,教师依据教育目标来开展教学活动。对中小学生公民意识培养目标的细化,能使教师在实施教学活动的过程中,更好地围绕主旨开展教学活动,达到教学目标,而不至于出现"方向感缺失"症状。在细化公民意识培养目标过程中,不仅要兼顾公民意识教育本身的课程目标和内容,考虑学生的身心发展阶段性特征、认知接受状况,而且还要兼顾具体实践操作中课程实施的进度、方案等因素,构建简单易行、便于操作的目标体系和序列。

　　"把握住整个教学目标的系统性。多个层次的目的、目标通过从一般到特殊逐级地具体化,形成一个多层次的完整体系。在进行教学目标设计时,必须考虑到目标体系的横向的和纵向的联系。要满足上位目标对下位目标的要求,充分实现各层次目标的连续性和递进性"⑤中小学生公民意识培养目标体系的建立,不仅要以培养社会主义合格公民的总目标为指引,而且还

　　①　[美]拉尔夫·泰勒著:《课程与教学的基本原理》,施良方译,人民教育出版社1994年版,第27页。
　　②　[美]拉尔夫·泰勒:《课程与教学的基本原理》,施良方译,人民教育出版社1994年版,第35页。
　　③　[美]布卢姆等:《教育目标分类学(第一分册)》,罗黎辉等译,华东师范大学出版社1986年版,第25页。
　　④　[美]布卢姆等:《教育目标分类学(第一分册)》,罗黎辉等译,华东师范大学出版社1986年版,第27页。
　　⑤　黄甫全、王本陆:《现代教学论学程(修订版)》,教育科学出版社2003年版,第183页。

要以"公民身份意识""公民权利意识""公民义务意识"和"公民参与意识"的纵向培养目标及"公民认知""公民情感""公民意志"和"公民行为"的横向培养目标为参照。本文对中小学生公民意识培养具体目标的分解主要从认知与能力两方面来进行的,在此设定以培养社会主义合格公民为一级目标,以培养公民身份意识、权利意识、义务意识和参与意识为二级目标,以各二级目标之下统摄的目标为三级目标。以下将对中小学阶段(不含高中)学生的公民权利和义务意识教育目标进行分解(一、二级),选取参与意识和公德意识教育目标进行三级分解(详见表5-2~表5-8)。

表5-2　中小学生公民权利、义务意识培养目标

阶段	知识目标	情感态度和价值目标	能力目标
小学阶段	认识到作为中华人民共和国公民所享有的基本权利和儿童的生存权、发展权、受保护权和参与权。了解公民对国家的基本义务	知道权利与义务是不可分割的,学会尊重他人的权利,承担自己应尽的义务	通过认识权利与义务的统一关系。增强权利观念,依法行使权利、自觉履行义务
初中阶段	了解公民、未成年人享有的基本权利。了解宪法规定的公民基本义务,并明确履行义务的具体要求	树立权利与义务相统一的意识,懂得依法享有权利的同时必须忠实履行应尽的义务,做负责任的公民	增强对享有权利与履行义务之间的理解。对公民身份有更明确的认知。逐渐提高行使权利和履行义务的能力

表5-3　小学生权利与义务意识培养分级目标设定

二级目标	公民认知目标	公民行为能力目标
珍惜权利	了解公民享有的基本权利;懂得儿童生存权、发展权、受保护权和参与权	1. 维护和主张公民享有的基本权利,对小学生而言,着重维护其健康权、隐私权、发展权、受保护权和参与权 2. 认真接受教育,获得德智体全面发展 3. 积极行使参与家庭事务、学校事务和社会事务的权利 4. 在考虑自身权益的同时避免伤害他人的合法权益

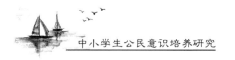

续表 5-3

二级目标	公民认知目标	公民行为能力目标
履行义务	了解对国家应尽的义务,学会对自己、他人、家庭和社会负责	1. 维护国家统一和民族团结,保守国家秘密,维护祖国安全、荣誉和利益
		2. 依法纳税,维护国家税收
		3. 维护宪法和法律的权威,自觉遵守法律
		4. 珍惜生命,知道自我保护,讲究个人卫生
		5. 努力学习,日常学习生活中珍惜并安排好自己的时间,自己的事情自己做
		6. 积极参加班级民主管理,树立以班级为荣的思想
		7. 爱护公物,保护环境,遵守公共秩序

表 5-4　初中生权利与义务意识培养分级目标设定

二级目标	公民认知目标	公民行为能力目标
珍惜权利	懂得依法规定公民所享的权利和自由。懂得《未成年人保护法》的相关规定	1. 正确认识自己主人翁地位,依法享有和维护公民的基本权利和自由
		2. 珍爱生命、注重健康;接受教育,培养兴趣,获得发展
		3. 积极参与家庭议事、学校事务和社会事务
		4. 公民在行使自由和权利的时候,不得损害国家的、社会的、集体的利益和其他公民的合法的自由和权利
履行义务	明确我国宪法规定的公民基本义务及具体要求。懂得享有权利必须履行相应的义务	1. 认同社会主义制度,拥护中国共产党的领导
		2. 维护祖国的尊严、安全和利益,增强民族自尊心、自信心和自豪感
		3. 关心国家大事,自觉遵守国家和地方政府颁布的法律、法规,自觉抵制有损国家尊严的行为和言论
		4. 积极参与班级、学校集体活动和民主管理,参加社会公益活动
		5. 遵守宪法和法律规范,遵守公共秩序和社会公德
		6. 对自己负责,珍惜生命,锻炼身体,刻苦学习,掌握报效祖国的本领

表5-5 小学生公民参与意识培养分级目标设定

三级目标	公民认知目标	公民行为能力目标
参与家庭生活	学生是家庭中的成员,理应参与到家庭生活中来,为家庭发展贡献力量	1. 在涉及课外补习、假日游玩等与自身相关的事务中要积极发表自己的看法,和父母进行讨论 2. 参与一些家庭公共事务的讨论和协商,例如添置家具、布置房间等事项 3. 树立我是家庭小主人,我为家庭做贡献的责任观
参与学校生活	学生能够参与到班级、学校中与自己相关的各项事务中来,为班级和学校发展献计献策,做出贡献	1. 参与班级和学校组织的各项文艺和体育活动 2. 积极参与班级组织的竞选班干部的活动 3. 力所能及地参与学校组织的一些民主管理活动,发表自己的看法和观点 4. 通过自身努力为班级、学校建设和发展做贡献 5. 树立以班级和学校为荣的思想
参与社会生活	学生可以依照自己的年龄和能力特点,适当参加一些社会公共事务	1. 在老师或家长的带领下,参与社区组织的公共活动,如清理小广告、制止乱扔垃圾等 2. 参加社会公益活动,例如环保、捐助等 3. 树立我是社会一分子,社会发展需要我的意识

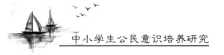
表5-6　初中生公民参与意识培养分级目标设定

三级目标	公民认知目标	公民行为能力目标
参与家庭生活	懂得自己是家庭中的一分子,明白参加家庭劳动和议事活动的意义	1.在涉及课外补习、假日游玩等与自身相关的事务中要积极发表自己的看法,和父母进行讨论 2.参与一些家庭公共事务的讨论和协商,例如添置家具、布置房间等事项
参与学校生活	懂得班级和学校公共生活的重要性,明白参与校园民主管理的意义	1.参与班级和学校组织的各项文艺和体育活动 2.积极参与班级组织的竞选班干部的活动
参与社会生活	懂得公民作为社会的主体,积极参与公共生活和民主决策的重要性	1.在老师或家长的带领下,参与社区组织的公共活动,如清理小广告、制止乱扔垃圾等 2.参加社会公益活动,例如环保、捐助等 3.树立我是社会一分子,社会发展需要我的意识

表5-7　小学生公德意识教育分级目标设定

三级目标	公民认知目标	公民行为能力目标
公共交往公德意识	了解公共交往中需要遵守的公德;懂得在与他人交往中自觉遵守社会公德的必要性	1.会使用基本礼貌用语,如请、您好、谢谢、对不起、没关系、再见等,行为举止要得体 2.与同学相处不欺负弱小,不讥笑、戏弄他人 3.与他人交往不说谎、不作假、不欺骗他人,坚持讲真话,树立正义意识 4.答应他人的事要努力做到,做不到时要表示歉意;借他人钱物要及时归还,损坏赔偿 5.乘车主动给老弱病残孕让座;在人们需要帮助的时候提供适当的帮助

续表 5-7

三级目标	公民认知目标	公民行为能力目标
公共场所公德意识	了解公共场所需要遵守的公共秩序,明白遵守公共秩序、爱护公共财物是维持良好的公共生活必不可少的条件	1.乘车、排队要守序;观看演出时,不随便走动,不喧哗;在公共场所,不乱扔废弃物,自觉保持环境的整洁;不折花草,不践踏草坪等 2.自觉遵守交通规则,提醒、督促家长、同学走路或开车时要遵守交通规则 3.当家人、邻居或同学休息时,尽量不去打扰 4.爱护公共设施;不在课桌椅、建筑物和文物古迹上涂抹刻画;损坏公物要赔偿 5.对其他违反公共秩序和损坏公共财物的行为及时制止
人类环境公德意识	了解爱护环境的公德要求及其意义	1.节约用水、用电,养成废物利用的好习惯,将废纸等可利用的废物分类集中,卖或送给废品回收机构,以便回收利用 2.养成保护和美化自己生活和学习环境的习惯 3.注意爱护动植物,不随意采摘花草树木,不虐待动物 4.积极向自己熟悉的人宣传有关环境保护的法令,宣传环境保护的重要意义

表5-8　初中生公德意识培养分级目标设定

三级目标	公民认知目标	公民行为能力目标
公共交往公德意识	了解并懂得在公共交往中人与人之间应该友好相处,互相尊重、互相关爱	1. 与同学相处要公平,对待同学要一视同仁,不以貌取人,不歧视他人 2. 做事、与人交往要做到言而有信,言行一致 3. 树立正义意识,为人处世要做到品行正直,办事公道 4. 尊重他人的人格尊严,不侵犯他人的隐私 5. 与他人要和睦相处、互相理解、互相帮助
公共场所公德意识	了解遵守在公共生活中公共秩序、爱护公共财物、维护公共利益的重要性	1. 在公共场所不大声喧哗,乘车、购物按顺序排队,自觉遵守公共秩序 2. 正确使用、爱护学校、公园等公共场所内的公共实施 3. 对破坏公共设施,损坏公共财物的行为要及时加以劝阻和制止
人类环境公德意识	提高对环境保护的认识水平,明白保护环境的重要意义。了解、掌握保护环境的知识和技能,初步具备将环境科学知识转化为实际行动的能力	1. 积极传播环境科学知识,以提高更多人的环境意识 2. 自觉参与环境保护的监督,对污染、破坏环境的行为制止或举报 3. 积极参加宣传"珍惜生物"的活动,自觉向家人、同学和朋友宣传珍惜生物的知识

　　"在教育目的确定以后,精心选择和设计教学内容,是学校教育活动取得成效的重要保证。"①中小学生公民意识培养的课程内容设置要符合培养目标的要求来组织和优化教学内容资源。围绕中小学生公民意识培养的目标,构建科学严密的教育内容体系是搞好中小学生公民意识教育的基础。

---

　　①　叶澜:《教育概论》,人民教育出版社1991年版,第18页。

在构建中小学生公民意识教育内容体系之时，要以开放的视角去挖掘、整合生活中存在的各种有利于教育目标达成的资源，将社会发展的需要和学生自身的实际需要结合起来，吸收和借鉴传统文化和西方文化中有益的思想资源，不断充实和创新公民意识教育的内容。科学选择中小学生公民意识教育内容，还要坚持全面性与层次性相结合。

所谓全面性，是指基础层面意识、核心层面意识、外显层面意识和衍生层面意识都应囊括到公民意识教育教学中，换言之，中小学生公民意识培养和教育应包含身份意识、权利意识、义务意识、国家意识、民主意识、平等意识、民主意识、法律意识、公德意识、参与意识等诸多方面。

所谓层次性，是指中小学生公民意识培育和教育的内容应有针对性，要与学生的认识水平相符。例如，小学阶段的公民意识教育应以培养良好的行为习惯为主，初中阶段的公民意识教育应以强化认知和启发觉悟为主。除此之外，中小学生的公民意识培养和教育的内容应与学生现实需求、与学生的日常生活实际紧密结合。同时，中小学生公民意识教育课程内容的设置，也要符合学生认知发展规律，循序渐进地进行，例如，小学低年级阶段的公民意识培养和教育，侧重于对学生进行公民基本身份和基本角色的认知教育，例如，对学生传授"我是一个公民"，"我在家庭、学校和社会中都扮演什么角色？"，"我可以享有什么权利"，"我也要遵守什么规则"等，小学高年级阶段的公民意识培养和教育可以逐渐启发学生对公民知识的相关思考，例如，启发学生明白，"我为什么享有这些权利？""这些义务我必须去履行吗？"等，初中阶段的公民意识培养和教育，可以引导学生思考"权利与义务的一致性"，"为什么要参与公共生活？"等，围绕同一个知识点，从小学低年级阶段、高年级阶段到初中，层层递进、逐渐深入，公民行为能力的训练也是遵循这样的一个过程，由低到高、由易到难、逐层递进。

（三）以考查过程为主，进行综合考查

中小学生公民意识培养和教育的内容和性质，决定了对学生进行公民意识学习效果的检验不能以常用的单一考试方式来进行，而应建立科学的学生公民意识评价体系，以综合考查为主，对学生的学习态度、日常行为表现及相应的评测成绩等进行总体观察，坚持定性评价和定量评价相结合。评价的本质是一种特殊的认识活动，是对客观事物的价值的认定。[①] 对中小学生接受公民意识效果的评价是检验公民意识教育成效的重要方式。首先应将公民意识教育质量评估纳入整个学校教育质量评估中。例如，美国有

---

① 张廷凯、丰力：《校本课程资源开发指南》，人民教育出版社 2004 年版，第 208 页。

专业的权威测试机构（National Assessment of Educational Progress，简称NAEP）来对"公民与政府"课进行单独评估，以考查学生的公民知识、公民技能和公民品性为基本维度建立了较为全面的评价指标体系。其次，要对公民意识教育质量评估指标进行科学量化。例如，信阳市平桥区就将教育环境、教师配置、课堂教学和教学效果作为衡量"公民常识"课教育质量评估的主要依据，着重考查各学校的课堂教学和课堂效果，并对分值进行了量化，这对评估教学效果提供了较为重要的参照。但也存在着一些问题。从四个评价方面来看，教育环境和教师配置情况较为便于考查，但是涉及课堂教学和教育效果的评估较为笼统。对教师的评估主要依据他们参加优质课比赛、评课、撰写教学活动论文的获奖情况进行考查，对学生的评估主要参照一些典型事例来考查他们的公民素养是否有所提高。学生公民素养的提升是一个较为缓慢的过程，在这个过程中形成的公民认知、公民意识及参与能力，不可能单凭几个典型事例就足以说明问题并进行终结性评价，因此，建立一种灵活多元的评价机制就显得非常必要。

学生公民素养的提升是反映在整个教学过程中的，以往常常以考试方式为主采取定量评价的标准，忽视了对学生学习态度、情感品质和行为习惯的综合考查，未能全面地反映出学生的实际情况。对中小学生公民意识教学效果考查应采取定量评价和定性评价相结合的方式。例如，平桥区实验小学针对五六年级学生分别制订了《公民常识调研试卷》，以填空题、判断题、单选题和问答题为主要题型进行摸底考试。其中，同样的知识点、同样的题型，针对不同年级的学生，考查是有区分度的，在此采取表格的形式加以说明。需要说明的是，针对五年级学生的权利意识的知识点考查较多，角度也较全面，但对他们义务意识、参与意识等方面考查过少，没有出现涉及公德意识的题目。对六年级学生的考查涵盖面较广，涉及公民身份意识、权利意识、义务意识、法律意识、正义意识、规则意识和公德意识等多方面内容，但题型方面缺少情境化设计，稍显单调和枯燥。参照表5-9：

表 5-9　五六年级学生公民常识部分知识点考查内容对比情况表

知识点	年级	考查题目
公民身份认知	五	公民的归属认同是公民对自己国家的归属感和（　）的认知？（单选题） 肖华的父母是中国公民。因此，肖华一定也是中国公民。（判断题）
	六	国家统一是_____，民族团结是国家繁荣、发展的前提和保障，所以，每一个公民都应该维护_____和_____。（填空题） 台湾是一座岛国。（判断题）
公民权利意识	五	校园周边的小商贩们非法售卖"三无"小食品给小学生，他们侵害了小学生的什么权利？（单选题） 刘亮同学不爱学习，他没有权利参加班干部竞选。（判断题）
	六	我们的合法权受到侵害时，我们可以依法维护自己的合法权益。（判断题） 每一个公民都应珍惜我国宪法赋予我们的监督权，正确行使这一权利。（判断题）
公民义务意识	五	公民都均等的享有受（　）的权利和义务。
	六	税收是国家财政收入的_____来源。（填空题）接受九年义务教育是我们的_____，我们应该_____。（填空题） 我们作为小公民，要维护国家安全，荣誉和利益，应该怎么做？（问答题）
公民参与意识	五	你对班级和学校有什么好的意见和建议吗？把它写出来吧。（问答题）
	六	小明想：我还是个孩子，不需要关心国家大事。（判断题） 公民在参与某项事情的决策时，往往会出现意见不一致的情况，在这种情况下，每一个参与者应该具有（　）。（选择题）
公民法律意识	五	中华人民共和国公民在法律面前不一定人人平等。（判断题）（注：此题也考查学生的平等意识）
	六	_____是我国的根本法，具有最高的法律效力。每个公民都应该具有_____、_____的意识。（填空题）
公民公德意识	五	无题目设置
	六	我们小学生应该怎样做诚实守信的人？（问答题） 我们周围哪些东西属于公共财物？我们应该怎样爱护这些东西？（问答题）

（注：本表在每一知识点的考查上，仅选取了些具有代表性的题目为参照进行对比）

对学生公民常识的认知可以通过一些测试来考查,但由于学生公民意识的生成和能力的提高是一个循序渐进的动态过程,绝非通过某一个或几个简单的测试题就能完全体现出来,因此,不适宜采取定量评价的标准来考查,而应该侧重于过程性的考查。在进行过程性考查时,评价主体是多元的,既包括任课教师、班主任,也包括家长、社区活动的指导人员、学生本身和相关管理机构。评价方式采取自评、互评和综合测评,这些方式可以单独使用,也可以综合使用,要根据测评对象具体情况进行区分。在评价时间上,一般分成学期初、学期中和学期末三个阶段,并将三个阶段的评价综合予以评价。例如,制作"公民成长记录",将学生分为若干小组,每一小组由专门的负责人(一般是教师和家长共同担任)指导学生开展活动,并进行相关记录,较为全面地反映学生在学习过程中的公民意识和行为能力的发展和变化情况,以此作为考查学生学习效果的重要依据。同时,由于学生个体已有知识积累和能力获得方面各有不同,考查过程也要兼顾学生的个体差异和个性化发展,并确定相对科学的评价指标,见图5-2。

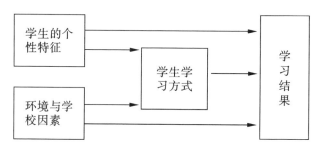

图5-2 比格斯3P学习模型示意图①

鉴于此,对中小学生公民意识培养和教育效果的评价标准不可能是单一的、绝对的和刚性的,而应该是多元的、灵活的和弹性,是终结性评价和过程性评价的有机统一。目前,虽然信阳市平桥区教体局已将公民常识课列入期末考核内容,但贯彻落实的情况差异较大。一些学校采取期末卷面考试和平时活动表现相结合的办法综合对学生进行考查,这能在一定程度上反映学生公民意识的实际状况,但缺乏学生在家庭生活和社区生活中的情况反馈。还有一些农村学校并未对公民常识课教学效果进行量化考核。而以明港镇中心学校为代表组织的考评活动,形式多样、别具一格,突破了传统意义上的考核形式,以活动中学生的综合表现作为考查依据,取得了良好

---

① Biggs J B, Telfer B: "The Process of Learning (Second Edition)", *Prentice Hall of Australia*. 1987, p149。

的效果。2013 年 12 月,明港镇中心学校在镇一小举行了"小学生公民常识知识竞赛",设置了必答题环节、选答题环节、综合考核环节和才艺展示四个环节,既有知识性考查,也包含了能力素质考查,较为全面地反映了学生的公民素养,可以在总结经验的基础上,形成更为科学的考评模式,在更大范围内推广。

为了检测学生接受《公民常识》课程教学的效果,一些学校也尝试性地开展了探索,例如,平桥区实验小学印制了《××年度五年级公民常识调研试卷》和《××年度六年级公民常识调研试卷》,题型种类有填空题、判断题、单项选择体和问答题,共计 100 分,较为全面地考察了学生对《公民常识读本》(小学试用版)知识的理解程度。明港镇于 2013 年 12 月针对小学五六年级学生举办了公民常识知识竞赛活动,从多个方面、多角度地综合考察了学生的公民素养。竞赛设置了四个环节,分别为:必答题环节——扬帆起航(公民常识基础知识测试);选答题环节——乘胜前进(公民常识学科知识);综合考核环节——谁与争锋(各队中心发言人回答,其他选手补充);各代表队小结表述与才艺展示——博采定音(各队中心发言人表述并展示)。经过综合考核和评判,镇中心学校对活动中表现优秀的三支代表队、组织优秀的四支代表队及优秀辅导教师、优秀选手进行了表彰和奖励。

二、加强教师队伍建设,提高教师的资源优化意识和能力

在中小学生公民意识培养和教育过程中,教师作为主要的教育者,其作用是无法替代的。"所谓教师,就是学校中承担教育、教学任务,以教书育人为主要职责的教育专业人员(或称专业教育者)。"[①]教师作为经过专业知识和技能训练的专业人员,其职业操守和专业素质对整个教育目标的实现具有重要影响。高素质的教师不仅具有良好的师德,而且在学科知识、教学方法、教学经验、学习能力等方面都有相当程度的积累。教师的智慧体现在对教材的理解和掌握上、对知识点、重点及难点的"消化"和"处理"上,体现在能通过讲解和示例使学生较为透彻地掌握概念的内涵和意义,还体现在对课程的体系结构、学科特征及教学目标、内容、方法、评价等环节的把握上。教师资源是指教师进行教学活动过程中使用的自身体力、智力、人格、技术、能力、经验等身心素质的总和。教师资源的优化是中小学生公民意识培养的重要的人力资源保障。中小学生公民意识的培养过程中对教师资源进行优化,主要包含以下两方面。

---

① 胡德海:《教育学原理》,甘肃教育出版社 1998 年版,第 391 页。

（一）建立稳定的教师队伍，加强师资力量培训

高素质的师资队伍是中小学生公民意识培养取得成效的关键。在中小学生公民意识培养中，教师是非常重要的一种人力资源，是教学活动得以开展的首要条件性资源。因此，中小学生公民意识培养工作的开展，应将教师队伍建设放在首位，行政部门应作为主导力量，着手选拔一批具有相关学科背景的教师组成年龄结构适当、学缘结构合理的教师队伍，建立具有良好教育背景和知识结构的师资梯队。

在组建中小学生公民意识教育教师队伍之后，要建立常规性、制度化的教师队伍培训机制，定期、不定期地对教师进行专业指导和技能培训，要注意及时优化教师个体和教师群体的素质。一方面，教育行政部门必须加大教师培训力度，提高教师专业化水平，增强教师的角色意识和专业能力的训练。适当之时，也可以成立专家咨询委员会，负责对整个教学过程进行指导和监督。例如，许多学校采取定期组织教师进行经验交流和教学研讨、邀请专家进行理论系统知识的培训等方式优化教师资源，还有一些学校是以课题研究和项目研究为驱动，引领教师专业成长。这些方式都是对加强公民意识教育教师队伍建设的有益探索，通过这些培训活动，教师的公民素养、认知水平和专业技能都有了较为显著的提升。例如，由于平桥区参与公民常识课程实验的教师之前主要是执教品德与社会、思想品德和语文课，对公民常识课几乎处于从未接触过的状态，针对这种情况，区公民常识教育办公室出台了相关文件规划了教师培训的系列方案。先后邀请郑州大学公民教育中心、华东师范大学、北京理工大学等公民教育领域的知名专家和学者到平桥进行授课，对参与教学的132名教师和相关领导进行理论知识的普及和教法的指导，强化了他们对公民意识教育意义的理解、知识的储备和技能的掌握。本人有幸作为公民教育实践研究项目组的一名成员，也曾随专家进行公民常识校本课程读本大纲解读、单元章节知识点讲解和教学基本要求的培训活动，这些定期、不定期的培训和指导，为公民常识课程顺利开展奠定了较好的师资基础。江苏、云南、四川等地主要是以选择"种子"教师参与培训的方式来强化师资队伍建设。

另一方面，要高度重视公民意识教育教学工作，提高教师从事公民意识教育的热情和积极性。首先，鼓励教师组建研究性学习群体，交流教学经验，鼓励他们多阅读本领域的资料，多参加本领域的学术会议，加强公民意识教育基础理论学习，开展公民意识教育课程内容研究，改进公民意识教育教学方法，促进教师自身的专业成长。其次，学校应成立公民意识教育教学研究小组，定期、不定期地组织教师经验交流和总结会议，建立公民意识教育资源共享平台，促使教师之间进行经验学习、同伴互助、教研切磋，促进公

民意识教育教师个体的专业成长,并形成优质的教师团队,最终实现1+1>2的增值效应。最后,建立公民意识教育任课教师考核评价机制,开展教学观摩和优质课评比,评选"最佳公民意识教育优质课教师""最佳公民意识教育教学能手""最佳公民意识教育社会实践指导教师",对教师参与活动获奖等情况及时予以嘉奖,并纳入绩效工资管理制中,提高教师从事公民意识教育的积极性。中小学生公民意识教育教师队伍的建设和教师的专业成长,贯穿整个中小学生公民意识培养活动的始终。教师队伍的建设提高了教师的专业素养,促进了教师的专业成长,也推动了资源优化的顺利进行,它们之间是良性互动的关系。

(二)提高教师的资源优化意识,增强教师的资源优化能力

教师作为教育活动实施的主导者,其对课程资源和教法资源的整合和优化能力,在整个中小学生公民意识培养中发挥着举足轻重的作用。这是因为,在很大程度上,公民意识的培养和教育并非是预设的,它是一项具有生成性的活动,诸多新的资源要素和条件会随着教育的实施逐渐产生。但是,这种生成于教育活动中的资源较多地依赖于优化主体的开发能力和水平,如果主体的资源意识和开发能力较强,那么,较多的公民意识教育资源将会被源源不断地开发出来,反之,即使有再多、再丰富的资源,也只能被"遮蔽",更谈不上"生成"了。因此,中小学生公民意识教育资源的生成性是个"变量",受主体开发能力所限,常常陷于"不确定"和"不稳定"的状态中。一般而言,在中小学生公民意识教学过程中,教师在与学生之间的交互式对话和互动中也能形成一些新的、促进学生公民意识生成的资源要素,教师要善于发现和捕捉这些临时生成的、具有教育价值的资源要素并适时用到教学活动中。同时,教师作为一种资源,既是优化的主体,也是被优化的对象,始终是处于生成的状态和过程中。

资源是外在的,如果没有教师有意识地去发现和利用,是不会自动进入教育教学过程的。教师具有较强的资源优化意识,就会提高资源的识别和应用能力。如果资源优化意识相对缺乏,教师在资源优化过程中,当资源相对丰富之时,可能就会陷入无从判断和选择的境地。当资源相对匮乏之时,可能就会因无法对资源的潜在价值加以分析和提炼,而弃之不用或优化不足。因此,教师作为中小学生公民意识培养中教育资源优化的主导,首先应对公民意识教育的本质有较为深入的了解,并树立科学的资源优化意识,在此基础上,才能紧紧围绕课程本身对资源加以识别、利用、整合和优化。在中小学生公民意识培养和教育活动中,教师易于将目光集中在一些校内比较显现的资源,缺乏以广泛的视野对资源的选择和优化,很难为教学提供丰富的、有价值的资源,不利于教学效果的提升和教育目标的实现。教师具有较强的资源优化意识,就会围绕课程本身,对资源的种类、内涵、结构、特性等有理性判断和充分认识,不仅能整合现有资源功能,实现资源价值的最大化,而且还能挖掘隐性资源,例如传统文化中的思想资源、国外公民意识教育的先进经验、学校文化资源、家庭和社区资源以及网络信息等资源,将存在于这些资源中,有益于中小学生公民意识培养和教育的思想要素整合到教学过程中来,实现资源优化效益最大化。

教师的资源优化能力主要体现在:分析选择能力、整合优化能力和反思提高能力。在开展中小学生公民意识培养和教育活动的初期,首先,教师要在准确把握教学目标和教学内容、深刻了解学生认知水平和已有知识结构的基础上,对可以用到的资源进行归类和分析,这也是教师对组织教学活动的提前"预演",进而深化对资源的认识和理解。在此基础上,教师可以对资源做出进一步的抉择,对于那些有利于教学目标直接实现的资源,就可以直接应用到教学活动中;对于那些需要挖掘的潜在资源,教师要深入分析哪些是经过改造之后可以使用的,哪些是对于教学目标的实现完全没有价值的,区别对待,加以利用;对于那些教学活动需要运用到的资源,而现实中又不存在或较为匮乏时,教师要充分发挥自己的主观能动性,根据现有条件,创造一些资源服务于教学。教师在完成整个教学活动之后,适时的反思和总结也是非常必要的。通过回顾整个教学活动和资源优化过程,从不同的角度和不同的层次进行自我总结、评估和反思,逐渐将实践经验提升到理论层次,然后再作用于教学实践中,不仅促进了自我的成长和发展,也强化了资源优化能力。

三、优化教法资源,增强公民意识教学的实效性

教法资源即教学方法资源,是中小学生公民意识培养中的重要媒介资源。在课程教学中,教师要依赖有效的教学方法才能将公民意识的相关知识和技能传授给学生,达到预期的教育效果。《中国大百科全书·教育》对教学方法的界定是"为了完成一定的教学任务,师生在共同活动中采用的手段。既包括教师教的方法,也包括学生学的方法"[1]。李秉德指出,"教学方法,是在教学过程中,教师和学生为实现教学目的,完成教学任务而采取的教与学相互作用的活动方式的总称。"[2]王道俊、王汉澜指出:"教学方法是完成教学任务而采用的办法。它包括教师教的方法和学生学的方法,是教师

---

① 《中国大百科全书》总编委会编:《中国大百科全书·教育》,中国大百科全书出版社1985年版,第151页。

② 李秉德:《教学论》,人民教育出版社1991年版,第197页。

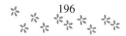

引导学生掌握知识技能、获得身心发展而共同活动的方法。"①可见,教学方法就是教师在教学过程中为了实现教育目标而运用的方法和手段的总称。其中,教师教的方法——教法,"是教师为完成教学任务所采用的方式、手段和程序"②,学生学的方法——学法,"是儿童在教师指导下获得知识、形成技能、发展能力和发展个性过程中使用的方式"③。教法和学法不是割裂开来的,二者统一于整个教学活动过程。"事实上,教学方法始终包括教师与学生共同进行的考与学双方的活动,这是教学方法的重要特点。"④同时,教学方式、教学模式等与教学方法之间是既有区别又有联系的。教学方式是教学方法的具体运用和技术体现,而教学方法是由诸多教学方式组成的。"教学模式就是在某一教学思想和教学原理的指导下,围绕某一主题,为实现教学目标而形成的相对稳定的规范化教学程序和操作体系。"⑤教学模式作为一种策略体系,是由若干有相对固定程序的教学方法构成的。相较于教学模式,教学方法更侧重于具体的方式和技巧。

结合对教学方法的理解,教师在教学过程中运用的各种方式、方法的综合就是教法资源,但这种"综合"不是对各种教学方法进行简单的"叠加",而是需要经过重新组合和优化的。教学方法不是预设的,在中小学公民意识培养的教学过程中,教师在教学过程中对教学方法的选择应依据教学任务与目标、教学内容的特点、学生的学习状况、自身的专业素养及其他因素来综合考虑,才有可能取得良好的教学效果,避免出现教学方法令人眼花缭乱,学生的积极性也很高,但却偏离教学主题,教学实效性差的现象。中小学生公民意识的增强和公民参与能力的提升是一个较为漫长的过程,不是单纯依靠课堂知识的灌输就能见效的,更多地要依赖于实践活动的开展,使学生在参与中不断强化认知、提升能力。因此,教师教法资源的优化主要体现在围绕主题实施参与式教学方面。校内实践活动的开展主要是以班级和学校的民主管理和公共生活为主,采取主题班(队)会、民主选举等形式;校外实践活动的开展许多是围绕社区中存在的公共问题进行的,小到爱护环境,大到参与举行听证活动均有所涉及。

①　王道俊、王汉澜:《教育学》(新编本),人民教育出版社1999年版,第242页。

②　皇甫全、王本陆:《现代教学论学程》(修订版),教育科学出版社2003年版,第300页。

③　皇甫全、王本陆:《现代教学论学程》(修订版),教育科学出版社2003年版,第300页。

④　王道俊、王汉澜:《教育学》(新编本),人民教育出版社1999年版,第242页。

⑤　皇甫全、王本陆:《现代教学论学程》(修订版),教育科学出版社2003年版,第432页。

（一）优化课堂教法资源,增强课堂教学效果

与传统意义上的教学不同,中小学生公民意识培养不可能简单地是教师教、学生学的过程,而是如何让课堂"灵动"起来,让公民知识的深入人心的过程。一方面,中小学生的年龄较小,认知水平较低,学习的自觉性和主动性不强,需要教师积极引导和有效组织课堂教学;另一方面,从公民意识教育的学科特点来分析,单纯地进行讲解,学生很难明白和掌握公民的基本概念、公民的身份特征、公民意识内涵等知识,因此,教师有必要对课堂教法资源进行优化,提高学生课堂学习的主动性和积极性,增强课堂教学效果。

1. 运用核心概念学习策略,建构基本认知

"核心概念学习"是学生获得公民认知的一种有效和便捷的方式。"核心概念学习"首先是在课堂教学中进行的,课外实践活动是对公民认知的一种检验和深化。学习是知识的一种建构,是学生以原有经验为基础,通过与外界的相互作用,主动建构内部认识结构的一种过程。在课堂教学中,学生作为价值主体,是学习的主人,学习的过程也是满足自身需求的过程,是学生主动"掌握"知识的过程。当学生获取知识的需求得以满足时,就会认同这些"外部建构"的知识内容和价值意义,就会积极、主动地进行学习。教师有效组织教学是学生建构知识体系的主要途径。以《公民常识读本》(小学试用版)和《公民常识读本》(初中试用版)为例,两册书的体例结构和布局安排是一致的,全书共分为五个单元,是按照"公民概念、公民权利、公民义务、公民意识和公民行为"的逻辑进路来编排的,其中,第一、二、三、四单元侧重于理论知识讲解,第五单元侧重于养成训练。如表5-10所示:

表5-10 《公民常识读本》各单元主要知识点分布表

单元	标题	知识点
		公民的概念
第一单元	中国公民	公民的国家认同
		公民的身份认同

续表 5-10

单元	标题	知识点
第二单元	公民权利	公民的政治权利和政治自由
		公民的人身自由及其他自由权
		公民的社会经济权利
		公民的文化教育权利
		儿童/未成年人的生存权
		儿童/未成年人的发展权
		儿童/未成年人的受保护权
		儿童/未成年人的参与权
第三单元	公民义务	履行对国家的义务
		接受教育和参与劳动的义务
第四单元	公民意识	民主意识
		规则意识
		公德意识
第五单元	公民行为	做家庭里的好孩子
		做学校里的好学生
		做社会上的合格公民

　　从表 5-10 可以看出,《公民常识读本》涉及的核心概念和知识点较多,教师如果在教学中仅仅是照本宣科,无法让学生深入理解这些概念的,更谈不上对这些知识点的灵活应用,这就涉及如何以核心概念的学习为主进行教法资源的优化问题。中小学生公民意识培养中的课堂知识教学应仍以正面传授为主,围绕核心概念的学习,应用争议性学习策略、合作性学习策略、批判反思性学习策略等来组织教学,以确保学生能够理解和掌握这些核心概念。例如,在学习某一概念之前,"教师可首先从孩子们的文学作品、报纸、地方及全国选举、班上及学校的模拟选举、社会科学教科书中举一些有关这些概念的例子,然后帮助孩子们找出例子之间的相似之处,通过这种方法来帮助学生形成这些概念。"①

---

　　①　[美]沃尔特·C.帕克:《美国小学社会与公民教育》,谢竹艳译,江苏教育出版社 2006 年版,第 85 页。

如表5-10所示,同一概念,在《公民常识读本》(小学试用版)和《公民常识读本》(初中试用版)反复出现,但是侧重点不同,依学生认知水平呈螺旋式上升的编排特点。例如,在对第一单元"什么是公民"的知识编排上,小学版教材仅介绍了"国籍的概念""国籍的代表证件""国籍的取得方式",初中版教材除继续对学生深化这些认知之外,还加上了介绍"户籍""身份证""护照"等内容,拓宽了学生对国籍的认识和了解。

第二单元介绍公民享有的权利时,涉及公民的监督权这一问题,小学版教材仅介绍了公民的批评权、建议权、申诉权、控告权和检举权,初中版教材在此基础上还做了进一步的引申,指出"公民普遍享有选举权和被选举权""公民平等地享有选举权和被选举权"。关于"儿童/未成年人的参与权"这一知识点,小学版教材只是较为粗略地介绍儿童参与家庭事务、学校事务和社会事务的权利,初中版教材还对如何进行参与做了一些说明,例如,在"参与家庭议事"方面,要学会"多出好主意""听取家长意见"等。

第三单元涉及"接受教育是我们的义务"这一知识点编排上,与小学版相比,初中版在对"受教育不仅是公民的一项义务,也是一种权利"方面进行了较为详细的解读,并上升为"好好学习、报效祖国"的责任意识高度,显示了知识递进式上升的规律。

第四单元对于"民主意识""规则意识"和"公德意识"的知识点分解,在小学版和初中版两册内容上大体一致,区别在于初中版理论性更强。

第五单元以"学做社会上的合格小公民"为例,初中版教材除了继续提倡做"文明小公民""为公益事务做贡献"之外,还增加了"培养世界情怀,学做世界公民"这一知识点,体现了随着时代的发展,公民也应多关注国际事务,学做世界公民的趋势。

教师在教学过程中,首先要对某一知识点有相当程度的了解和认知,然后要结合现实生活和学生认知水平,通过知识的迁移和应运,从抽象到具体、从感性到理性,深化和拓展对核心概念的理解。对公民知识相关核心概念的学习,应当特别注重结合学生的认知水平和能力状况,对知识点进行逐层深入地讲解。例如,在《公民常识读本》(小学试用版)教学过程中,"儿童的参与权"这一知识点,可以分解为"参与家庭事务""参与学校事务""参与社会事务"。其中,儿童对"参与家庭事务"和"参与学校事务"能有比较明确的认知和了解,掌握情况较好,但对"参与社会事务"中"儿童可以选择适合自身年龄特征和能力特点的方式,积极参与社会事务,为建设和谐美好社会做出自己的贡献"不甚明了,究竟哪些是属于社会事务? 哪些社会事务是适合儿童自己的年龄特征和能力特征的? 哪些社会事务儿童能参与? 哪些不能参与? 为了便于学生更好地理解,教师就列出一些题目供大家讨论:以下这些社会事务儿童能参与吗？为什么？①为汶川地震灾区儿童捐款。②见到落水儿童，要奋不顾身地跳入水中施救。③见到歹徒持刀抢劫，与歹徒搏斗。④围绕信阳市开展"六城联创"活动，就环境建设问题给市长写一封信。⑤参加社区"植树节"活动。这些问题都是学生在日常生活中遇到的事情，学生能够经过讨论，发表自己的意见和看法，也明确了哪些是力所能及的事，哪些是超出能力范围的事，经过围绕主题的讨论活动，学生对参与社会事务就会有较为深刻的认知和理解。

2. 运用争议性学习策略，形成价值判断

争议性学习策略也是教师在实施公民意识教学过程中，较为常用的一种教学方法。学生们需要"在实践的过程中学习"：确定问题、讨论和争辩问题、进一步定义问题等①。斯滕豪斯提出了关于解决争议性问题的教师策略：①应该在课堂上与学生一起讨论研究有争议的问题。②教师在教有争议的内容时，要提出中立的准则。例如，教师不把提出自己的观点作为教师责任的一部分。③在有争议的领域进行探究的方式，主要方法应是讨论，而不是讲授。④讨论时应保护参与者不同的观点，而不是试图达成一致意见。⑤教师作为讨论的主持人，应对学习的质量和标准承担责任。② 具体到中小学生公民意识的教学过程中，教师首先应根据学生的现有认知水平，选择一些当前正在发生的、学生感兴趣的争议性问题作为讨论主题。其次，教师要协助学生了解主题的背景和意义，并引导他们围绕主题展开调研活动。再次，教师介绍关于这一主题的不同观点，并分析各种不同观点产生的原因。最后，学生提出自己的观点，教师加以点评和总结。这种围绕争议性主题展开教学活动的方式，远远比那种"今天我们要学习什么？重点是什么？难点是什么？"的传统教学方式，效果要好得多。

3. 运用体验式学习策略，强化角色认同

体验式学习策略是课堂教学和课外实践教学活动都可以运用到的教学方法。教师围绕主题，通过设置情境，使学生扮演特定的角色身份，履行角色所规定的义务，在身临其境的体验中形成对角色的认知和情感，提升公民意识。中小学生公民意识培养的教学活动应该是丰富多彩、形式多样的，采取情景模拟式和角色体验式教学方法，既能克服传统教育单纯以教师为主体实行单项灌输的教学模式，将相对抽象的知识和规范，通过具体情境呈现

---

① [美]沃尔特·C.帕克：《美国小学社会与公民教育》，谢竹艳译，江苏教育出版社2006年版，第85页。

② 施良方：《课程理论——课程的基础、原理与问题》，教育科学出版社1996年版，第182页。

出来,从而加深学生的理解和认知,培养学生的选择和判断能力,也能充分发挥学生的积极性和主动性,调动学生的参与热情,使学生在不断体验的过程中,逐渐强化角色认同和责任意识,避免了知行脱节现象的出现。例如,在设计《公民常识读本》第五单元"做合格小公民"时,围绕"培养学生良好校园习惯"教学主题,教师组织五名同学表演了小品《课间十分钟》,表演中,甲同学乱扔垃圾,乙同学走廊追逐玩耍,丙同学随地吐痰,丁同学衣衫不整,观看了小品之后教师让学生一起寻找小品里面的不文明行为,并让大家讨论什么是良好的文明习惯,使学生在具体情境中,学会做出选择和判断,并提高了认知水平。在讲解"公民有依法纳税的义务"这一知识点时,教师组织学生围绕公民应不应该纳税展开辩论。

> 正方辩论队同学认为:公民应该自觉纳税
> 陈述理由:税收作为国家财政收入的主要来源,为我们幸福生活提供了保障,我们接受的教育、享受的公共设施和服务都是税收来提供的,每个人都要纳税。
> ……
> 反方辩论队同学认为:公民不应该自觉纳税
> 陈述理由:我们是中学生,在学校读书也没有收入,和纳税无关,纳税应该是公民的自由,就像捐款一样,有捐款的自由,也有不捐款的自由。
> ……

通过辩论,学生对"公民有依法纳税"的义务有了更清晰的认识,明白了税收可以增加国家财源、实现分配公平、保障公民福利。每一个公民都应自觉纳税。

在《公民常识读本》(小学试用版)第二单元"我拥有的权利"中"儿童的受保护权"时,围绕学生要学会自我保护,设置了一系列的情境表演,例如:模范路队演示、钻行人护栏、三人并排走过马路、边走路边看书、横穿马路边走边打闹等,让学生进行辨析,哪些是值得提倡的,哪些是有安全危险的。在设计"通信自由和通信秘密受法律保护"课堂教学时,有的教师就结合发生在学生身边的故事,组织大家以情景剧《突然回家惹出的风波》形式表现出来,讲述周末小明因事临时决定回家取东西,结果却发现母亲在偷看他的信件,因此而发生争执的故事。表演结束后,教师引导学生学习相关的法律法规,并据此帮助学生进行分析,判断母亲的行为是否侵害儿童的隐私权和通信自由的权利。还组织学生围绕"小明的妈妈可以看他的信吗?"展开辩论。这种情景模拟和角色体验式教学，使学生在轻松愉悦的氛围中，形成了正确认知，也提升了公民意识。

（二）以提高参与能力为主，开展实践教学活动

在活动中强化认知和提高能力是中小学生公民意识培养和教育活动的特点。课堂教学固然非常重要，但在本质上，公民意识教育其实是一种生活方式的孕育，是学生在现实生活中对自己的公民知识和公民身份的双重建构。教师应该多鼓励学生以公民的角色和身份参与校内外的各种实践活动，将公民意识教育从课堂延伸到课外，延伸到学校公共生活和社会公共生活之中，引导学生用已获得的知识去发现和解决问题，在实践中切实感知并体验到公民的权利和义务，培养他们的公民意识，提升他们的公民素养。

1. 参与学校公共事务

"学校是一个个小社会，在这些小社会中，儿童通过实践学会如何促进自己的生长，别人的生长和整个社会的生长。"[①]学校公共生活是一种针对未成年人的、受保护的公共生活，是公民参与社会公共生活的一种"预演"。

参与学校公共事务首先体现为参与班级公共事务。班级生活是中小学生最早接触到的公共生活，也是学生公民意识培养的主阵地。班主任通过引导学生参与对班级事务的管理，营造公民意识教育的良好氛围。班主任和其他教师要借助精心设计的活动和班级日常生活，培养学生权责一致的公民观和主动参与的意识。例如，定期组织学生通过公开竞聘，组建班委会、班级代表大会等学生自治组织，引导全班学生参与讨论并制定班级公共生活规则，建立班级常规管理制度，对班级学习制度、纪律制度、卫生制度等进行详细规划，并由班委会负责将班级日常工作事务具体落实到每一位学生身上，确保每一位学生都有事情做，都能参与到班级公共事务的管理中来，让他们在真实的参与中切实感受到自己作为班级成员的意义和价值，体会到权利与义务相统一的真正含义。例如，有些教师在讲解"参与学校事务"的知识点上，就通过组织学生制定"班级公约"，培养他们的平等意识、民主意识和参与意识。教师首先让学生寻找教室里公物被破坏的现象，然后组织学生就随处乱扔垃圾、随意在课桌上乱写乱画、用脚踢门等问题进行交流。教师通过提问学生："班级也是我们共同生活的家，同学们，如果是在你自己的家中，随意乱踢椅子、乱扔垃圾、乱写乱画，那会怎么样？你们的父母会高兴吗？这样随意破坏的后果是什么？"引发学生们的讨论，大家畅所欲言，在这个过程中，逐渐明白了要爱护班级公共财物，要维护班级这个共同

---

① ［英］诺丁斯：《教育哲学》，许立新译，北京师范大学出版社2009年版，第41页。

的家。同学通过参与讨论,也对自己平日的所作所为进行了反思。之后,教师再"乘胜追击",以小组为单位,组织大家制定"班级公约",学生们的积极性被调动起来,公约制定完成之后,同学们还进行了签名,最后将"班级公约"张贴在后墙上,成为班级公共生活的准则。还有很多教师通过组织学生参与班级干部选举和监督班级日常管理活动等形式,来使他们习得民主参与的一些技能和程序,强化他们的主体意识和参与能力。

参与学校社团活动、校园民主管理等也是学校公共生活的重要组成部分。这些活动的开展,可以让学生在协作中结为共同体,学会共同商讨和进行决策,为参与社会公共生活和民主生活做准备。信阳市平桥区明港镇二中举办的"学校食堂承包听证会",就是组织学生参与学校公共事务管理的较好例证。随着部分农产品和商品价格的上涨,学校食堂经营者多次向学校提出要适当提高饭菜价格的要求,学校对食堂经营者的实际困难表示理解,但考虑到大部分学生来自农村、家庭经济条件有限的状况,决定举行价格听证会。听证会代表由学生代表、教工代表、学校领导以及食堂承包经营者组成。在举行听证会的前两个星期,学校总务处就此事在全体用膳学生中进行了公示,要求每班选派两名学生代表,每个年级选出两个中心发言人参加听证会。听证会举行当天,首先由学校负责人说明召开此次听证会的原因和目的,食堂经营者代表陈述了饭菜涨价的原因,学生代表谈到了自身的经济条件,在对经营方提出的涨价理由进行咨询后,对食堂饭菜涨价表示理解,但对饭菜的卫生、质量提出了具体的要求。最后,学校协调双方意见,三方同意食堂饭菜涨价10%。学校通过举行此次价格听证会,既保障了广大学生的利益,又保证了学校后勤工作的正常进行,受到学生们的普遍欢迎。

2. 参与社会公共事务

组织和引导中小学生参与社会公共生活和公共事务,是公民意识培养实践活动的重要组成部分。在此提及的社会公共事务,主要是指关涉公民公共福祉和利益的一些社会性事务,涉及"教育、科学、文化、卫生、体育、民政、社会保障、环境保护等"[①]。通过参与社会实践,学生不仅增加了对社会的认识和了解,学会了在更为广阔的社会历史背景下去思考问题,而且还提高了他们的决策分析能力和组织协调能力,启发了主体意识的觉醒和责任担当的自觉。中小学生公民意识培养要想切实取得成效,不能偏居"学校一隅",不能仅仅局限于课本和课堂,而应该走出来,到更为广阔的社会之中去感悟、体验和参与公共生活,在实际参与和锻炼过程中,切实进行理性的思

---

① 崔运武:《公共事业管理概论》,高等教育出版社2002年版,第7页。

考和判断,加深对公共事务的理解。

中小学生的年龄特点和认知水平,决定了他们单独完成参与社会公共事务的任务,是有一定难度的,因此,教师就应科学地组织和设计活动方案,主动承担起对他们的指导工作,并努力取得家长和社会相关人士的配合。例如,围绕"公共场所禁烟问题",教师先将学生分为若干组,每组在课后搜集公民吸烟的危害及相关的政策法规,然后再组织学生进行讨论,在讨论过程中,使学生明白,在我国,包括医疗机构、学校、图书馆、博物馆、运动健身场所、公共交通工具内部等九类公共场所是禁止吸烟的。这些关于在公共场所禁止吸烟的条例,对于减少吸烟的危害,净化公共场所环境,保护公民健康能起到积极有效的作用。但是,由于国家没有出台专门的法律来明确相关单位、管理者和执法者的职责,处罚的标准不够具体,处罚的力度相对较轻,加之一些公民对吸烟的危害认识不足,自觉性较差等原因,致使公共场所吸烟的问题屡禁不止。之后,教师再组织学生对"如何有效地禁止公共场所吸烟"展开咨询、调研,各小组形成相对完整的意见,并在全班进行交流和讨论,最后形成一些共识:政府要加强监管,明确各部门职责;处罚力度要加大;提高香烟价格;对于执行到位的单位和个人给予嘉奖;对于不履行职责的单位和个人要实施处罚;全体公民都树立禁烟意识和监督意识。最后,将这些共识落实到行动中,组织学生开展禁烟宣传的手抄报,拟定倡议书让师生、家长及抽烟的朋友签名,给主管部门领导写信等。整个活动结束之后,教师引导大家进行总结和反思。中小学生参与社会公共事务要符合他们的年龄特点,由浅入深、由易入难、循序渐进地展开,教师在整个活动过程中,要充分发挥引导者的角色,通过科学设计活动方案和积极组织学生参与,达到预期的目标和效果。

需要指出的是,教师在具体教学过程中,无论是在课堂上进行以知识传授为主的教学,还是在课堂外进行以能力提高为主的实践,这些教学方法和教学策略都是综合应用的,是服务于授课主题和活动内容的。因此,如何围绕某一知识点和概念,设计主题鲜明、生动活泼、形式多样的教学活动,不仅需要教师具备对公民意识教育理论知识的熟稔掌握能力,还需要教师具有对各种教学方法和教学策略的组织运用能力,这就要求教师作为教学过程中的资源优化主体,要不断地通过参与各级各类培训活动、经验交流研讨会和适时的教学总结和反思,来逐级地丰富自身的理论知识储备,不断提高自己的课程组织能力。同时,由于中小学生公民意识培养的过程中,教师和学生之间是以教师和学生为双元互动主体而建立的教学一体化方式进行学习,形成了平等、民主的新型教学关系,因此,教师转变教学角色也是非常关键的问题,教师在教学过程中扮演的是引导者、组织者和参与者的角色,而不仅仅是教学中的权威,应是"平等中的首席"①。

四、发挥学生的主体作用,引导学生进行自我教育

"学生作为教育教学活动的主要参与者,是校内课程资源中形成以及实现课程目标的直接且必要的素材性人力资源。"②苏霍姆林斯基指出,"让学生体验到一种自己在亲身参与掌握知识的情感,乃是唤起学生对知识的兴趣的重要条件。当一个人不仅在认识世界,而且在认识自我的时候,就能形成兴趣。没有这种自我肯定的体验,就不可能有对知识的真正的兴趣。"③如果没能激发起学生学习的积极性和热情,没能利用好学生的学习经验、合作能力、探究能力,中小学生公民意识的培养和教育活动将很难进行。首先,学生的积极性和能动性的调动和发挥是学生学习的基本条件。其次,学生的学习经验、学习能力、学习需求等也是教师所关注的范畴。学生的天赋禀性不同、兴趣爱好不同、知识结构不同、所处家庭背景和社会环境不同,这些都会对学生的学习产生影响。泰勒认为,"'学习经验'并不等同于一门学程所涉及的内容,也不等同于教师所从事的活动,而是指学生与环境中外部条件的相互作用。"④学生在学习过程中,并非是完全被动的接受者,他们也是中小学生公民意识培养中的重要资源,充分研究和把握中小学生的身心发展水平、已有的学习基础、学习经验、心理认知结构及学习的需求,可以促使中小学生公民意识培养中的教育资源能动地产生出大于自身的更高的价值。"学生虽然是受教育者,但其受教育的过程不单纯是一个由外向内的传导过程,也是一个由内向外的主动吸收接纳与作用的过程,他一方面在教师的教导下认识客观世界,另一方面也在学习的实践过程中改造自己的主观世界。"⑤

发挥学生的主体作用,引导学生进行自我教育是公民意识培养的根本途径。自我教育是指受教育者根据社会发展和培养目标的要求,在教育者的指导下,自觉地、能动地对自身的思想和行为进行自我调节、自我控制的一种活动。自我教育是受教育者公民意识得以增强的根本手段。唯物辩证

---

① [加]大卫·杰弗里·史密斯:《全球化与后现代教育学》,郭洋生译,教育科学出版社2000年版,第238页。

② 吴刚平:《课程资源的理论构想》,《教育研究》2001年第9期,第59页。

③ [苏]苏霍姆林斯基:《给教师的建议(下)》,杜殿坤编译,教育科学出版社1981年版,第87页。

④ [美]拉尔夫·泰勒:《课程与教学的基本原理》,施良方译,人民教育出版社1994年版,第23页。

⑤ 胡德海:《教育学原理》,甘肃教育出版社1998年版,第429页。

法认为,外因是事物变化发展的条件,内因是事物变化发展的根本,外因只有通过内因才能真正地发挥作用。对中小学生而言,来自学校、家庭和社会的教育力量对他们施加的公民意识培养和教育是外因,学生自身在头脑中形成的有关公民意识的认知、情感以及意志等才是内因,是推动公民意识发展和公民行为形成的内在动力。学生将公民意识内化为自身思想意识体系的一部分,是他们自身发挥主观能动性、积极主动地去理解、接受公民意识,认识、体会公民行为,最终建构起自我公民意识的思想观念的过程。学生自我公民意识教育的具体途径为:自我观察和认识、自我要求和践行、自我评价和反省。一般而言,中小学生的自我观察和认识能力、自我要求和践行能力、自我评价和反省能力是随着年龄的增长、年级的升高而逐渐增强的,这在公民自我评价和反省能力方面表现尤为突出。教师在公民意识培养的教学活动中,应以学生为根本的出发点和落脚点,积极关注学生的认知状况,把握他们的思想动态,努力调动他们学习的热情和积极性,引导他们充分发挥主观能动性,开展自我公民意识教育。当然,由于受学生自身的认知水平及学习能力所限,他们在进行自我公民意识教育的过程中,虽然具有较高的热情和积极性,但却未能收到良好的效果,这就需要教育者细心观察,及时纠正不良的倾向和苗头,使学生的自我公民意识教育在正确的指引下得以进行。

第三节　校外公民意识培养的路径创新

　　校外中小学生公民意识培养的路径创新主要是通过发挥家庭资源、社区资源、借助网络平台和朋辈群体资源来进行的。"人不是抽象的蛰居于世界之外的存在物。"①家庭和社区中蕴含着极为丰富的公民意识教育资源,这些资源贴近学生的生活实际,并与学生产生着较为密切的联系,充分挖掘这些教育资源对中小学生公民意识教育的价值,将其引入学生的日常学习生活中,对于丰富教学活动,凝聚资源合力有着积极的意义。同时,利用网络平台能拓宽中小学生公民意识培养的途径,结合中小学生群体的特点,借助朋辈群体资源,发挥正向激励作用,也是提升中小学公民意识的有益方法。

---

① 《马克思恩格斯选集》第 1 卷,人民出版社 1995 年版,第 1 页。

一、整合家庭资源，实施家校合作

"蓬生麻中，不扶则直；白沙在涅，与之俱黑。"（《荀子·劝学》）对于中小学生来说，他们主要的生活环境是以学校和家庭为主的。在学校生活中，学生主要是在班集体中学习各种社会规范的，教师自身素养和班级班风的好坏对学生的影响较大，正如苏联教育家马卡连柯所说："不管用什么样的劝说，也做不到一个真正组织起来的自豪的集体所做到的一切"，"最主要的教育手段，就是良好的教师集体和组织完善的统一学生集体"①。钱穆先生在《新亚学规》中也指出："在学校里的日常生活将会创造你将来伟大的事业，在学校时的内心修养将会完成你将来伟大的人格。起居作息的磨炼是事业，喜怒哀乐的反省是学业。以磨炼来坚定你的意志，以反省来修养你的性情。"②

除了在学校接受教育，中小学生较多的时间是在家庭中度过的，家长对公民意识教育的理解和支持程度直接决定了学生参与活动的积极性，也会影响学生公民意识的形成和行为习惯的养成。"天下之本在国，国之本在家，家之本在身。"（《孟子·离娄上》）学校教育是以传承科学文化知识为任务的，并不能取代家庭教育的地位和作用，家庭是公民意识生成和公民素养形成的启蒙之地，是公民接受公民意识教育最初始、最基本、最持久的场所。家庭教育有"先入为主"的特质，个体社会化过程中习得的知识和经验，很多是建立在家庭教育的基础之上的，是家庭教育的累加。正如罗素所言，"必要的教育开始的正确时刻是婴儿呱呱坠地时，因为在那时开始可以避免沮丧的期望"，如果不能做到这一点，则"在以后的任何时候的教育都必须与相反的习惯作战，因此自然会激起极大的怨恨"③。苏霍姆林斯基也认为，"学校里的一切问题都会在家庭里折射地反映出来；学校的复杂的教育过程中产生的一切困难的根源都可以追溯到家庭"④。

父母是孩子最信任的人，父母的一言一行、思想观念等都会对子女的品德和行为产生较大的影响。家庭中其他成员的言传身教也会对他们产生潜移默化的影响。挖掘家庭教育中的资源，就是要凝聚家庭成员的合力，发挥

---

① 马卡连柯：《马卡连柯全集》第5卷，刘长松等译，人民教育出版社1956年版，第228页。

② 钱穆：《新亚遗铎》，生活·读书·新知三联书店2007年版，第3页。

③ ［英］伯特兰·罗素：《教育与美好生活》，杨汉麟译，石家庄：河北人民出版社1999年，57页。

④ ［苏］苏霍姆林斯基：《给教师的建议（下）》，杜殿坤译，北京，教育科学出版社1982年版，第244页。

他们对中小学生公民意识和行为养成的正面影响,并努力配合学校教师开展教育活动。首先,以家长为主的家庭成员要具备一定的公民知识和素养,因为"父母缺乏教养,就不可能有良好的家庭关系,他们的孩子就很难成为一个良好公民"①。其次,要积极配合学校的具体教学实践,家长要适时参与到学校日常管理中,和教师一起制定子女的培养计划,并与学校建立经常性的联系,将子女在家庭生活中的表现及时反馈给教师,配合教师对子女的公民素养状况实施观察,对于较好的表现要及时予以鼓励,对于不良表现要及时加以纠正。同时,家长也应该熟悉和了解学校开展公民意识的教材内容,根据学校的教学进度和活动安排,予以支持和配合。例如,可以在家中就家庭中的一些公共事务展开民主讨论和决策,调动子女参与家庭生活的积极性,使他们明确自己的家庭成员身份,增强家庭责任意识。学校也应及时将学生的日常行为表现和思想动态反馈给家长,并通过举办定期的家长学校和座谈会,向家长普及公民知识,传授对子女施教的方法,帮助家长提高他们自身和子女的公民意识。例如,深圳市南山区为了加强家校合作,还制订了"幸福家长成长"计划,组织了"家长培训课程超市""星级家长义工评选"等活动,整合和利用了家庭资源优势。在设计"儿童的隐私权"实践活动时,教师通过邀请家长和学生共同进行情景模拟和讨论交流,不仅强化了学生对合理行使隐私权的认知,也给家长上了一堂生动的公民常识课。同时,由于家长的职业不同、特长不同,能为学校开展公民意识培养和教育活动提供的支持也不同,教师可以根据实际情况,充分调动家长参与学校公民意识教育的积极性,整合和优化存在于他们之中的资源,并应用到实践教学活动中。"两个教育者——学校和家庭不仅要一致行动,向儿童提出同样的要求,而且要志同道合,抱着一致的信念,始终从同样的原则出发,无论在教育目的上、过程上还是手段上,都不要发生分歧。"②因为公民意识培养和教育的特殊性,在家校互动合作的过程中,家长和教师还要注意教育的反哺作用,"即在家庭场域中,年轻的子女反过来影响家长;在学校场域中,教师受学生影响,向学生学习,在整个社会场域;老一代向年轻一代学习的现象"③。教师、家长虽然是教学活动的主导,但不可否认,学生本身也是一种待开发

---

① [苏]巴拉诺夫等:《教育学》,李子卓等译,人民教育出版社1982年版,第362页。

② [苏]苏霍姆林斯基:《给教师的建议(下)》,杜殿坤译,北京,教育科学出版社1982年版,第244页。

③ 高金岭,谢登斌等:《文化学关照下的教育变革》,广西师范大学出版社2007年版,第27页。

和优化的资源,学生的思想和言行也会对教师和家长产生影响,学生习得的较好的知识和经验,也应被吸收和采纳,因此,教师—学生—家长三者之间应是以平等沟通的模式来进行对话,共同学习,相互促进,发挥资源整合优势。

二、依托社区资源,开展实践活动

社区是中小学生生活的重要场域,社区中蕴含了丰富的公民意识教育资源,合理优化社区资源能有力地推动中小学生公民意识培养实践活动的开展。相对于农村学校而言,城市学校可利用和优化的社区资源更为丰富。社区中的人力、物力、财力及各种文化环境资源等,都是中小学生公民意识培养中可以利用的有效资源。公民意识培养和教育不会随着某一节课的结束就戛然而止,是要延伸到课外实践活动中,通过参与各种公共事务和公共活动,不断地强化公民认知,提升公民意识,养成行为习惯。

对中小学生的公民意识培养仅仅靠课堂知识的传授是不够的,要搭建学校、家庭和社区资源共建共享模式,并以制度的形式使之固定下来,开展常态化的公民意识教育实践活动,在实践中丰富学生的认识,提高他们的能力。首先,各级教育行政主管部门首先要通过政策层面的立法和相关制度,将社区中的相关资源都纳入中小学生公民意识教育的范畴,建立社区教育基地,鼓励社区在各方面为学校开展公民意识教育提供便利和支持,促进学校和社区之间常规性的合作和交流,这是将社区资源纳入公民意识教育活动的重要保障。依托政府和教育行政管理部门通过协调和配置社区资源,建立规范性的公民意识培养基地是组织和开展中小学生公民意识培养的重要的平台。其次,教师和其他教育管理者应全面认识和充分挖掘当地社区中存在的优质资源和特色资源,并结合公民意识培养的课程教学,科学设计活动主题,组织学生进行调研和论证,形成方案和报告,最终体现到实际行动上来。例如,利用社区资源开展少先队、团队等实践活动,组织学生参加社区治安管理、网吧巡逻、到敬老院献爱心、为贫困家庭捐助、争做环保"小卫士"等活动,在参与活动中,学生们既强化了对书本知识的理解、增强了责任意识和参与意识,也提高了解决实际问题的能力,为社区和谐发展做出了贡献。信阳市平桥区的一些学校还充分利用当地独特的自然资源和文化资源开展公民意识培养和教育的系列实践活动,组织学生们到震雷山参观革命教育基地红军桥、红军洞,到鄂豫皖革命纪念馆缅怀革命先烈浴血奋战的历史,借此机会培养他们对国家和民族的归属观和认同感。

国外开展的社区服务学习也可以借鉴到公民意识培养的实践活动中来,服务学习是配合课程来安排的,是一种以学生为主体,以满足社区实际需要为核心的服务。学生通过参与社区服务,不断地从体验中强化认知和提高技能,并及时进行反思和总结。服务学习的范围非常广,从环境保护、慈善救助,到社会变迁、老龄化问题等多方面的主题都囊括在内。参与社区服务学习,学生的理论知识和实践经验得到了较好的结合,通过不断地体验和感悟,他们的认知水平和参与技能也有了明显提升。在我国,也有类似的社区服务活动。例如,某中学教师组织学生围绕社区中存在的"白色污染"问题展开实践,就是围绕"搜集信息""通过调查发现问题""查找现有政策依据""形成方案和建议"几个方面来组织活动的(见表5-11)。

表5-11　"白色污染"问题实践活动任务分配及设计

组别	任务
资料信息收集组	搜集资料,了解"白色污染"起源和发展
问题组	总结"白色污染"带来的问题和危害
	调查社区居民使用白色塑料物品情况(问卷调查和访谈调查)
政策组	国家和地方关于治理"白色垃圾"的相关政策法规
方案组	结合问题小组所做出的调查与分析,制定相关方案并提出合理建议

此外,四川温江区开展的"公民意识教育进社区"项目,加强了学校和社区之间的联系。深圳南山区育才四小将社区作为公民养成教育的实践基地,开展了"红领巾小区"系列活动,就社区公共生活中存在的问题,如"社区共场所公共照明问题""社区车辆乱停放问题""社区居民老龄化问题"等展开课题研究。这些活动的组织和开展,使学生在亲身践履中强化了体验和认知,是公民意识培养实践活动的重要形式。

对社区资源进行整合和优化,应注意保持与学校教育和家庭教育在内容和目标上的一致性和连贯性,在行动中保持协调和一致,发挥三方资源整合的最大价值,避免出现"3+3≤0"的现象。

三、利用网络平台,实现资源共享

据《第33次中国互联网络发展状况统计报告》,截至2013年12月,中国网民规模达6.18亿,全年新增网民5358万人。互联网普及率为45.8%[①],随着信息技术的不断发展,网络逐渐成为人们进行联系和沟通的便捷和有效的载体。与传统媒介不同,"网络教育信息资源是一种以网络为承载和传入媒介的新型信息资源,这种信息资源主要是在 Internet 上获取的,所以也将基于网络的教育信息资源称为网络教育资源。"[②]网络以超链接的方式,将文字、图像、视频、音频等来自各个国家、各个地区、各个机构的信息资源加以分类、整合,公民可以随时通过网络终端获取所需要的信息,而不受时空限制,丰富和拓展了信息传播和交流的渠道,成为当前实现资源共享的最有利平台。

针对公民意识教育资源区域分配不均等问题,建立中小学生公民意识培养和教育资源的整合平台,实现资源的有效共享是非常必要的。首先,资源共享平台可以为教师备课提供学术论文、专著、研究报告等文献参考资料,提供课程教学所需的优质教案、教学参考用书和典型案例分析,提高教师备课质量;其次,通过建立网站、设立论坛等形式,建立中小学生公民意识教育的网络学习平台,畅通在线学习和答疑解惑的渠道,解决在实际教学过程中存在的一些问题;最后,资源共享平台也是一个有效的宣传平台。通过这个平台,可以宣传我国公民意识教育的方针政策、追踪公民意识教育的理论前沿和热点问题,提供公民意识教育精品课程的视频教学、展示各地公民意识教育的典型经验,介绍国外公民意识教育的动态进展,在方便教师教学和实施资源优化的同时,也能吸引更多的社会力量和有识之士投入到中小学生公民意识培养和教育的实践中来。此外,由于知识是处于不断更新的状态之中的,教师在教学过程中积累的经验和技能、学生的认知状况以及各地开展中小学生公民意识培养实践活动等也并非是一成不变的,而是不断变化和发展的,因此,中小学生公民意识教育资源共享库就需要不断地充实、完善、更新。

四、借助同辈群体资源,形成正向激励

美国社会心理学家 M. 米德认为:"在现代社会中同辈群体的影响甚至

---

①　中国互联网信息中心:《第 31 次中国互联网络发展状况统计报告》[EB/OL],http://www.cnnic.net.cn/hlwfzyj/hlwxzbg/hlwtjbg/201403/t20140305_46240.htm,2014-03-05/2014-06-16。

②　孙洋,成冬梅:《基于网络平台的教育资源建设、应用现状与建议》,《中国成人教育》2010年第7期,第155页。

大到改变传统的文化传递方式的地步。"①中小学生特殊的年龄特点和心理特点,决定了他们是比较容易受到同辈群体影响的,同辈群体是指"处于某一年龄阶段或年龄组的人所组成的人群集合体"。也有学者认为,同辈群体是"特定的儿童和他与之进行互动的特殊群体的一个连续(succession)"②同辈群体是由一群年龄、爱好相似、学习和生活模式相近的个体经过自由选择、组合而形成的非正式团体。在同辈群体中,群体成员往往会形成一定的价值标准和行为倾向,影响和左右着他们的语言、行为,使之具有一定的趋同性,个体在这个群体中,比较容易得到理解、认同、关心和支持,能满足他们安全和归属的需要,同时也能满足他们尊重和自我实现的需要。

　　同辈群体是影响中小学生社会化的一个重要因素,同辈群体给予中小学生社会化的影响远远不同于学校和家庭对他们的影响,甚至会超过来自学校和家庭的影响。对于中小学而言,与同辈群体成员之间的交往互动是他们获取知识和信息的重要途径,群体内部成员之间的思想观念和行为方式对他们产生着潜移默化的影响。随着学生年龄的逐渐增长,中小学生越来越趋向于在同辈群体中寻找价值认同,容易模仿同辈群体成员的言行,希望在这个群体中获得尊重、理解和支持,这种心理层面的需求,使得许多学生虽然不大明白某些言行的真正意义,但为了获得认同,就会努力在外在行为表现上与其他成员保持一致,随着时间的推移,这种外在的行为逐渐固化为内心的准则,并最终促使学生公民意识得以提升,公民行为得以规范,这是在同辈群体的正向影响作用下进行的。当然,同辈群体对中小学生公民意识的形成既有正向的影响,也有负向的影响,家长和教师应采取科学的方法,注意积极引导同辈群体对学生发挥正向的激励作用,尽量减少或避免负向影响的作用。基于此,教师和家长应采取有效的方式对中小学生同辈群体的交往进行管理,使其在有益于中小学生成长的轨道中运行。首先,教师和家长应了解学生朋辈群体交往的对象、方式和内容,以理解和宽容的态度对待学生的朋辈交往行为,在适当的情况下可以介入,使同辈群体之间的言行在可控的范围内进行,而不是盲目地进行控制和干预。其次,由于在同辈群体中,往往会有处于核心地位的领导人物,教师和家长应注意对同辈群体中核心人物的观察和引导,使其成为带领其他成员提升公民意识和规范公民行为的得力帮手。

　　概括起来,学校是中小学生公民意识培养的主阵地和关键环节,家庭是

---

　　①　郑杭生:《社会学概论新修》,中国人民大学出版社2002年版,第83页。
　　②　谢维和:《教育活动的社会学分析———一种教育社会学的研究》,教育科学出版社2000年版,第155页。

中小学生公民意识培养的起点和基础,社会是中小学生公民意识培养的大课堂。中小学生公民意识的养成需要整合和优化学校、家庭和社区资源中的有益因素,形成合力,共同推进中小学生公民意识培养和教育活动的开展。同时,校外公民意识培养中也要充分发挥网络媒介的作用,打造资源平台,实现资源共享,还要借助同辈群体资源优势,发挥其对公民意识养成的正向作用。总之,在完善中小学生公民意识培养的政策和机制的前提下,从校内和校外两种途径出发,优化各种有利于中小学生公民意识培养的资源,通过课堂教学和实践参与两种方式,使学生不断强化公民认知、体验公民角色、践行公民行为,最终促进公民意识的提升和行为习惯的养成。

结　语

　　教育是塑造人的心灵、改造人的行为的一种过程。"人永远不会变成一个成人,他的生存是一个无止境的完善过程和学习过程"①。教育不仅是一种培养人的知识和技能的过程,更是一种启迪人的心灵和智慧的过程。当前,国家之间的竞争归根结底在于人才的竞争。人才的培养和塑造问题,可以说是每个国家面临的重大课题,也是我们关注和思考的领域。公民意识教育是一种帮助社会成员成长为合格公民的教育,是塑造公民独立人格和主体意识、强化公民身份自觉并付诸行动的教育。中小学阶段是公民意识生成的最关键时期,围绕公民身份意识、公民权利意识、公民义务意识以及公民参与意识开展中小学生公民意识培养和教育活动,通过课堂教学和实践参与,培养他们正确的公民意识和良好的行为习惯,为将来成长为社会主义合格公民奠定基础。

　　中小学生公民意识培养应始终坚持社会主义的方向。坚持什么方向是各国开展公民意识教育是必须要解决的一个首要问题。明确方向的意义在于保证中小学生公民意识培养的正确路径,如果培养目标的方向发生偏离或者错误,不仅会造成大量教育资源的浪费,而且培养的最终结果很可能与教育者所期望的方向相反。因此,目标的方向性正确与否直接关系到培养或教育活动的性质以及最终的效果。凯兴斯泰纳指出,"国民教育的目的是,使国家的每一个成员通过教育与培养而获得自觉地,直接或者间接地参与国家生活的习惯,进而使他们所隶属的这个国家,通过他们自己的努力而逐渐向着法制与文明国家的理想迈进。"②在我国,中小学生公民意识培养是以社会主义合格公民为总目标的,为了实现这个总体目标,必须要始终坚持

　　① 《教育——财富蕴藏其中》,联合国教科文组织总部中文科译,教育科学出版社1996年版,第196页。

　　② [德]凯兴斯泰纳:《凯兴斯泰纳教育论著选》,郑慧卿译,人民教育出版社2003年版,第195页。

社会主义的方向不动摇,坚持以马克思主义为指导,以社会主义核心价值体系为引领,防止以标榜培育适应现代西方民主政治发展所需要的公民,而出现"去意识形态"化的倾向,时刻保持清醒的头脑,坚持中小学生公民意识培养的目标、内容与社会主义的发展方向保持一致,并将其贯穿到整个中小学生公民意识培养活动的始终。

中小学生公民意识培养应立足于中华民族的优秀传统文化。朱小蔓指出:"尽管公民教育思想源自西方社会,中国公民教育也有过一个积极学习、借鉴西方的过程,但随着公民教育理论与实践的发展和深化,人们逐渐认识到,中国当代公民教育的立论基点和文化土壤仍需要从中国特色的社会主义建设实践与民族文化传统中追寻,培育具有民族精神血脉的现代中国公民人格,当是其重要的理论设计。"[1]中小学生公民意识培养以塑造公民品格、提升公民素养为主旨,其培养的成效并不能简单地通过外在的言行加以衡量,个体美好的情感和良好的品质的生成,需要一个渐进的过程,如何使这种情感和品质在个体生活中安根,使之逐渐发育壮大,应是公民意识培养的关键所在。"以德性修养为安身立命之本、以中庸为基本的处世之道、以耕读传家为基本的治家之道、以经学为治学之根本、以义利合一为基本的价值追求、以直观意向为基本的思维方式"[2],构成了中华民族传统文化的基本特征。这种"向内"关注的文化特性与现代公民意识的培养是有内在耦合性的,当前,虽然公民意识教育的传统始于西方,但在开展中小学生公民意识培养和教育活动的过程中,对待外来文化的有益和优秀的成分,不能原封不动地搞"拿来主义",而应以本民族的优秀传统文化为本体,将外来文化的优秀成分嫁接其上,实现二者的融合,才能发挥应有的作用,达到预期的效果。张岱年先生认为,民族独立性是一个民族立足于世界众多民族之林的必要条件,"如果丧失了民族文化独立性,就会丧失民族独立性;丧失了民族独立性,就沦为别的民族的附庸了"[3]。贺麟先生也指出:"中国近百年来的危机,根本上是一个文化的危机。文化上有失调整,就不能应付新的文化局势。……儒家思想在中国文化生活上失掉了自主权,丧失了新生命,才是中华民族的最大危机。"[4]因此,现代化进程中的中小学生公民意识培养应以理

① 朱小蔓、冯秀军:《中国公民教育观发展脉络探析》,《教育研究》2006年第12期,第7页。
② 张应杭,蔡海榕:《中国传统文化概论》,上海人民出版社2000年版,第21—28页。
③ 张九平编:《张岱年哲学文选》(下),中国广播电视出版社1999年版,第46页。
④ 贺麟:《儒家思想的新开展》,中国广播电视出版社1995年版,第5页。

性自觉的精神持守中华民族的优秀传统文化,以包容开放的视野借鉴国外先进的经验和成果,探索出一条具有本民族特色、民族气质、民族样式的公民意识培养之路。

中小学生公民意识培养应坚持学科化、本土化发展之路。中小学生公民意识教育的学科化发展不仅是培养社会主义合格公民的现实需要,也是公民意识教育自身发展的必然趋势。一方面,社会的发展对具备较高素养的公民吁求越来越强烈,另一方面,国内外已经积累了较为丰富的公民意识相关理论,加之,在现实中开展的中小学生公民意识培养的实践活动也需要理论上的指导,在这种情景下,中小学生公民意识教育亟须纳入学科化发展的轨道。中小学生公民意识教育的学科化发展主要涉及理论建设、课程建设、教师队伍建设、制度保障和监督机制建设等方面,这几方面缺一不可,共同构成了中小学生公民意识教育的学科化体系。为此,首先就需要明确公民意识教育独立的学科地位,并获得社会的普遍接受和认可。建构公民意识教育理论体系,涉及基本研究对象、基本的概念和范畴、理论基础、形成规律、原则、方法以及完善公民意识教育的学科体系等。其次,做好公民意识教育课程体系的建设工作,集中国内公民意识相关研究领域的专家、学者及有实践经验的一线教师,组织他们编写科学、严谨的系列教材,以课程形式固定下来。再次,要努力搞好师资队伍建设,形成一批具有较高的学历层次、严谨的治学态度的专业教师梯队。最后,完善公民意识教育的制度保障体系。为中小学生公民意识培养的有序推进提供人力、物力、财力等方面的保障,健全监督、考核和评价机制,使公民意识教育纳入常规化发展的轨道上来。"本土化本身是一个动态的过程,是一个在不断创新中保持自己和巩固自己的过程。它只能在对外开放中保持自己、在文化碰撞中发展自己、在文化冲突中证实自己。"①中小学生公民意识教育的本土化发展,要立足于我国的国情,回归中国公民意识教育所面临的现实情境,而不能一味地对国外公民意识教育的相关理论和经验进行推理和演绎。我国中小学生公民意识培养的理论架构和实践探索是在现实中生成的,是对现实的一种回应,其培养目标、培养内容、培养方式和途径等都是具有中国特色的,在中小学生公民意识培养的本土化发展之路上,国外的相关理论和经验仅仅是作为一种"工具性"价值存在并发挥作用的,可以学习和借鉴一些具体的方法、技术和手段,但在研究的价值取向及理论旨趣上一定应是本土化的。

---

① 刘丹:《本土化、规范化、国际化——全球视野下我国公民教育研究应把握的三个维度》,《中国德育》2008 年第 7 期,第 35 页。

　　中小学生公民意识培养应在立足中华民族优秀传统文化的基础上，以开放的视野融入国际化潮流之中。在此，国际化不仅仅是作为一种概念被使用，更是作为一种理念被应用，本文所指的"国际化"是中小学生公民意识培养的一种新视角和新趋向。国际化既表现为一种过程，也表现为一种结果。国际化是一种过程，是指其表现为各个民族、各个国家之间进行交流和融合的趋向；国际化是一种结果，是指在国际范围内的资源流动与共享最终得以实现。一方面，在我国开展中小学生公民意识教育应坚持"走出去"的战略，加强与他国之间的交流与合作，同时也要坚持"引进来"的思路，充分吸收和借鉴其他国际公民意识教育的成功经验。另一方面，还要培养中小学生的国际意识，使之成为具有世界情怀和世界眼光的现代公民。"公民国际意识就是公民是否具备世界公民素质，能够自觉地、迅速地、深入地了解和融入国际社会。"①进入21世纪以来，随着经济全球化进程的加快，世界各国之间的经济、政治、文化等交流也愈来愈频繁，人们之间的交往已经逐渐打破了地域之间的界限。培养中小学生的国际意识，就是要培养他们以国际眼光来观察和处理各种现实事务，加强对多元文化身份的认同和理解，明确自己在国家和世界生活中的地位和作用，成为具有世界情怀的现代公民。中小学生具有国际意识，在与他国公民进行交往时，在参与和处理世界范围内的公共事务时，就应充分尊重他国的历史和文化，立足于全人类和全球的视角，为促进交流、推动世界和谐做出贡献。

　　公民是当代社会的主体。一国现代化的实现，关键在于公民素养，在于公民是否具备与现代化发展相匹配的思想意识和行为能力。如果说公民的身份是被"赋予"的，那么公民意识是不会自动生成的，尤其对于在中国这样一个臣民意识浓厚、公民文化氛围缺乏、公共生活空间狭窄的国家更是如此。中小学生公民意识的培养问题是公民意识教育理论和实践必须直面的前沿性课题。中小学生公民意识培养没有"知识的终点"和"课堂的终点"，是一个不断深入、持续进行的过程。同时，中小学生公民意识的培养既是一种解构，也是一种建构，没有现成的模式作为参照，只能"摸着石头过河"，边实践、边总结，逐渐探索出适合中国特色的中小学生公民意识培养之路。现实中开展中小学生公民意识培养和教育活动受到诸多掣肘，也面临一些发展的困境，我们呼吁众多有识之士都参与到其中来，迎来中小学生公民意识培养和教育发展的春天。

　　在本书的写作过程中，因受本人能力所限，自觉不能完全把握中小学生

---

　　① 秦树理、王东虓、陈垠亭：《公民意识读本》，郑州大学出版社2008年版，第54页。

公民意识培养中的所有问题,我所能做的,仅仅是尽自己所能,力图真实、客观地陈述现实,并努力在理论上对此问题进行梳理和建构,不能一一言尽之处,在今后会继续深入研究,有进一步的发现。

附　录

中小学生公民意识状况调查

一、您的基本情况

1. 性别：A. 男　　　B. 女

2. 年龄：A. 9 岁及以下　　B. 10 ~ 12 岁　　C. 13 ~ 15 岁　　D. 16 岁及以上

3. 文化程度：A. 小学 4 ~ 6 年级　　　B. 初中 1 ~ 3 年级

4. 户口类别：A. 城市　　　B. 集镇　　　C. 农村

5. 是否开设过公民常识课：A. 开过　　　B. 没有开过

二、调查内容

1. 对"公民"的解释正确的是？

A. 没有行为能力的人不是公民　　　　　B. 公民就是臣民

C. 公民是指具有国籍的人

2. 公民概念的基本内涵不包括

A. 具有一国国籍　　　　　　　　　　　B. 享有公民权利

C. 履行公民义务　　　　　　　　　　　D. 创造幸福生活

3. 公民与国民两个概念是否相同？

A. 相同　　　　　　　　B. 不相同　　　　　　　　　C. 不清楚

4. 公民与国家关系的核心是

A. 社会福利　　　　　　　B. 公民的法律身份

C. 公民的政治地位　　　　D. 权利义务关系

5. 一国国民只有到 18 岁才能获得公民身份

A. 正确　　　　　　B. 不正确　　　　　　C. 不清楚

6. 公民身份认同主要是指公民认识到自己是国家的一员

A. 正确　　　　　　B. 不正确　　　　　　C. 不清楚

7. 人人享有一切人权,这种说法正确吗?

A. 正确　　　　　　B. 不正确　　　　　　C. 不清楚

8. 警察可以根据需要限制公民人身自由

A. 正确　　　　　　B. 不正确　　　　　　C. 不清楚

9. 留守儿童有权利从政府获得必要的学习和生活保障

A. 正确　　　　　　B. 不正确　　　　　　C. 不清楚

10. 孩子在家长面前不应该有隐私权

A. 正确　　　　　　B. 不正确　　　　　　C. 不清楚

11. 富人和穷人,在公民基本权利的享有上平等吗?

A. 平等　　　　　　B. 不平等　　　　　　C. 不清楚

12. 为达到政治目的,有时候不必考虑少数人的意见

A. 赞同　　　　　　B. 不赞同　　　　　　C. 说不清楚

13. 市委书记和普通公民在法律面前可以区别对待吗?

A. 正确　　　　　　B. 不正确　　　　　　C. 不清楚

14. 当你的合法、正当的权益受到侵害时,你会选择?

A. 找关系帮忙　　　　　　B. 自认倒霉

C. 用暴力解决　　　　　　D. 依法维护

15. 学生有权参与和自己学习生活紧密相关的班级、学校管理工作

A. 正确　　　　　　B. 不正确　　　　　　C. 不清楚

16. 中小学生应该有自我保护意识

A. 正确　　　　　　B. 不正确　　　　　　C. 不清楚

17. 是否接受义务教育主要由儿童及其家长决定

A. 正确　　　　　　B. 不正确　　　　　　C. 不清楚

18. 遵守学生行为规范是中小学生的义务

A. 正确　　　　　　B. 不正确　　　　　　C. 不清楚

19. 中小学生也应该做一些力所能及的家务

A. 正确　　　　　　B. 不正确　　　　　　C. 不清楚

20. 在公共生活中,遵守规则是公民的义务

A. 正确　　　　　　B. 不正确　　　　　　C. 不清楚

21. 提供优良的公共产品和服务主要是政府的责任

A. 正确　　　　　　B. 不正确　　　　　　C. 不清楚

22. 政府用于公共服务的支出主要来自

A. 发行货币　　　　　　　　B. 公民奉献

C. 企业资助　　　　　　　　D. 税收

23. 您经常与他人谈论政治问题或政府工作吗?

A. 经常谈　　　　　　B. 偶尔谈　　　　　　C. 从来不谈

24.《刑法》是国家的根本法,具有最高法律效力

A. 正确　　　　　　　B. 不正确　　　　　　C. 不清楚

25. 与孩子学习生活紧密相关的家庭决策,家长应该听取孩子的意见

A. 正确　　　　　　　B. 不正确　　　　　　C. 不清楚

26. 您试图影响过学校关于学生管理的决策吗?

A. 曾经　　　　　　　B. 从来没有　　　　　C. 没想过这个问题

27. 您认为自己对学校学生管理制度的制定有影响力吗?

A. 有　　　　　　　　B. 没有　　　　　　　C. 不清楚

28. 你想过参与和自己生活相关的公共决策吗?

A. 想过　　　　　　　B. 没想过

29. 您参加过共产党、共青团之外的组织吗?

A. 参加过　　　　　　B. 没参加过

C. 不知道还有什么组织

30. 在选举中,你认为自己的那一张选票有多大价值?

A. 很大价值　　　　　B. 有点价值　　　　　C. 没有价值

31. 从您参与选举的经历看,您认为自己参加的选举能选出真正为自己利益着想的代表吗?

A. 能　　　　　　　　B. 不能　　　　　　　C. 不清楚

教师访谈提纲

1. 在您看来,现有的公民常识课程主要承担什么任务? 它的课程目标是什么?

2. 您在实际教学过程中已经利用了哪些教育资源? 您认为现有教育资源利用率最高的是?

3. 有关中国古代优秀传统文化的思想资源和国外开展公民意识教育的一些经验,您在公民常识课程教学中运用到了吗?

4. 关于公民意识教育的理论您了解多少?

5. 根据您的教学经验,您觉得组织开展公民常识课堂教学最大的困难是? 您上课时的补充材料主要来源是? 组织学生进行活动时主要采取哪些方式? 请举例说明。

6. 您对《公民常识读本》上面的知识点全部了解吗? 都有哪些问题? 如果有问题,您一般采取什么途径去解决?

7. 您认为学生学习公民常识课的积极性高吗? 他们在学习这门课的过程中遇到的最大难题是?

8. 据您所知,您认为家长对于子女学习公民常识课的态度是什么情况?

9. 您在课外开展公民意识培养活动一般采取什么方式?

10. 您在校外开展公民意识培养活动过程中遇到的主要困难来自哪些方面?

11. 您认为现有的一周二节的教学课时安排能满足学生的学习需求吗? 学生在学习公民常识课的过程中对哪些内容理解比较吃力? 哪些地方很感兴趣?

12. 你认为公民常识课和品德与生活、品德与社会以及思想政治课的区别在哪里?

13. 现有的公民常识课考试评价制度是怎么进行的? 作为教师,您倾向于如何对学生在公民常识课程学习中的表现进行评价? 您认为有哪些地方需要改进?

14. 从教师的角度看,您认为公民意识教育资源应在哪些方面进行优化?

15. 您认为应该如何保障中小学生公民意识培养活动的有效实施?

16. 您认为《公民常识读本》需要完善的地方在于哪些方面?

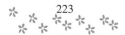

17.您认为你们区(学校)在开展公民意识培养活动方面取得了哪些成绩,哪些是比较有特色的? 请举例说明。

学校管理人员访谈提纲

1.您认为教师们针对公民常识课的真实态度是？他们的教学热情高吗？他们的工作量如何计算？学校有没有成立一个专门的教研室？负责人一般由谁担任？每学期集体备课几次？

2.担任公民常识课教学的教师，一般是由哪些课程的老师担任？

3.你们学校每年用于公民常识课的资金投入大致有多少？

4.学校每学期组织学生到校外参与实践活动的频率是？有没有以公民意识教育为主题的？校外实践活动遇到的最大困难是？

5.你们学校有没有在校内开展公民常识课实践活动？何种形式？

6.您认为家长支持公民常识课教育活动吗？学生对这门课的真实态度是什么？

7.您认为在公民常识课的实施过程中,遇到的最主要问题是什么？

在学期间主要学术成果

1. 发表论文情况

[1]《哈贝马斯政治哲学视角下公共领域理性生活方式的构建》(独著),《理论月刊》(中文核心,CSSCI扩展版),2014(8)。

[2]《微博视域下网络公共领域的话语困境及原因透视》(独著),载《理论导刊》(中文核心),2013(11)。

[3]《微博问政:公民意识的觉醒与反思》(独著),载《理论月刊》(中文核心,CSSCI扩展版),2013(9)。

[4]《初中生社会责任意识的基本特征及培养策略》(独著),载《中学政治教学参考》(中文核心),2013(10)。

[5]《当代女大学生的心理特征及对策研究》(独著),《思想政治教育研究》(人文核心,CSSCI扩展版),2014(3)。

[6]《Preliminary study on the ethical issues of engineering activities》独著,载《Engineering Education and Management》(EI),2011(11)。

[7]《民主——共同体成员政治合作的形式》(独著),载《河北经贸大学学报(综合版)》,2011(3)。

[8]《公民慈善意识现状及原因分析》(独著),载《哈尔滨学院学报》,2011(9)。

[9]《试论公民慈善意识的培育》(独著),载《河南工程学院学报(社会科学版)》,2011(9)。

[10]《充分发挥网络民主在我国政党制度建设中的积极作用》(独著),载《云南社会主义学院学报》,2012(10)。

[11]《〈思想道德修养与法律基础〉实践教学刍议》(独著),载《长江大学学报(社会科学版)》,2012(6)。

2. 参编著作情况

[1]《西方公民学说史》2012年9月,人民出版社,副主编,承担10万字。

[2]《公民常识教育研究报告·初中卷》2013年11月,郑州大学出版社,副主编,承担5万字。

[3]《公民常识读本(初中试用版)》2011年9月,人民出版社,参编,承担2万字。

[4]《国外公民学》2009年9月,郑州大学出版社,参编,承担1万字。

3.主持项目情况

[1]公民慈善意识研究(省社科联课题:SKL-2011-352),2012年5月结项,一等奖。

[2]社会主义核心价值观:中国公民教育的价值取向与内容建构(河南省社科联项目:SKL-2013-2166),2014年5月结项。

[3]中国政治现代化进程中的公民文化构建(河南工程学院青年基金项目:Y2010017),2012年5月结项。

[4]当代大学生培养和践行社会主义核心价值观研究(河南省教育厅人文社会科学一般项目:2013-MYB-090),2013年9月立项。

[5]高校青年教师教学与科研协同发展研究(河南工程学院校级教研项目:JY201319),2013年6月立项。

4.参与项目情况

[1]2014年度国家社科基金项目《社会工作与社会治理协同创新机制研究》(14BSH120),立项。

[2]2013年度河南省政府决策研究课题《河南农村人口转移的现状、特征及趋势》(2013B083),结项。

[3]2012年度省社科联重点项目《重笔浓彩绘中原——关于河南新型城镇化战略重点的调查》(2013WTKT6),结项。

[4]2012年度河南省省级教学改革项目《〈思想道德修养与法律基础〉课实践教学体系的改革与研究》(2012SJGLX281),结项。

[5]2012年度河南省政府决策研究课题《河南"三化"协调科学发展中农民权益保护问题研究》(2012B181),结项。

[6]2012年度河南省教育厅人文社科规划项目《大学生公民意识教育的内容研究》(2012-GH-036),结项。

[7]2011年度河南省政府决策招标课题《"强拆"语境下的政府管理创新研究》(2011B129),结项。

[8]2013年度河南省教育厅社科项目《基于社会主义核心价值体系的我国公民文化建设研究》(2013-GH-554),立项。

[9]2011年度河南省教育厅社科项目《当代中国公民意识生成和培育路径分析》(2011-ZX-482),结项。

[10]2011年度河南省教育厅社科项目《从社会转型期群体性事件看当代中国公民意识的培育》(2011-ZD-076),结项。

[11]2011年度河南省社科联课题《当代大学生公共精神培育研究》(SKL-2011-2458),结项。

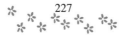

[12]2010 年度河南省社科联课题《传统"人和"理念对构建人际和谐的现代价值》(SKL-2010-235),结项。

5.科研成果获奖情况

[1]秦树理、陈思坤、王晶等:《西方公民学说史》,荣获 2012 年河南省哲学社会科学优秀成果"三等奖"(2012-215)。

[2]论文《女大学生思想政治教育论析》,荣获 2012 年中国纺织职工思想政治工作研究会"二等奖"。

后　记

　　此书是在我的博士论文的基础上修改完成的。此书的写作过程倾注了我大量的心血,此书的顺利出版也称得上是我学术生涯探索过程的一个标志性成果。书籍得以出版,令我激动不已,我想到了自己读博期间的艰辛付出,想到了学生时代的殷殷期许,想到了孕期写作的种种不易……无数个不眠之夜,无数次绞尽脑汁,让我体会到了读博的艰辛,也感受到了思考的乐趣,这注定是一段难忘的历程。

　　衷心感谢我的恩师秦树理教授,自2006年与秦老师相识,跟随秦老师学习的过程也是我成长的过程。秦老师带领我走上了学术科研之路,指导我不断提高学术素养,能跟随秦老师继续攻读博士研究生,着实是我的幸事。导师渊博的学识修养和严谨的治学精神,无不时刻鞭策和激励着我不断上进。从最初的选题到大纲确定,我经历了从迷茫、纠结到逐渐厘清思路、投入写作。其间,导师的悉心指导和耐心开解,不时给予了我继续奋斗的勇气和动力。写作是痛并快乐着的,我虽力求完美,无奈能力有限,心中有所不安,担心辜负老师的期望。能与秦老师相识,能跟随秦老师读书,值得一生铭记。

　　衷心感谢王东虓教授、王振国教师、时延春副教授、张宜海副教授对我论文的悉心指导,让我茅塞顿开,受益匪浅。他们力求严谨的科研态度、平易近人的工作作风、乐观豁达的生活态度,给予我很多启迪,也让我感受到很多温暖。同时,感谢信阳市平桥区教体局严加生局长、李荣明股长,你们的支持和帮助使我能顺利完成论文写作。感谢平桥一小的余忠秀老师,百忙之中帮我搜集资料、帮我答疑解惑。感谢我的同门师兄师姐、师弟师妹的热心帮助,尤其是闫爱红师姐的关心和鼓励,你们的情谊总让我感到很温暖,也激励着我不断向前。感谢我的父母、爱人及公公婆婆的关心与支持,你们的理解和关爱,对家庭的辛勤操持和对孩子的悉心照顾,才使我有了充足的时间进行科学研究。感谢我的博士后合作导师张明军教授,在我迷茫困惑之际,坚定了我继续进行公民意识研究的信心。感谢单位领导及同事的关照,为我营造了较好的科研环境。郑州大学出版社的张霞主任及编辑

229

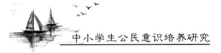

人员也为本书的出版付出了艰辛的劳动。

在此,作者向为本书出版提供帮助、付出心血的单位及所有人员致以诚挚的谢意!在今后的日子里,我要继续努力,不断攻克科研难关,使自己学有所成。

王　晶

2018 年 9 月

参考文献

著作类：

[1]马克思恩格斯选集(第1卷)[M].北京:人民出版社,1995.

[2]马克思恩格斯选集(第2卷)[M].北京:人民出版社,1995.

[3]马克思恩格斯选集(第3卷)[M].北京:人民出版社,1995.

[4]马克思恩格斯选集(第4卷)[M].北京:人民出版社,1995.

[5]列宁全集(第25卷)[M].北京:人民出版社,1988.

[6]列宁全集(第38卷)[M].北京:人民出版社,1986.

[7]毛泽东选集(第1卷)[M].北京:人民出版社,1991.

[8]邓小平文选(第2卷)[M].北京:人民出版社,1993.

[9]柏拉图.理想国[M].郭斌和,张竹明,译.北京:商务印书馆,1986.

[10]亚里士多德.政治学[M].吴寿彭,译.北京:商务印书馆,1965.

[11]洛克.人类理解论[M].关文运,译.北京:商务印书馆,1983.

[12]霍布斯.论公民[M].应星,冯克利,译.贵州:贵州人民出版社,2003.

[13]约翰·密尔.代议制政府[M].汪瑄,译.北京:商务印书馆,1984.

[14]格雷厄姆·沃拉斯.政治中的人性[M].朱曾汶,译.北京:商务印书馆,1995.

[15]杰弗里·托马斯.政治哲学导论[M].顾肃,刘雪梅,译.北京:中国人民大学出版社,2005.

[16]巴特·范·斯廷博根.公民身份的条件[M].郭台辉,译.长春:吉林出版集团有限责任公司,2007.

[17]德里克·希特.何谓公民身份[M].郭忠华,译.长春:吉林出版集团有限责任公司,2007.

[18]尼克·史蒂文森.文化与公民身份[M].陈志杰,译.长春:吉林出版集团有限责任公司,2007.

[19]杰弗里·托马斯.政治哲学导论[M].刘雪梅,译.北京:中国人民大学出版社,2006.

[20]马歇尔,安东尼·吉登斯.公民身份与社会阶级[M].郭忠华,刘训练编.南京:江苏人民出版社,2008.

[21]诺丁斯.教育哲学[M].许立新,译.北京:北京师范大学出版社,2009.

[22]哈耶克.自由宪章[M].杨玉生,冯兴元,陈茅,等,译.北京:中国社会科学出版社,2012.

[23]约翰·格雷.自由主义[M].曹海军,等,译.长春:吉林人民出版社,2005.

[24]戴维·米勒.论民族性[M].刘曙辉,译.南京:译林出版社,2010.

[25]哈特.法律的概念[M].张文显,郑成良,杜景义,等,译.北京:中国大百科全书出版社,1996.

[26]安迪·格林.教育与国家形成:英、法、美教育体系起源之比较[M].王春华,译.北京:教育科学出版社,2004.

[27]伯特兰·罗素.教育与美好生活[M].杨汉麟,译.石家庄:河北人民出版社,1999.

[28]卢梭.社会契约论[M].李平沤,译.北京:商务印书馆,2012.

[29]阿兰·博耶.公民共和主义[M].应奇,刘训练,译.北京:东方出版社,2006.

[30]H·科殷.法哲学[M].林荣远,译.北京:华夏出版社,2002.

[31]卢梭.论人类不平等的起源和基础[M].李常山,译.北京:商务印书馆,1962.

[32]卢梭.爱弥儿[M].李平沤,译.北京:商务印书馆,2009.

[33]古斯塔夫·勒庞.乌合之众——大众心理研究[M].冯克利,译.北京:中央编译出版社,2005.

[34]皮埃尔·勒鲁.论平等[M].王允道,译.北京:商务印书馆,2012.

[35]哈贝马斯.公共领域的结构性转型[M].曹卫东,等,译.上海:学林出版社,1992.

[36]韦伯.新教伦理与资本主义精神[M].彭强、黄晓京,译.西安:陕西师范大学出版社,2002.

[37]康德.法的形而上学原理[M].沈叔平,译.北京:商务印书馆,1991.

[38]康德.历史理性批判文集[M].何兆武,译.北京:商务印书馆,1997.

[39]康德.道德形而上学原理(代序)[M].苗力田,译.上海:上海人民出版社,1982.

[40]康德.法的形而上学原理—权利的科学[M].沈叔平,译.北京:商务印书馆,1991.

[41]弗里德里希·包尔生.伦理学体系[M].何怀宏,等,译.北京:中国社会

科学出版社,1988.

[42]凯兴斯泰纳.凯兴斯泰纳教育论著选[M].郑慧卿,译.北京:人民教育出版社,2003.

[43]黑格尔.法哲学原理[M].范扬,张企泰,译.北京:商务印书馆,1961.

[44]雅斯贝尔斯.什么是教育[M].邹进,译.北京:生活·读书·新知三联书店,1991.

[45]约翰·罗尔斯.正义论[M].何怀宏,等,译.北京:中国社会科学出版社,1988.

[46]约翰·罗尔斯.政治自由主义[M].万俊人,译.南京:译林出版社,2000.

[47]约翰·麦克里兰.西方政治思想史[M].彭淮栋,译.海口:海南出版社,2003.

[48]科恩.论民主[M].聂崇信,等,译.北京:商务印书馆,1988.

[49]加布里埃尔·A.阿尔蒙德,西维尼·维巴.公民文化——五个国家的政治态度和民主制[M].徐湘林等,译.北京:东方出版社,2008.

[50]加布里埃尔·A.阿尔蒙德,小G.宾厄姆·鲍威尔.比较政治学:体系、过程和政策[M].曹沛霖,郑世平,公婷,等,译.上海:上海译文出版社,1987.

[51]杜威.民主主义与教育[M].王承绪,译.北京:人民教育出版社,1990.

[52]A·麦金太尔.德性之后[M].龚群,等,译.北京:中国社会科学出版社,1995.

[53]托马斯·雅诺斯基.公民与文明社会[M].柯雄,译.沈阳:辽宁教育出版社,2000.

[54]塞缪尔·亨廷顿.我们是谁?——美国国家特性面临的挑战[M].程克雄,译.北京:新华出版社,2005.

[55]塞缪尔·亨廷顿.变化社会中的政治秩序[M].王冠华,刘为,等,译.上海:上海世纪出版集团,2008.

[56]塞缪尔·亨廷顿,劳伦斯·哈里森.文化的重要作用:价值观如何影响人类进步[M].程克雄,译.北京:新华出版社,2010.

[57]彼得·雷森伯格.西方公民身份传统——从柏拉图至卢梭[M].郭台辉,译.长春:吉林出版集团有限责任公司,2009.

[58]希尔斯.论传统[M].傅铿,等,译.上海:上海人民出版社,1991.

[59]约瑟夫,拉彼德等.文化和认同:国际关系回归理论[M].金烨,译.杭州:浙江人民出版社,2003.

[60]汉密尔顿.希腊精神[M].葛海滨,译.北京:华夏出版社,2008.

[61]欧内斯特·博耶.关于美国教育改革的演讲[M].涂艳国、方彤,译.北京:教育科学出版社,2002.

[62]卢文格.自我的发展[M].李维,译.沈阳:辽宁人民出版社,1989.

[63]科尔伯格.道德发展心理学——道德阶段的本质与确证[M].郭本禹,等,译.上海:华东师范大学出版社,2004.

[64]布卢姆等.教育目标分类学(第一分册)[M].罗黎辉,等,译.上海:华东师范大学出版社,1986.

[65]拉尔夫·泰勒.课程与教学的基本原理[M].施良方,译.北京:人民教育出版社,1994.

[66]沃尔特·C.帕克.美国小学社会与公民教育[M].谢竹艳,译.南京:江苏教育出版社,2006.

[67]弗洛姆.人的呼唤[M].王泽应,等,译.上海:生活·读书·新知三联书店,1991.

[68]不列颠百科全书公司编著.大不列颠百科全书(第4卷)[M].北京:中国大百科全书出版社,1999.

[69]英格尔斯.人的现代化:心理·思想·态度·行为[M].殷陆君,译.成都:四川人民出版社,1985.

[70]基思·福克斯.公民身份[M].郭忠华,译.长春:吉林出版集团有限责任公司,2009.

[71]理查德·T.德·乔治.经济伦理学(第五版)[M].李布,译.北京:北京大学出版社,2002.

[72]博登海默.法理学——法律哲学与法律方法[M].邓正来,译.北京:中国政法大学出版社,1999.

[73]苏霍姆林斯基.给教师的建议(下)[M].杜殿坤编,译.北京:教育科学出版社,1981.

[74]苏霍姆林斯基.给教师的一百条建议[M].周蕖,王义高,等,译.天津:天津人民出版社,1981.

[75]苏霍姆林斯基.和青年校长的谈话[M].赵玮,等,译.上海:上海教育出版社,1983.

[76]苏霍姆林斯基.少年的教育和自我教育[M].姜励群,译.北京:北京出版社,1984.

[77]巴拉诺夫等.教育学[M].李子卓,等,译.北京:人民教育出版社,1982.

[78]夸美纽斯.大教学论[M].傅任敢,译.北京:教育科学出版社,1999.

[79]查尔斯·泰勒.自我的根源:现代认同的形成[M].韩震,等,译.南京:译林出版社,2001.

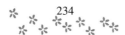

[80]大卫·杰弗里·史密斯.全球化与后现代教育学[M].郭洋生,译.北京:教育科学出版社,2000.

[81]皮亚杰,海尔德.儿童心理学[M].吴福元,译.北京:商务印书馆,1981.

[82]皮亚杰.发生认识论原理[M].王宪钿,等,译.北京:商务印书馆,1981.

[83]皮亚杰.教育科学与儿童心理学[M].傅统先,译.北京:文化教育出版社,1981.

[84]联合国教科文组织教育丛书.教育——财富蕴藏其中[M].联合国教科文组织总部中文科译,北京:教育科学出版社,1996.

[85]联合国教科文组织文献.学会生存——教育世界的今天和明天[M].联合国教科文组织总部中文科,译,北京:教育科学出版社,1996.

[86]蒋碧昆.中国近代宪政宪法史略[M].北京:法律出版社,1988.

[87]北京大学哲学系编.古希腊罗马哲学[M].北京:商务印书馆,1982.

[88]朱学勤.书斋里的革命:朱学勤文选[M].长春:长春出版社,1999.

[89]陶行知.中国教育改造[M].北京:东方出版社,1996.

[90]叶澜.教育概论[M].北京:人民教育出版社,1991.

[91]金生鈜.规训与教化[M].北京:教育科学出版社,2004.

[92]钱穆.新亚遗铎[M].北京:生活·读书·新知三联书店,2007.

[93]陈天华.陈天华集[M].刘晴波,彭国兴编校,长沙:湖南人民出版社,1998.

[94]王轼.严复集(第1册)[M].北京:中华书局,1986.

[95]梁启超.饮冰室合集(专集之三)[M].北京:中华书局,1989.

[96]梁启超.饮冰室合集(专集之四)[M].北京:中华书局,1989.

[97]梁启超.饮冰室合集(文集之四)[M].北京:中华书局,1989.

[98]梁启超.饮冰室合集(文集之三)[M].北京:中华书局,1989.

[99]张廷凯,丰力.校本课程资源开发指南[M].北京:人民教育出版社,2004.

[100]施良方.课程理论——课程的基础、原理与问题[M].北京:教育科学出版社,1996.

[101]雷永生.皮亚杰发生认识论述评[M].北京:人民出版社,1987.

[102]周光强.新课程教师课程资源开发和整合能力培养与训练[M].北京:人民教育出版社,2004.

[103]张九平.张岱年哲学文选(下)[M].北京:中国广播电视出版社,1999.

[104]贺麟.儒家思想的新开展[M].北京:中国广播电视出版社,1995.

[105]邵龙宝,李晓菲.儒家伦理与公民道德教育体系的构建[M].上海:同济大学出版社,2005.

[106]李喜英.中国道德教育的现代转型与重构[M].合肥:安徽人民出版社,2007.

[107]张斌.小学教育资源论[M].南京:江苏人民出版社,2007.

[108]张艳红.德育资源论[M].北京:中国社会科学出版社,2013.

[109]李朝东,王金元.教育启蒙与公民人格构建[M].北京:中国社会科学出版社,2009.

[110]段兆兵等.课程资源开发与利用——原理与策略[M].合肥:安徽师范大学出版社,2011.

[111]马云鹏.教育科学研究方法导论[M].长春:东北师范大学出版社,2002.

[112]丛立新.课程论问题[M].北京:教育科学出版社,2000.

[113]刘铁芳.公共生活与公民教育——学校公民教育的哲学探究[M].北京:教育科学出版社,2013.

[114]魏雷东.和谐社会视阈下的公民道德建设研究[M].北京:中国社会科学出版社,2011.

[115]曹俊军.农村中小学素质教育[M].武汉:华中科技大学出版社,2012.

[116]周天梅.论自我的发展——青少年发展心理学研究[M].重庆:西南交通大学出版社,2007.

[117]姚本先.心理学新论(修订版)[M].北京:高等教育出版社,2005.

[118]黄金辉,韦克难.实用心理学[M].成都:四川人民出版社,2003.

[119]胡德辉,叶奕乾.小学儿童心理学[M].武汉:湖北教育出版社,1983.

[120]孙义农.初中生心理辅导[M].杭州:浙江大学出版社,2002.

[121]史秋琴.儿童参与与公民意识[M].上海:上海文化出版社,2007.

[122]吕静.儿童行为矫正手册[M].杭州:浙江教育出版社,1992.

[123]张耀灿,陈万柏.思想政治教育学原理[M].北京:高等教育出版社,2006.

[124]骆郁廷.精神动力论[M].武汉:武汉大学出版社,2003.

[125]张耀灿,郑永廷,吴潜涛,骆郁廷.现代思想政治教育学[M].北京:人民出版社,2006.

[126]姜正国.思想政治教育环境论[M].长沙:湖南师范大学出版社,1999.

[127]戴钢书.思想政治教育统计研究方法论[M].北京:人民出版社,2005.

[128]王沪宁.王沪宁集[M].哈尔滨:黑龙江教育出版社,1989.

[129]郑杭生.社会学概论新修[M].北京:中国人民大学出版社,2002.

[130]黄楠森.人学原理[M].南宁:广西人民出版社,2000.

[134]陈志尚.人学原理[M].北京:北京出版社,2005.

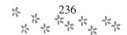

[131]张汝伦.意义的探寻[M].沈阳:辽宁人民出版社,1986.

[132]韩民青.意识论[M].南宁:广西人民出版社,1988.

[133]石明.价值意识[M].南京:学林出版社,2005.

[134]黄稻.社会主义公民意识[M].沈阳:辽宁大学出版社,1987.

[135]黄晓婷.中小学公民教育政策变迁与展望[M].北京:社会科学文献出版社,2013.

[136]袁振国.教育政策学[M].南京:江苏教育出版社,1996.

[137]梁丽萍.中国人的宗教心理:宗教认同的理论分析与实证研究[M].北京:社会科学文献出版社,2004.

[138]刘济良.生命教育论[M].北京:中国社会科学出版社,2004.

[139]张新宝.隐私权的法律保护[M].北京:群众出版社,2004.

[140]高兆明.制度公正论[M].上海:上海文艺出版社,2001.

[141]刘丹.全球化时代的认同问题与公民教育研究:基于公民身份的视角[M].北京:北京师范大学出版社,2013.

[142]王浦劬.政治学基础[M].北京:北京大学出版社,2006.

[143]马振清.中国公民政治社会化问题研究[M].哈尔滨:黑龙江人民出版社,2002.

[144]梁治平等.新波斯人信札——变化中的法观念[M].北京:中国法制出版社,2000.

[145]张应杭、蔡海榕.中国传统文化概论[M].上海:上海人民出版社,2000.

[146]何齐宗.青少年公民意识教育研究[M].北京:中国社会科学出版社,2011.

[147]张宜海.中小学生公民意识教育研究[M].北京:人民出版社,2013.

[148]杨东平.新公民读本[M].北京:北京大学出版社,2005.

[149]徐向东.小公民读本[M].南昌:二十一世纪出版社,2012.

[150]金耀基.从传统到现代[M].北京:中国人民大学出版社,1999.

[151]赵晖.社会转型与公民教育[M].北京:人民教育出版社,2007.

[152]蓝维等.公民教育—理论、历史与实践探索[M].北京:人民出版社,2007.

[153]陈斌.困境中的中国—现代性意识[M].上海:华东师范大学出版社,2005.

[154]贾英健.全球化背景下的民族国家研究[M].北京:中国社会科学出版社,2005.

[155]王啸.全球化时代的中国公民教育[M].福州:福建教育出版社,2006.

[156]朱晓宏.公民教育[M].北京:教育科学出版社,2003.

[157]王文岚.社会科课程中的公民教育研究[M].北京:中国社会科学出版社,2006.

[158]丁尧清.学校社会课程的演变与分析[M].广州:广东教育出版社,2005.

[159]沈晓敏.社会课程与教学论[M].杭州:浙江教育出版社,2003.

[160]郭华.课堂沟通论[M].北京:北京师范大学出版社,2006.

[161]李耀新.课堂教学的组织与管理[M].广州:暨南大学出版社,2005.

[162]陈永森.告别臣民的尝试—清末民初的公民意识与公民行为[M].北京:中国人民大出版社,2004.

[163]许纪霖.共和、社群与公民[M].南京:江苏人民出版社,2004.

[164]沈明明.中国公民意识调查数据报告(2008)[M].北京:社会科学文献出版社,2009.

[165]周国文.公民伦理观的历史源流[M].北京:中央编译出版社,2008.

[166]晏辉.公共生活与公民伦理[M].北京:北京师范大学出版社,2007.

[167]贾新奇.公民伦理教育的基础与方法[M].北京:北京师范大学出版社,2007.

[168]李淑梅.社会转型与人的现代重塑[M].太原:山西教育出版社,1998.

[169]刘雪松.公民文化与法治秩序[M].北京:中国社会科学出版社,2007.

[170]檀传宝.公民教育引论[M].北京:人民出版社,2011.

[171]张向葵,刘秀丽.发展心理学[M].沈阳:东北师范大学出版社,2002.

[172]郭本禹.道德认知发展与道德教育——科尔伯格的力量与实践[M].福州:福建教育出版社,1999.

[173]吴元梁.科学方法论基础(增补版)[M].北京:中国社会科学出版社,2008.

[174]王啸.全球化时代的中国公民教育[M].福州:福建教育出版社,2005.

[175]唐鹏.新加坡的公民道德建设[M].北京:民族出版社,2010.

[176]蒋笃运,秦树理,王东虓.公民意识研究[M].郑州:郑州大学出版社,2009.

[177]秦树理.国外公民教育概览[M].郑州:郑州大学出版社,2005.

[178]秦树理.国外公民学[M].郑州:郑州大学出版社,2009.

[179]秦树理.公民学概论[M].郑州:郑州大学出版社,2009.

[180]秦树理.公民道德导论[M].郑州:郑州大学出版社,2008.

[181]秦树理,王东虓,陈垠亭.公民意识读本[M].郑州:郑州大学出版社,2008.

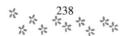

［182］公民教育实践研究项目组.公民常识读本(小学试用版)［M］.北京:人民出版社,2011.

［183］公民教育实践研究项目组.公民常识读本(初中试用版)［M］.北京:人民出版社,2011.

［184］公民教育实践研究项目组.公民常识教育研究报告·小学卷［M］.郑州:郑州大学出版社,2013.

［185］公民教育实践研究项目组.公民常识教育研究报告·初中卷［M］.郑州:郑州大学出版社,2013.

［186］辛世俊.公民权利意识研究［M］.郑州:郑州大学出版社,2006.

［187］唐克军.比较公民教育［M］.北京:中国社会科学出版社,2008.

［188］钟启泉.现代课程论［M］.上海:上海教育出版社,1989.

［189］范兆雄.课程资源概论［M］.北京:中国社会科学出版社,2002.

［190］江山野.简明国际教育百科全书·课程［M］.北京:教育科学出版社,1995.

［191］李嘉瑶.教材学概要［M］.西安:西北工业大学出版社,1989.

［192］叶澜.教育概论［M］.北京:人民教育出版社,1991.

［193］胡德海.教育学原理［M］.兰州:甘肃教育出版社,1998.

［194］李秉德.教学论［M］.北京:人民教育出版社,1991.

［195］王道俊,王汉澜.教育学(新编本)［M］.北京:人民教育出版社,1999.

［196］皇甫全,王本陆.现代教学论学程(修订版)［M］.北京:教育科学出版社,2003.

［197］崔运武.公共事业管理概论［M］.北京:高等教育出版社,2002.

［198］高金岭,谢登斌.文化学关照下的教育变革［M］.桂林:广西师范大学出版社,2007.

［199］谢维和.教育活动的社会学分析———一种教育社会学的研究［M］.北京:教育科学出版社,2000.

［200］Mead,G. H. Mind. Self. and. Society［M］. Chicago:University. of. Chicago. Press,1967.

［201］Conover,Pamela. J. Citizen. Identities. and. Conceptions. of. the. Self［J］. The. Journal. of. Political. Philosophy,1995(2).

［202］QCA. Citizenship. at. Key. stage. 3. and. 4:Initial. Guidance. for. Schools［M］. London:QCA,2000.

［203］Anthony. Giddens. The. Nation. State. and. Violence［M］. Berkeley. and. Los. Angeles:University. Calif. Press,1984.

期刊论文类:

[1]鲍伯·杰索普.重构国家、重新引导国家权力[J].何子英,译.求是学刊, 2007(4).

[2]费孝通.边区民族社会经济发展思考[J].北京大学学报(哲学社会科学 版),1993(1).

[3]鲁洁.教育:人之自我建构的实践活动[J].教育研究,1998(9).

[4]万明钢.论公民教育[J].教育研究,2003(9).

[5]廖申白.公民伦理与儒家伦理[J].哲学研究,2001(11).

[6]黄甫全.学校公民教育:问题及其对策[J].学术研究,1997(4).

[7]郑杭生.从政治学、社会学视角看公民意识教育的基本内涵[J].学术研 究,2008(8).

[8]王东虓.关于公民教育基础问题及基本内涵的思考[J].中州学刊,2006 (4).

[9]王东虓.公民意识教育层次性探析[J].思想理论教育,2011(2).

[10]陈庆超."好人"抑或"合格公民"——当代公民教育的首要目标之辩 [J].道德与文明,2013(6).

[11]朱小蔓,冯秀军.中国公民教育观发展脉络探析[J].教育研究,2006 (12).

[12]梁树发.学科化——马克思主义与科学发展的互动[J].党政干部学刊, 2010(2).

[13]李萍.论中国公民认知的特点及改进[J].湖南科技大学学报(社会科学 版)》,2005(1).

[14]冯留建.公民意识的形成规律论析[J].云南社会科学,2011(2).

[15]张民省.公民意识与中国现代化[J].山西大学学报(哲学社会科学版), 2005(2).

[16]马长山.公民意识:中国法治进程的内驱力[J].法学研究,1996(6).

[17]魏健馨.论公民、公民意识与法治国家[J].政治与法律,2004(1).

[18]胡弘弘.论公民意识的内涵[J].江汉大学学报(人文科学版),2005 (1).

[19]童怀宇.论公民和公民意识[J].唯实,2000(3).

[20]傅慧芳.公民意识的要素结构探新[J].福建师范大学学报(哲学社会科 学版),2012(2).

[21]李朝祥.公民政治意识作用的逻辑[J].政治学研究,2007(5).

[22]俞睿,皋艳.公民意识:中国政治现代化的驱动力[J].求实,2006(1).

[23]章秀英,戴春林.公民意识结构研究[J].心理科学,2009(3).

[24]蒋笃运,张雪琴.公民意识形成的内在机制及启示[J].河南大学学报(社会科学版),2011(6).

[25]王冬梅.公民意识教育的三个维度[J].政工研究动态,2007(21).

[26]靳志高.当代中国公民意识的生成机制探析[J].理论与改革,2005(1).

[27]张健.公民意识内涵:公民现象的反思与公民特质的认同[J].人文杂志,2009(1).

[28]童芍素.试论思想政治教育"学科化"的基本问题[J].杭州大学学报(哲学社会科学版),1988(1).

[29]刘丹.本土化、规范化、国际化——全球视野下我国公民教育研究应把握的三个维度[J].中国德育,2008(7).

[30]曲相霏.论人权的普遍性与人权主体观[J].文史哲,2009(4).

[31]马永庆.未成年人家庭责任观念与学校德育[J].道德与文明,2005(5).

[32]周义程.公共利益、公共事务和公共事业的概念界说[J].南京社会科学,2007(1).

[33]张露露,沈贵鹏.初中生公民意识调查报告——以江苏省无锡市为例[J].教学与管理,2014(18).

[34]戴桂斌.论无意识的本质、特征和功能[J].西安联合大学学报,2001(1).

[35]郑富兴.中学教师公民教育观的调查与分析[J].中小学生教师培训,2008(12).

[36]王晶.民主——共同体成员政治合作的形式[J].河北经贸大学学报(综合版),2011(3).

[37]李蕊,孙玉芝.公民法律意识——法治之精神力量[J].法学论坛,2000(2).

[38]舒志定.教育面向生活世界的理论旨趣[J].教育理论与实践,2007(6).

[39]易进.儿童社会支持系统——一个重要的研究课题[J].心理发展与教育,1999(2).

[40]孙双金,唐隽菁.小小公民大作为,参政议政我能行——南京市北京东路小学"娃娃参议院"实践与探索[J].江苏教育研究,2010(12).

[41]吴刚平.课程资源的开发与利用[J].全球教育展望,2001(8).

[42]杨芳,梅荣改.论中国特色社会主义理论体系与社会主义核心价值体系的内在关系[J].思想理论教育导刊,2011(10).

[43]徐明.关于公民意识教育的思考[J].人民教育,2011(24).

[44]蔡晓良,吴智灵.论公民意识教育的几个基本理论问题——基于政治哲

学的思考[J].思想教育研究,2010(17).

[45]王卓,吴迪.公民意识表现及其影响因素研究[J].社会科学研究,2010(4).

[46]王宗礼,史小宁.论马克思主义视域中的公民意识教育[J].甘肃社会科学,2011(6).

[47]鞠文灿.中小学公民意识教育的现状、问题与对策[J].教育理论与实践,2010(7).

[48]周静.大学生公民意识教育的紧迫性与高校思想品德课的改革[J].徐州师范大学报(哲学社会科学版),2010(6).

[49]李尚旗.大学生公民意识教育及其路径选择[J].学校党建与思想教育,2010(2).

[50]张宜海.基础教育阶段如何培养学生的公民意识[J].人民教育,2010(18).

[51]王建梁,岳书杰.澳大利亚中小学公民教育评价研究[J].外国中小学教育,2010(12).

[52]杨秀玉,杨勇.回顾与展望:日本中小学公民教育管窥[J].外国教育研究,2012(2).

[53]胡少伟.香港中小学公民教育的发展与对策[J].基础教育,2011(4).

[54]马兰霞.中小学公民教育面临的问题及现实选择[J].思想理论教育,2012(2).

[55]高贵忠.中小学公民教育现状研究评析[J].教育文化论坛,2012(1).

[56]鞠文灿.中小学公民意识教育的现状、问题与对策[J].教育理论与实践,2010(7).

[57]鞠文灿.指向问题.主体参与.重在体验——江苏省中小学公民意识教育的特色与创新[J].中国德育,2010(12).

[58]刘伟.马克思主义人学视野下的中国公民教育探索[J].马克思主义研究,2011(4).

[59]张立新.全球化背景下公民教育研究的新视野[J].外国教育研究,2007(10).

[60]王小飞,檀传宝.转型社会的公民教育选择:欧美国家变革与经验分析[J].中国德育,2007(12).

[61]黄威,黄晓婷.近十年公民教育研究的回顾与展望[J].清华大学教育研究,2009(2).

[62]田林.基于传统文化的现代公民教育之逻辑建构与理路拓展[J].中国成人教育,2009(24).

［63］丛立新.公民教育与小学社会课［J］.中国教育学刊,2002(2).

［64］施雪华,黄建洪.公共理性、公民教育与和谐社会的构建［J］.山西大学学报(哲学社会科学版),2006(6).

［65］王红.美国公民教育的目标、内容、途径与方法综述［J］.外国教育研究,2004(3).

学位论文类：

［1］姬振旗.20世纪80年代以来英国中小学公民教育研究［D］.石家庄:河北师范大学,2009.

［2］芦雷.我国中小学公民教育目标与内容重构研究［D］.大连:辽宁师范大学,2012.

［3］陈华.中国公民教育的诞生——课程史的研究［D］.上海:华东师范大学,2012.

［4］沈研.学校公民素养教育研究［D］.上海:上海师范大学,2012.

［5］曹婧.个体发展与公民生长［D］.长沙:湖南师范大学,2013.

［6］程德慧.当代中国学校公民意识教育研究［D］.上海:华东师范大学,2012.

［7］张铁道.亚洲发展中国家普及教育中的课程问题研究［D］.兰州:西北师范大学,1997.